人口減少社会の構想

宮本みち子・大江守之

人口減少社会の構想（'17）
©2017　宮本みち子・大江守之

装丁・ブックデザイン：畑中　猛

s-51

まえがき

　ポスト工業化，経済のグローバル化，少子・高齢化などの社会変動は，人々のくらし，地域社会，仕事の世界を秩序づけてきた構造を大きく変えつつあります。なかでも人口増加社会から人口減少社会への転換，および成長型社会からゼロ成長またはマイナス成長社会への転換は，これまでとは異なるインパクトをくらしと社会の諸相に及ぼしています。その実態を，人口学，社会学，建築学，公共政策の分野から，大都市圏と地方圏，家族・親密圏，地域コミュニティにフォーカスして論じ，これからのくらしと社会の新しい地平を展望します。

　本書は15章で構成されています。第1章から第4章は，人口学をベースに人口減少をめぐる基本的な事柄について整理をし，長期にわたる人口減少社会を出現させる要因は何かをみていきます。少子高齢化という人口変動は大きな家族変動を伴って進行することをおさえ，家族の変容と地域社会の対応を展望します。「人口減少と少子化」（第1章），「超高齢・多死社会の到来」（第2章），「人口減少社会の家族変動」（第3章），「人口減少社会の地域人口変動」（第4章）の4つの章で構成されています。

　第5章と第6章は，国内の人口がこれまで以上に規模の大きい都市に集中する可能性があること，日本国内の人口の減少が見込まれるなか，海外との人口移動がこれまで以上に注目されるようになることをみていきます。「人口減少社会の人口移動—国内—」（第5章），「人口減少社会の人口移動—海外—」（第6章）の2つの章で構成されています。

　第7章から第10章は，人口減少とそれにまつわる社会環境の変化のなかで人々のライフコース，家族・世帯がどう変化し，人々のくらしにど

のような問題が生じているのかをみます。とくに高齢者の増加や非婚化にともなうひとり暮らしが多数を占める社会の諸問題にフォーカスします。「変わるライフコース」(第7章),「変わる家族と世帯」(第8章),「くらしのセーフティ・ネット」(第9章),「家族とくらしの再構築」(第10章) の4つの章で構成されています。

第11章から第13章は,人口減少社会において地域コミュニティはどのように変容していくのかについて幅広い視点から考えます。また,人口減少の適応策と緩和策を示し,人口減少に対する根本的な緩和策として,将来的に人口が定常状態に移行するための具体的な取り組みを紹介します。「人口減少社会と地域コミュニティ」(第11章),「人口減少の適応策と緩和策」(第12章),「規模縮小下のまちづくり」(第13章) の3章で構成されています。

第14章と第15章は,人口減少社会において重要な意味をもつ社会保障について考えます。さらに,人口減少社会は一概にマイナスなのかといった点を含め,人口減少社会のあり方を大きな視野の中で考えます。「人口減少社会の社会保障」(第14章),「人口減少社会の構想」(第15回) の2つの章で構成されています。

世界一の長寿国となり同時に超低出生率国のひとつとして人口減少社会へと転じるなかで生じた新しい諸課題を克服しながら,次の社会をつくっていかなければなりません。本書は,そもそも人口減少社会は一概にマイナスなのかといった点を含め,人口減少社会のあり方を大きな視野の中で考えていきます。

2017年1月
宮本みち子
大江守之

目次

まえがき　　宮本みち子・大江守之　3

1　人口減少と少子化　　大江守之　9
1．人口増加の20世紀　9
2．人口減少の21世紀　16
3．少子化の回復は可能か　23

2　超高齢・多死社会の到来　　大江守之　31
1．人口ピラミッドの逆転　31
2．超高齢社会の到来　34
3．長寿・多死社会　42

3　人口減少社会の家族変動　　大江守之　50
1．20世紀後半から21世紀前半の家族変動の見方　50
2．世代とライフステージでみる家族変動　53
3．家族形成のメカニズムと家族規範　58

4　人口減少社会の地域人口変動　　大江守之　66
1．人口減少の地域的差異と大都市圏への集中　66
2．人口転換と人口移動　76
3．大都市圏郊外におけるポスト核家族時代　79

5 | 人口減少社会の人口移動―国内―

中川聡史　87

1．人口減少社会と人口移動　87
2．日本の人口移動と人口分布変化　88
3．人口移動と地域格差　90
4．地方創生と将来の課題　100

6 | 人口減少社会の人口移動―海外―

中川聡史　105

はじめに　105
1．1980年代までの日本の外国人　106
2．1990年の入国管理法改正　107
3．外国人の増加と多様化　110
4．入管法のその後の改正と在留資格　110
5．外国人の日本国内での地域分布と年齢分布　112
6．留学生の増加と日本での就職希望　115
7．日本の人口減少と外国人　117

7 | 変わるライフコース

宮本みち子　120

1．生涯をライフコースでみる　120
2．変わるライフコース　125
3．現代のライフコースの諸相　129

8 変わる家族と世帯　　　｜宮本みち子　142

1. 現代日本の家族・世帯の形と変化　142
2. 変わる結婚と家族　149
3. 人口減少社会の家族のゆくえ　156

9 くらしのセーフティ・ネット
　　　　　　　　　　　　　　　｜宮本みち子　160

1. 脆弱化するくらしのセーフティ・ネット　160
2. 単身化する社会の姿　162
3. 変わる家族・仕事と女性　171

10 家族とくらしの再構築　　　｜宮本みち子　180

1. 単身・長寿社会の光と影　180
2. 希少化する対人ケアと家族　189
3. 人々が助け合う仕組み作り　193

11 人口減少社会と地域コミュニティ
　　　　　　　　　　　　　　　｜広井良典　200

1. 地域コミュニティが重要となる背景　200
2. 地域による多様性　208
3. 都市政策と福祉政策の統合　211

12 人口減少の適応策と緩和策 | 岡部明子 220
1. 人口減少と向き合う枠組み・その前提 220
2. 都市計画で試みられていること 226
3. 市街地から外すエリアへの対策 231

13 規模縮小下のまちづくり | 岡部明子 242
1. 規模縮小下の〈空き〉活用の課題 242
2. 規模縮小下のコモンズ論 247
3. 現代入会権というかたち 252

14 人口減少社会の社会保障 | 広井良典 262
1. 社会保障の現状と改革の方向性 262
2. 世代間配分をめぐる課題 270
3. 社会保障の財源とコミュニティ 277

15 人口減少社会の構想 | 広井良典 282
1. 人口減少社会と「幸福」 282
2. 定常経済論の系譜と展望 287
3. 「定常型社会＝持続可能な福祉社会」の可能性 292

索引 302

1 人口減少と少子化

大江守之

《目標&ポイント》 日本の人口は，2008年の1億2,808万人をピークに減少に転じた。現時点における最新の人口推計によれば，日本の総人口は2048年に1億人を割り込み，2050年に9,708万人となり，2100年には5,000万人を割り込んで4,951万人に減少すると見通されている。80年以上先の未来に到達するまでには様々な予測不能な事象が起こり得ることは当然であり，この数字は不確実性を含むものであるが，これまでの出生や死亡の動向を踏まえて将来の出生率・死亡率の仮定値を置くと，こうした未来が描き出される。この章では，まず，20世紀を通して増加しつづけた日本の人口がなぜ減少に転じ，またそれが21世紀中続くと考えられるのか，それを回復に向かわせることはできないのかなど，人口減少の基本的な事柄について学んでいく。

《キーワード》 合計特殊出生率（TFR），人口置換水準，少子化，人口転換，静止人口，人口モメンタム，コーホート完結出生率（CCF），晩婚化，非婚化，無子率

1. 人口増加の20世紀

（1）激しい人口増加を経験した20世紀前半

一国の人口を正確に把握するためには政府による人口調査（センサス）が必要となる。わが国ではこれを「国勢調査」と呼び，1920年に初めて実施された。そのときの人口は5,596万人であった。

本書では，1920年以降の人口は国勢調査の人口を用いる。国勢調査の対象は「本邦に常住している者」であり，常住者とは「3か月以上住ん

でいるか，または住むことになっている者」とされている。つまり，外国人を含むものであり，2010年の外国人人口（国籍不詳を除く）は165万人，総人口に占める割合は1.30％となっている。なお，国立社会保障・人口問題研究所が推計している人口も国勢調査をベースとする人口であり，外国人を含んでいる。

　国勢調査が実施される前の人口についてみると，明治以降については1871年に制定された戸籍法に基づく1872年（明治5年）の人口が最も古く3,481万人と記録されており，これが1900年（明治33年）には4,385万人まで増加していた。江戸時代の人口については様々な研究が行われているが，18世紀初めから19世紀半ばまでおおむね3,200万人前後で推移したと考えられている。

　このように日本の人口は明治に入って急速に増加を始め，20世紀初頭には約4,400万人に達していた。以下，図1-1にしたがってみていこう。1945年前後には戦争の犠牲者による減少，旧植民地からの引揚者による増加など大きな変化があるが，それを経た1950年，20世紀半ばには日本の人口は8,320万人に達した。50年間の増加数は3,935万人で，半世紀で約2倍（正確には1.90倍）に増加したことになる。50年間で2倍に増加するために必要な年率の人口増加率は1.40％であり，1930年前後の10年間はこれを上回っていた。

　また，1947〜49年の3年間にわたって毎年270万人弱の出生があったベビーブーム期には人口増加率は2％を上回った。この3年間に生まれた人々は，作家の堺屋太一によって「団塊の世代」と命名されたために，特異的に出生数が多い世代であると認識されているが，それ以前も出生数が多かったことを覚えておく必要がある。1925年から1943年の19年間の出生数は，1938年と39年の2年間だけ190万人台であったが，それ以外は200万人を上回っており，1941年には228万人の出生を記録している。

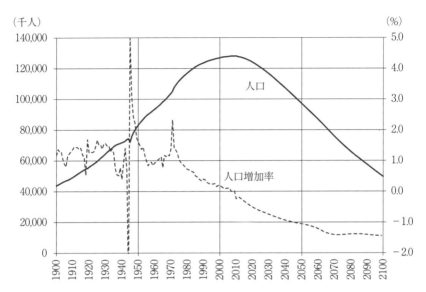

(資料) 1919年以前は内閣統計局資料．1920年から2010年は国勢調査．2011年以降の将来人口は国立社会保障・人口問題研究所による推計．
(注) 人口増加率は年率．1972年に上昇しているのは沖縄県復帰による．

図1-1　わが国の人口と人口増加率の推移（1900年〜2100年）

つまり，団塊の世代は1925年から50年の間に生まれた規模の大きな集団の一部であり，この大きな集団のライフステージの移行は，20世紀後半の家族形成の変化，人口の大都市集中，そして現在進行している高齢人口の増加と死亡数の増加という現象と強く結びついている。

（2）スピードを落としつつ増加を続けた20世紀後半

20世紀後半に入っても人口増加は続き，1967年に1億人を突破し，2000年には1億2,693万人に達した。20世紀後半の人口増加数も4,643万人と大きく，日本の人口は20世紀100年間で約3倍（正確には2.96倍）

に膨れ上がったことになる。20世紀は日本にとってまさに「人口増加の世紀」だったといえる。ただし、20世紀後半の人口増加率は20世紀前半と比較すると全般的に低く、ベビーブームのあと低下しつづけ、一時1％を割り込むが、1970年代前半には再び上昇する。1972年は沖縄返還の影響による突出して高い増加率に目を奪われがちであるが、その前後も高くなっており1973年には1.40％を記録している。これは、第二次ベビーブームによるもので、1973年の209万人をピークに1971年から1974まで200万人以上の出生があったことが影響している。

第二次ベビーブーマーは「団塊ジュニア」と呼ばれることがある。出生数のグラフをみると、1940年代の後半に団塊世代のピークがあり、それに呼応するように1970年代前半のピークがあることから、1970年代前半生れは団塊世代の子世代に当たると考えることは不自然ではない。しかし、この関係を厳密に計算してみると、1970年代前半生れの人々の母親に占める1940年代後半生れ（団塊世代を含む）の割合は48％にとどまり、1940年代前半生れ以前、すなわち戦前生まれの割合が40％に達する。これは母親についてであり、彼女たちが結婚した時代の平均初婚年齢は3歳程度男性が上であったことを考えると、父親はさらに戦前生れが大きな割合を占めると推測される。これは団塊ジュニアと呼ばれる第二次ベビーブーマーについて考えるときの1つのヒントにもなる。

1970年代後半以降になると出生数の減少に呼応する形で人口増加率は低下し、1990年代に入ると出生数の減少がやや緩やかになる一方で死亡数の増加が顕著になり、人口増加率は低下を続けた。そして2008年の1億2,808万人をピークに減少に転じる局面を迎える。

(3) 人口転換の終了：20世紀前半と後半を分かつもの

20世紀の前半と後半では人口増加率に明確な差がある。わが国の人口

動態は外国との移動による影響が小さく，出生と死亡によってほとんど決定されてきた。20世紀の前半と後半を分かつ人口増加率の差は，主に出生の変化によってもたらされた。1950年代前半の合計特殊出生率の急速な低下である（図1-2）。

合計特殊出生率について説明しておこう。ある年の15歳から49歳（出産可能年齢）の女性の年齢別出生率（a歳の女性を分母にa歳の母親から生まれた子どもを分子にした比率）を計算する（このグラフは図1-8を参照）。この値を合計したものが合計特殊出生率（Total Fertility Rate：TFR）である。TFRは1人の女性が一生の間に生む平均子ども数と説明されるが，この計算方法からわかるように，ある年の年齢別出生率にしたがって，時間を無視する形で子どもを生んだ場合の，女性1人当たりの平均子ども数ということである。

TFRの大きさの意味を理解するために用いられる尺度に「人口置換水準」がある。人口置換水準とは，出生と死亡のみによって人口が変化する状況において，長期的に人口が増加も減少もしない状態（静止人口）を実現するTFRの水準のことである。TFRが置換水準を上回る状態が続いた場合には人口は長期的に増加し，下回る状態が続いた場合には減少する。計算の仕方からいうと，母親が生んだ女の子が母親と同じ年齢に成長したときに母親と同数になるのに必要なTFRということになる。

わが国では近年2.07という人口置換水準が続いている。自然な形で子どもを生むと男の子が女の子よりも5％ほど多く生まれる。したがって母親と同数の女の子が生まれるためにはTFRは2.05必要となる。さらに生まれた女の子が母親の年齢に育ちあがるまでに若干死亡するので，それを補うために0.02が必要で，2.07になる。この水準は地域や時代によって変化するが，それを規定しているのは主に母親年齢に到達するま

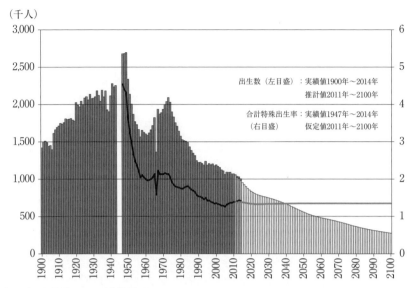

(資料）実績値は人口動態統計．
　　　推計値・仮定値は国立社会保障・人口問題研究所による．

図1-2　わが国の出生数と合計特殊出生率の推移（1900年〜2100年）

での死亡率で，これが小さい日本を含む先進国の多くは概ね2.1という水準にある．

　TFR は1947年には4.54であったが，1950年代に入ると急速に低下を始め，50年代半ばには人口置換水準に到達した．この変化は「1950年代半ばには平均子ども数が4人以上から2人まで減少した」というように表現できる．子どもの側からみると，「きょうだい数が4人以上から2人に変化した」ということになる．このような出生率の低下は，西欧諸国が近代化の過程で経験した人口転換の最終ステージに相当する．人口転換とは，多産多死から多産少死をへて少産少死にいたる人口動態変化のことであり，その経験則である人口転換理論は転換終了後に TFR が

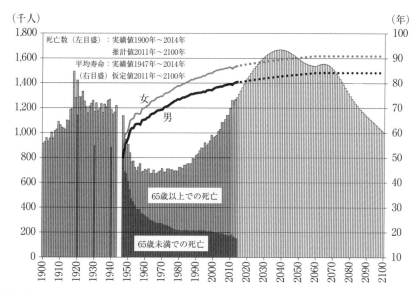

図1-3　わが国の死亡数と平均寿命の推移（1900年～2100年）

（資料）実績値は人口動態統計，生命表．
　　　　推計値・仮定値は国立社会保障・人口問題研究所による．
（注）死亡数の実績値は，65歳未満と以上に分けて表示した（戦前は1920年，30年，40年のみ）．平均寿命の正式の単位は「年」になる．

人口置換水準を維持することを示唆している。実際，わが国の TFR は，1950年代半ばに人口置換水準に到達して人口転換の終了を迎え，1966年の「ひのえうま」の人為的出生後退を除いて，1974年まで20年近くその水準を維持した。

　1940年代後半から1950年代前半にかけて政府内部では人口過剰論が盛んに議論されていた。高い TFR はさらに危機的状況につながるものであったため，1948年に優生保護法が制定され，国民が望まない出生を抑制することを可能とした。人口置換水準への急速な低下はこうした社会

的背景をもつものでもあった。

　人口転換における死亡について若干補足しておきたい。わが国は明治近代化以降，死亡率の低下によって多産少死期に入ったとされる。死亡率の低下は戦後まで一貫して続き，乳幼児の死亡率や結核による青年期の死亡率が改善されていった。図1-3には死亡数の推移と，その死亡が65歳以上だったのか未満だったのかを示した。死亡に占める65歳未満の割合は，1920年に81％だったものが，1950年に68％，1960年48％，1970年39％，1980年に30％と戦後急速に低下し，これとともに死亡数全体も減少し，1952年から1989年まで80万人を下回っていた。20世紀後半は数の上でも「少死」社会でもあったのである。

2. 人口減少の21世紀

（1）いつから人口減少社会はみえ始めたのか？

　図1-1に示したように，2010年の国勢調査を基準人口として2012年に行われた推計では，21世紀の日本は一貫して人口減少が続くと見通されている。これはずっと以前から予測されていたことなのだろうか。

　国立社会保障・人口問題研究所は，5年ごとに実施される国勢調査の結果をもとに，「日本の将来推計人口」を作成し公表してきた（図1-4）。国勢調査実施が西暦末尾0年と5年の10月で，推計発表は概ねこの1年半後，西暦末尾が7年と2年の第一四半期であった（2005年国勢調査基準の推計のみ2006年12月）。これを遡っていつの推計から人口減少が見通されていたかを調べると，1980年基準推計からであったことがわかる。ただ，この推計における人口減少は，2010年から2075年まで比較的長く続くと見通されているものの，ピークから静止人口状態までの減少幅は1,200万人程度でしかない。1985年基準推計も同様の傾向を見通すものであった。

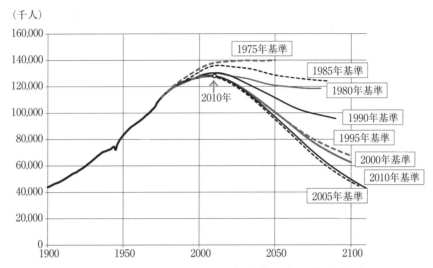

(注) 各推計値は国立社会保障・人口問題研究所（1996年以前は厚生省人口問題研究所）による．グラフ作成は筆者．1985年基準の推計以降は100年間の推計値を公表しているが，正式な推計値は35年～50年間で，残りの期間は参考推計とされる．参考推計の期間と合計特殊出生率の設定は以下の通り．
1985年基準：2026～2085年（2085年の2.09へ漸増）
1990年基準：2025～2090年（2090年の2.08へ漸増）
1995年基準：2051～2100年（2150年の2.07へ漸増）
2000年基準：2051～2100年（2050年値で固定）
2005年基準：2056～2105年（2055年値で固定）
2010年基準：2060～2110年（2060年値で固定）

図1-4　過去の人口推計における総人口の見通し

　明瞭に人口減少の見通しを示し始めたのは1990年基準の推計である．それでも2090年に1億人を少し下回る程度という，その後の推計からみると減少の速度は緩やかな見通しであった．1995年基準推計から減少の見通しは一段と厳しいものになり，2051年に1億人を割り込み，2100年には6,740万人に減少するとした．ここに本格的人口減少社会の見通し

が示されたといえよう。2000年基準の推計も2051年に1億人を割り込み，2100年に6,240万人に減少するという結果だった。なお，1995年基準推計による15年後の推計結果である2010年値を実績値と比較すると0.3％しか違っておらず，高い推計精度をもっていたことが示されている。

　2005年基準の推計は2050年に9,515万人，2100年に4,770万人という見通しを示し，2010年基準の推計は2050年に9,708万人，2100年に4,960万人という結果を導いている。1995年基準推計から2010年基準推計までの4度の推計はほぼ同じ未来を示しており，2016年時点で振り返るとき，わたしたちは約20年前から人口減少社会の定量的側面をほぼ明瞭にみていたことになる。

（2）将来人口の推計方法と少子化の始まり

　人口推計の結果はなぜこのように変わるのであろうか。また1995年基準の推計以降，なぜ速く大きな人口減少が見通されるようになったのだろうか。それを理解するために，まず人口推計方法の基本を説明しておこう。

　「日本の将来推計人口」は各年・各歳の人口を推計している。国勢調査による男女・年齢各歳別人口を基準人口として，1年後の男女・年齢各歳別人口を推計する。その推計された人口から1年後の人口を推計するという作業を繰り返していく。2010年を基準人口とする将来人口推計では，50年後（2060年）までの本推計とそこからさらに50年後（2110年）までの参考推計が行われている。1年後の男女・年齢各歳別人口を推計するために必要な仮定値は，出生に関するもの，死亡に関するもの，移動に関するものの3種類である。いずれも男女・年齢各歳別（出生に関するものは女子のみ）に設定される。

　移動の仮定値は純移動率といって，海外との間の流入から流出を差し

引いたもので，海外との出入りが少ないわが国では，移動に関する仮定値は将来人口に大きな影響を与えない。つまり，これまでの推計では，将来の出生と死亡で日本の将来人口がほとんど決まるというメカニズムになっている。

　死亡の仮定値は，男女別の年齢別死亡率（a歳の人がa＋1歳になるまでに死亡する確率）で，0歳から105歳以上まで設定されるが，それを集約した値である平均寿命で説明される。2010年基準推計で仮定された2060年の平均寿命は，男は84.19年（2010年の79.64年から4.55年伸長），女は90.93年（同86.39年から4.54年伸長）となっている。この平均寿命の伸長は高齢期の死亡率の改善によるもので，結果的に高齢人口を増加させ，総人口を増加させる方向に作用する。

　出生の仮定値は女性の年齢各歳別出生率であるが，それを集約したTFRで説明される。将来人口の推計結果に最も大きな変化をもたらすのはこの出生に関する仮定値である。図1–5からわかるように，出生に関する仮定は推計が改訂されるたびに下方修正を余儀なくされるという状態が2005年基準推計まで続いた。まず1985年推計までをみてみよう。

　人口置換水準をほぼ維持していたTFRは1974年から低下が始まり，1975年になると2.0を割り込み，1978年には1.8を下回ってさらに低下を続けるという新たな局面が訪れる。「少子化」の始まりである。これを受けて1980年基準の人口推計では，TFRの低下傾向がしばらく続いたのち反転して，2025年には推計当時の人口置換水準であった2.09まで回復し，その後はそれが続くと仮定した。1980年基準推計の結果が減少しつつも静止人口に近づくような傾向を示すのはこのためである。皮肉なことに，実際のTFRは1982年に反転し，84年まで上昇し1.8を回復した。その後ふたたび低下に転じたが，1985年基準推計では，その低下は続か

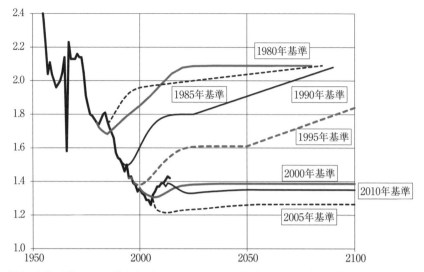

(注) 各推計値は国立社会保障・人口問題研究所（1996年以前は厚生省人口問題研究所）による．グラフ作成は筆者．

図1-5　過去の推計における合計特殊出生率の設定

ず2025年に2.0まで回復するという仮定をおき，さらに2085年に向けて人口置換水準に達するとした．推計結果は1980年基準推計と同様の傾向を示すものとなった．

（3）少子化の一層の進展と将来出生率仮定のパラダイム変更

TFR は1985年以降急速に低下し続けた．1989年に1.57を記録したことが判明したとき，1966年「ひのえうま」の1.58を下回ったことを受けて，出生率低下が社会問題となり，「少子化」という言葉がつくられた．「少子化」をあらためて定義すれば，「TFR が人口置換水準を継続的に下回る状態」のことであり，親世代よりも子世代の人口が小さくなることを意味する．既に述べたように，1970年代半ばから少子化は始まって

いたが，TFR が著しく低下した段階で，言葉として生み出されたのである。

同じ少子化といっても，TFR の水準によって人口減少への影響は異なる。TFR が1.8の場合，人口置換水準を2.07とするとその87％の水準になる。これは子世代（25〜30年後）の規模が87％に縮小することを意味する。孫世代（50〜60年後）になると0.87×0.87で0.76，つまり76％に縮小することになる。TFR が1.4だとすると，子世代は68％に，孫世代は46％になる。このように，少子化がどの程度の水準にあるかは将来の出生数，ひいては人口に明らかな差異をもたらす。

1990年基準推計は，1990年に TFR が1.54まで低下したことを受けて行われ，回復する水準は2025年に1.8とされた。また，2026年以降は2090年の人口置換水準まで上昇するとした。しかし，実際の TFR はさらに低下し，1995年に1.42となった。1995年基準推計では，これが2030年に1.61まで回復し，2050年までその水準が続くと仮定した。その後は2150年に人口置換水準に到達するとした。

1980年基準推計から1995年基準推計までの４つの推計には共通した考え方がある。それは超長期でみると，TFR は人口置換水準にもどるという暗黙の了解である。各報告書には「国連の超長期推計等の慣用にしたがって……」と共通した記述があるように，人口転換後，TFR は人口置換水準で推移するという人口転換パラダイムにどこかで縛られていたところがあると思われる。しかし，2000年推計からは，50年間の本推計でも，そこから50年間の参考推計でも，人口転換パラダイムから離れ，より厳しい TFR の設定へと変化した。

（4）回復力の弱い人口への移行

わが国の TFR は人口置換水準への回復が困難な水準にまで低下して

きた。しかし，人口減少を食い止め，少子化を解消することが長期的な政策目標であるとしたら，それはどんな姿で可能なのかを検討しておくことは意味がある。

人口は様々なシミュレーションが可能であり，TFRが直ちに人口置換水準になった場合に，「長期的に増加も減少もしない人口」である静止人口がどのように現れるかというシミュレーションが以前から行われてきた。図1-6の左の図は，2013年における出生率が直ちに人口置換水準に変化した場合とそのままの水準で推移した場合とで，2100年までの人口がそれぞれどう推移するかをみたものである。いずれも死亡率は2013年で固定，国際人口移動はないものと仮定している。

結果をみると，TFRが直ちに人口置換水準に上昇した場合，2013年の1億2,730万人から数年は僅かに増加するが，すぐに減少に転じ，2080年前後まで減少し続けたのち，1億120万人程度の静止人口へと移行する。人口減少期間は70年ほど続き，約2,600万人が減少する。静止人口を起点の人口で除すと，0.795という値になる。この値を人口モメ

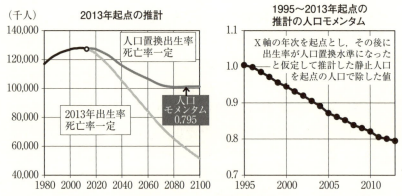

（資料）国立社会保障・人口問題研究所『人口統計資料集』

図1-6　人口置換水準への回復と人口モメンタム

ンタムと呼ぶ。右の図に示したように，人口モメンタムは1996年に初めて1.0を下回り，その後も一貫して低下しつづけている。つまり，日本は人口減少が簡単には回復しにくい人口構造へと少しずつ変化してきたということである。1995年時点でTFRが回復していれば，人口減少を回避することが可能であったが，その後のTFRの顕著な低下が回復の困難な人口構造を作り出したといえよう。

　少子化を改善する努力は必要であるが，少子化が瞬時に解消しても人口は長期に減少しつづけることは避けられない。その状況は少しずつ厳しくなっている。われわれは人口減少社会への適応をベースに将来を構想するとともに，少しでも早くTFRの回復を図る必要がある。

3. 少子化の回復は可能か

(1) TFRの国際比較：第二の人口転換

　図1-7は欧米主要諸国と日本のTFRの推移をみたものである。1950年代，1960年代は，どの国も人口置換水準に向かって低下するかのようにみえたが，1970年代に入っても低下傾向は止まらず，1980年には全ての国が2を割り込む状態となった。こうしたTFRの低下と関連して，晩婚化，晩産化，同棲や婚外子の増加などが進んだ。オランダとベルギーの人口学者，ヴァン・デ・カーとレスタギは，背景にある若者の価値観の変化も含めて，この現象を「第二の人口転換」と呼んだ。人口転換後のTFRは人口置換水準で推移するという人口転換パラダイムに修正を迫る問題提起である。人口置換水準以下のTFRが持続すれば，人口の自然減が恒常化し，国際人口移動の流入超過が続くことを指摘した点でも，「第二の人口転換」論は注目された。

　しかし，1985年以降の各国のTFRの推移をみると一様ではない。1985年に1.8周辺にいた国のうち，日本以外は異なる経緯をたどりなが

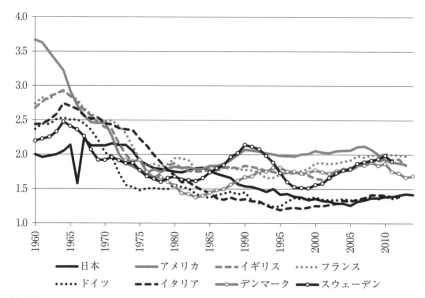

(資料) The Human Fertility Database (http://www.humanfertility.org/cgi-bin/main.php)
国立社会保障・人口問題研究所「人口統計資料集」

図1-7　日本と欧米主要国のTFRの推移

らも2.0前後に回復した。1.4付近にいたドイツとイタリアはさらに低下したのちにやや持ち直し，2010年には1.4付近にいる。対照的なのは日本とデンマークで，日本が1.8から1.4へと低下したのに対し，デンマークは1.4から1.9近くへと上昇した。「第二の人口転換」論は，転換終了後にTFRが人口置換水準を下回ったまま推移することを想定していたが，必ずしもそのように推移していない。2010年時点では欧米主要諸国は，人口置換水準近くまで回復した国と極めて低い水準にとどまる国とに二極分化している。日本は後者のグループに属する状態にある。

（2）合計特殊出生率の変動：スウェーデンと日本の比較

1990年代に入り，日本で少子化が議論され始めた頃，1970年代後半から1980年代前半にかけてTFRが1.6台に低迷していたスウェーデンが，1980年代後半に上昇に転じ，1990年代前半には人口置換水準まで回復したことは大きく注目された。しかし，その後再び下降に転じ，1999年には1.51まで低下したことも注目されたが，その後また反転して2011年には1.99まで回復するという動きをみせている。

TFRが1.5から2.0まで回復しうるという事実をスウェーデンがみせてくれていることは，わが国のTFRの回復の可能性を示していると捉えてよいのだろうか。また，なぜTFRはこのように変動するのだろうか。このことを理解するためには，TFRという尺度の性質への理解を深めなければならない。

TFRは，既に述べたように，ある年の15歳から49歳の女性の年齢別出生率を合計したものであり，ある年の年齢別出生率にしたがって，時間を無視する形で子どもを生んだ場合の，女性1人当たりの平均子ども数である。しかし，「時間を無視する形で」計算しているために，本当に正確な出生水準を表す尺度になっていない。

図1-8の1990年の日本の年齢別出生率のグラフをみていただきたい。1990年の25歳は1965年生れで49歳に達する2014年まで子どもを生み続ける過程のなかで，まだ生み始めたばかりである。一方，40歳になっているのは1950年生れで，15歳であった1965年から生み始めて25年間を経た段階にある。1990年のTFR（山型のカーブの内側の面積に相当する）は1.54で，このうち40歳までの年齢別出生率の合計は1.53を占めるが，実際に1950年生れの女性たちは40歳に到達するまでに1.96生んでいる。つまり，1965年生れの25歳はこれから生んでいこうという集団であるのに対し，1950年生れの40歳は欲しい子ども数をほぼ生み終わっている集

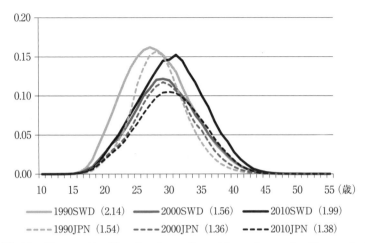

（資料）The Human Fertility Database（http://www.humanfertility.org/cgi-bin/main.php）

図1-8　日本とスウェーデンの女子の年齢別出生率

団である。

　この例のように，実際の子どもの生み方は母親の出生年によって異なっており，20代では晩婚化に伴って生み始めが遅くなり，40代では既に希望する子どもの数を生み終わって年齢別出生率が低くなっているために，1990年のTFRは実態よりも小さくなっている可能性がある。

　より正確な出生の実態を捉えるためには，出生年ごとの女性集団に着目して生み終わるまでの年齢別出生率の合計を計測することが必要である。出生年ごとの集団を「コーホート」といい，この合計値をコーホート完結出生率（Completed Cohort Fertility: CCF）という。

　図1-9はTFRのグラフにCCFのグラフを重ねたものである。注に示したように，CCFは28歳の年次で示してある。1990年のCCFの値は1962年コーホートのものである。28歳での表示によって，スウェーデン

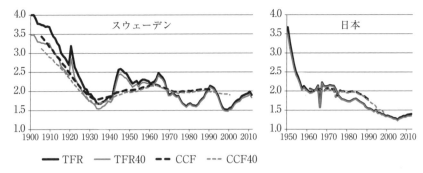

(資料) The Human Fertility Database (http://www.humanfertility.org/cgi-bin/main.php)

(注) TFRは15～49歳の年齢別出生率を合計したものであるのに対し，TFR40は40歳までの合計．CCF，CCF40はコーホートごとの計算であるが，年齢については同様の扱い．なお，CCFは28歳の年次で示してある（1980年のCCFは1952年出生コーホートの値）．

図1-9　日本とスウェーデンの合計特殊出生率とコーホート完結出生率

のグラフにみられるように，1930年代の人口転換終了の大きな変化を追跡できている．スウェーデンは人口転換終了以降，TFRが大きく上下しているが，CCFは2前後で安定しており，安定した次世代の再生産に成功していることがわかる．日本も1990年のTFRは1.54であるが，CCFは1.79と高く，少子化はそれほど深刻ではなかったことがうかがえる．しかし，その後はCCFが低下し，TFRとほぼ同じ水準になっている．スウェーデンでは出生タイミングの変化によってTFRが変化しながらも，平均2人の子どもを生むことができているのに対し，日本はそれができない状態へと進んできていると考えられる．

（3）晩婚化と無子率の上昇

　日本においてTFRの値が実際の出生水準を表すようになり，回復が

容易でない状態に移行した最大の理由は晩婚化・非婚化である。図1-10にCCFと［1－無子率］（グラフでは有子率と表示）をグラフに表現した。無子率とは，あるコーホートの女性が50歳に達して生み終わったとみなされるとき，子どもを生んでいない者の割合である。日本とスウェーデンを比較すると，CCFと有子率はパラレルに推移しており，日本では無子率の上昇とコーホート完結出生率の低下が関連して進んでいるのに対し，スウェーデンではともに横ばいである。

　わが国のコーホート完結出生率が上昇し，世代間の再生産が回復するためには，無子率が改善される必要がある。無子率の上昇を引き起こしているのは晩婚化・非婚化である。晩婚化とは初婚年齢が上昇することであり，平均初婚年齢の上昇や20代後半・30代前半の未婚率の上昇などによって計測される。また，非婚化は初婚を経験しないまま出産可能年齢を超えることであり，生涯未婚率（50歳時の未婚者割合）によって計

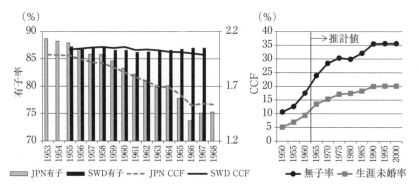

（資料）The Human Fertility Database（http://www.humanfertility.org/cgi-bin/main.php）
　　　国立社会保障・人口問題研究所『日本の将来推計人口（平成24年1月推計）』
（注）横軸の年は，コーホートの出生年

図1-10　無子率とコーホート完結出生率

測される。晩婚化と非婚化は同時に進行しており，無子率への影響は非婚化の方が大きい。2010年基準の推計の仮定では，生涯未婚率の上昇はさらに進み，これに伴って無子率も上昇し，2010年に50歳に達した1960年コーホートでは17.5％だった無子率が，2045年に50歳に達する1995年コーホートでは35.6％と2倍に上昇すると見通されている。こうした無子率の動向はコーホート完結出生率の低下につながり，ひいてはTFRの回復を阻害することになる。

　人は成人になると自分が生まれ育った家族（定位家族）を出て，自分の家族（生殖家族）をつくる。家族内地位が「子ども」から「親」に変化することによって人口は再生産される。1990年代から日本で起きていることは，自分の家族をつくるステージに進まない人たちの割合が高まったということであり，それは将来さらに拡大する可能性が高い。少子化と人口減少に帰着する最大の課題は，私たちの社会が家族をどうつくっていけばよいのかという展望を十分にもっていないということなのである。

学習のヒント

1. わが国の20世紀の前半と後半を分ける人口動態の大きな変化はどのようなものであり，それは人口学的にどのように位置づけられるだろうか。
2. 人口減少社会を明確に見通すようになったのはいつからだろう。また，そうした見通しが得られるようになった理由を整理してみよう。
3. 出生水準を表す尺度として，TFRとCCFを比較して，その長所と短所を整理してみよう。
4. わが国のTFRが容易に回復しないと考えられる理由を，晩婚化，非婚化，無子率などの用語を用いて説明してみよう。

参考文献

阿藤誠『現代人口学：少子高齢社会の基礎知識』日本評論社，2000年

河野稠果『人口学への招待：少子・高齢化はどこまで解明されたか』中公新書，2007年

鬼頭宏『2100年，人口3分の1の日本』メディアファクトリー新書，2011年

国立社会保障・人口問題研究所『日本の将来推計人口（平成24年1月推計）』2012年

人口学研究会編『現代人口辞典』原書房，2010年

高橋重郷・大淵寛編『人口減少と少子化対策』原書房，2015年

津谷典子・樋口美雄編『人口減少と日本経済』日本経済新聞社，2009年

日本人口学会編『人口大事典』培風館，2002年

2 | 超高齢・多死社会の到来

大江守之

《目標＆ポイント》 前章では，20世紀の人口増加を振り返るとともに，21世紀の人口減少の見通しがどう変わってきたかを，その最大の原因である少子化の進展とあわせてみてきた。本章では，人口減少社会を人口構造の側面，とくに高齢化の側面からみていく。なぜ高齢化が進むのか，超高齢社会とはどのような社会なのかを理解することを目標とする。
《キーワード》 人口ピラミッド，人口学的方程式，人口静態，人口動態，人口転換，超高齢社会，生命表，平均寿命，平均余命，長寿化，多死社会

1. 人口ピラミッドの逆転

（1）人口ピラミッドが示すもの

人口は出生，死亡，移動によって変化することは既に述べた。これを式で表すと以下のようになる。この式を人口学的方程式と呼ぶ。

　　人口増加＝自然増加＋社会増加
　　　　　　＝（出生－死亡）＋（流入－流出）

なお，ここでの「増加」とは「減少」（マイナスの増加）を含む概念である。人口増加とは2時点間の人口の変化であり，たとえば2010年の人口から2005年の人口を引いた値である。2010年の人口としてわれわれがふつう用いるのは国勢調査による人口であり，2010年10月1日午前0時0分の人口である。このようにある時点でとらえた人口を「人口静態」という。一方，出生，死亡，移動のように，一定の期間（通常は1年間）

を設定しないととらえることができない事象を「人口動態」という。

　人口学的方程式は,「人口静態の変化とはその期間の人口動態が集成されたものである」ということを示している。別のいい方をすれば,「ある時点の人口から出生,死亡,移動という動態的変化をへて次の時点の人口が現れる」ということである。われわれはこの関係を,「ある期間の総人口の変化は,総出生数,総死亡数,総移動数が集成されたもの」として性・年齢を捨象して理解する。しかし,人口に関わる事象は全て性・年齢という属性を伴っていることを想起すると,人口学的方程式も性・年齢という側面を含めてみることができる。それを端的に示しているのが人口ピラミッドである。

　2つの時点の人口ピラミッドの変化は,その間に生じた年齢別の出生,死亡,移動の履歴が刻まれている。人口ピラミッドは人口静態であるが,2時点間の変化はその間の動態がどのようなものであったかが投影されているのである。1年ごとの変化は,出生については0歳人口が加わるという変化であるが,そこには15歳から49歳の女性人口と年齢別出生率が投影されている。死亡は性・年齢別死亡率にしたがって全年齢で発生する。移動も同様に性・年齢別移動率にしたがって全年齢で発生するが,過去においては無視しうるレベルである。以下で具体的にみていこう。

(2) 人口ピラミッドの変化とその要因

　図2-1に,1950年,1980年,2010年,2040年,2070年という5時点の人口ピラミッドを掲げた。30年おきにしたのは世代のサイクルがほぼ30年と考えてよいからである。

　1950年の人口ピラミッドはまさにピラミッド型をしている。これは親世代よりも子世代が大きいということであり,開発途上国型,つまり人口転換以前の姿である。1950年の30〜49歳の親世代の人口は1,892万人

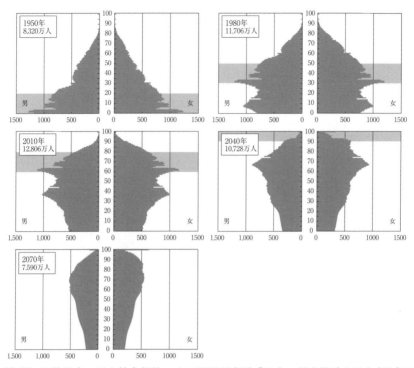

（資料）国勢調査，国立社会保障・人口問題研究所「日本の将来推計人口」（平成24年1月推計）
（注）帯状のグレーは，1930・1940年代コーホート

図2-1　人口ピラミッドの変化

であるのに対し，0〜19歳の子世代の人口は3,846万人となっており，平均して夫婦と子ども4人という家族構成になっていたことになる。なお，この子世代は1930・40年代生れで，20世紀後半と21世紀前半において，わが国の家族形成，人口の大都市集中，高齢化など様々な面で大きな影響を与える世代である。

　1980年の人口ピラミッドの形状は大きく変化した。30歳から上のピラ

ミッド型は変化していないが、それより下では、30〜49歳の親世代が3,640万人に対し0〜19歳の子世代が3,578万人とほぼ同じ大きさになっている。1950年代半ばに起きた人口転換の終了によって、平均的に夫婦と子ども2人という家族構成に変化したためである。

2010年には、1960年代・1970年代生れが30〜49歳の親世代となり、1990年代・2000年代生れが0〜19歳の子世代となった。親世代3,482万人に対し、子世代は2,254万人で65％の規模しかない。1980年代半ば以降顕著になった少子化の影響が明確に現れている。65％は夫婦当たりにすると1.3人という子ども数になるが、それは子ども2人が30％、子ども1人が70％ということではなく、晩婚化・非婚化による無子の女性が35％、子ども2人が65％という分布の方に近い。つまり、子どもを生む人は平均して2人生む一方で、生まない人が増えているのである。

2040年に向けては少子化が続くため親世代より子世代が小さいという構造が一層明確になる。1930・1940年代生れは90歳以上に僅かに残るだけになる。第2次ベビーブーム世代を含む1960年代・1970年代生れ世代も60〜79歳になり、ほとんどが高齢人口の仲間入りをする。2070年になると、少子化が始まって以降の世代がほとんどを占めるようになる。

2. 超高齢社会の到来

(1) 2つの高齢化

高齢化の尺度として一般的に用いられるのは、65歳以上の人口を総人口で割った65歳以上の人口割合であり、「高齢人口割合」あるいは「高齢化率」と呼ばれる[注1]。高齢化の議論はほとんどこの尺度を用いて行われているが、もう1つ注目すべきものが高齢人口の絶対数である。高齢人口割合と高齢人口数の関係は一見簡単なように思えるが、意外と理解されていない。ここでは、高齢化がなぜ起きるのかに関する基本的な

メカニズムを知り，その上で，高齢人口割合と高齢人口のピークはそれぞれいつ頃でどのくらいのレベルに達するのか，それらは過去に行われた人口推計においてどのように変化してきたのか，またそれはなぜか，という問題について述べていくことにしよう。

　高齢人口割合は人口ピラミッドの形状の変化から大まかな動きを視覚的に理解することができる。1950年のピラミッド型では高齢人口割合が低いことは一目瞭然である（高齢人口割合4.9％）。この状態から，1950年代半ばの人口転換の終了に伴い夫婦当たりの子ども数が減ったことで高齢化の第一段階が始まり，1980年に高齢人口割合は9.1％に上昇した。その後，少子化が進むと親世代よりも子世代の人口が小さくなり，同時に1930・1940年代生れの規模の大きな世代が高齢人口に入っていくことによって，高齢化は第二段階へ移行し，2010年には高齢人口割合は23.0％へと急上昇した。2040年になると，少子化の進展によって世代の縮小再生産がさらに進むことで，高齢人口割合は36.1％へと一層上昇すると見通されている。2070年は人口ピラミッドのプロポーションに大きな変化はなく，高齢人口割合は40.6％へとやや上昇するにとどまる。

　このように，人口転換の終了と少子化の進展，つまり人口置換水準以下へのTFR（合計特殊出生率）の低下が人口高齢化を引き起こす最も大きな要因である。回復が容易でない人口減少の要因が長期にわたる少子化にあることを想起すれば，人口減少と超高齢化は分かちがたく結びついた現象であることがわかる。

（2）高齢人口割合の上昇と高齢人口の増大

　第1章では過去の人口推計の比較を行い，人口減少を明瞭に見通し始めたのは1990年基準の推計からであると述べた。ここでは1990年基準から2010年基準までの5つの将来人口推計による高齢化の見通しの相違に

ついてみていきたい。

まず、1990年基準から2005年基準までの4つの推計を比較すると、近年の推計ほど高齢人口割合が高くなっている（図2-2）。たとえば2050年の高齢人口割合は、推計の古い順から28.2％、32.3％、35.7％、39.6％となっており、改訂のたびに3〜4ポイントずつ上昇してきた。なお、2010年基準推計では38.8％と2005年基準よりも若干低くなっている。

各推計における高齢人口割合のピーク年とピーク値をみると、近年の推計ほどピーク年は遅くなり、ピーク値は高くなる傾向がある。ただし、2005年基準推計と2010年基準推計はほぼ等しい。

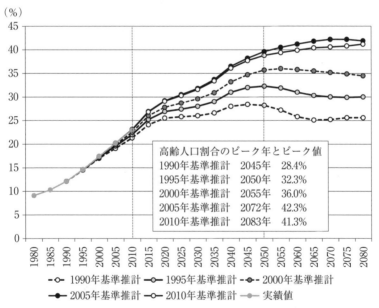

（資料）実績値は国勢調査、推計値は国立社会保障・人口問題研究所による
図2-2　過去の推計における高齢人口割合の推移とピーク年・ピーク値

次に，高齢人口をみると，近年の推計ほど大きくなる傾向がある（図2-3）。5つの推計はピーク年が2040年代前半ではほぼ同じであるが，高齢人口のピークは推計ごとに大きくなってきた。具体的には1990年基準推計では3,285万人だったものが2000年基準推計では3,641万人と356万人，10％以上増加し，さらに2010年基準推計では3,878万人と2000年基準推計からさらに237万人，7％増加した。1990年基準推計と2010年基準推計を比較するとピーク時の高齢人口の推計値は約600万人も増加することになった。この要因は高齢人口の死亡率の低下，つまりより多くの人が長生きするようになって，高齢期に長期間留まるようになってき

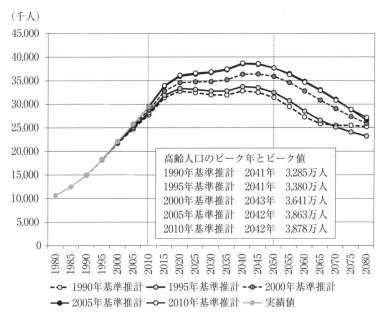

（資料）実績値は国勢調査，推計値は国立社会保障・人口問題研究所による
図2-3　過去の推計における高齢人口の推移とピーク年・ピーク値

たということである。

　1990年基準から2005年基準の推計まで，総人口の推計結果は新しい推計になるほど少なくなる傾向を示しており，一方で高齢人口割合は新しい推計ほど大きくなる傾向を示している。高齢人口割合の上昇は，計算に用いる分母の総人口が小さくなったことによるもの，つまりは総人口を小さくする少子化が原因であると受け取られがちである。しかし，実際には高齢人口がより大きくなる結果を導く形で，推計における寿命の仮定が変更されてきたのである。要因分解法[注2]を用いて，2042年における1990年基準推計と2010年基準推計それぞれの高齢人口割合，28.3％と36.8％の相違を，高齢人口の増大と総人口の縮小に分解してみると，63％は高齢人口の増大によるものであり，37％が総人口の縮小によるものであるという結果になる。

　以上のように，推計のたびに高齢化の見通しが一層高い水準へとシフトしてきた背景には長寿化による高齢人口の増大が大きく寄与している。2010年基準の推計を中心に高齢人口の特徴を整理しておこう。第1に，高齢人口が2015年から2055年までの40年間3,500万人以上の規模を維持しつづける点，第2に，2040年代前半に4,000万人に迫るピークが訪れる点である。高齢社会の議論は高齢人口割合を指標として行われることが多いが，要介護高齢者数，高齢者の住まいや施設など高齢者の絶対数に規定される事象が少なくない。

　さらに第3として，「高齢人口の高齢化」という点がある。65歳以上の高齢者は，前期高齢者（65〜74歳）と後期高齢者（75歳以上）に区分できる。図2-4に示したように，高齢人口に占める後期高齢人口の割合は，1990年には40％であったが，2010年には50％弱になり，2030年には60％を超え，2060年には70％近くまで上昇する見通しである。つまり，大きな高齢人口のなかでより年齢の高い高齢者の割合が高まっていくこ

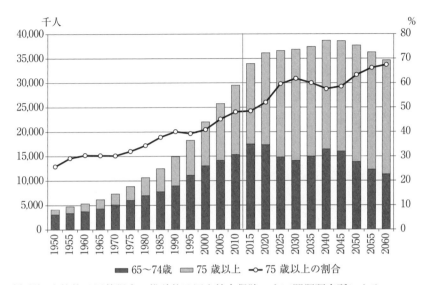

(資料) 実績値は国勢調査，推計値は国立社会保障・人口問題研究所による．
図 2-4　2010年基準人口推計における高齢人口の内訳と後期高齢人口のシェア

とになる。

　厚生労働省の介護給付費実態調査によれば，2014年11月における65歳以上の介護保険受給者数の高齢人口に占める割合は14.8％であるが，これを前期と後期に分けてみると，前期高齢者では3.4％であるのに対し，後期高齢者では27.0％と大きく上昇する。後期高齢者の増加が社会に与えるインパクトは大きい。

　わが国は，少なくとも今後半世紀にわたって，高齢人口の絶対数が大きく，高齢人口割合が40％という高い水準へと向かい，後期高齢人口の比重が大きくなっていく。われわれはこうした実体をもつ「超高齢社会」へと突入しようとしている。

(3) 高齢化の速度

わが国の高齢化はその到達水準が高いだけでなく、そのスピードが速いことも特徴である。「高齢人口割合が7％から14％に到達する年数は、フランスの126年に対し日本は24年との5倍の速さである」という表現がよく使われてきた。たしかに日本の24年は短いが、フランスの126年は欧米諸国でも最も長いものであり、図2-5に掲載した国をみると40～50年が多くを占める。わが国の高齢化のスピードが速いことは確かであるがそれほど極端なものではない。

7％、14％という数値はどういう意味を持つのだろうか。7％を超えると高齢化社会（ageing society）、14％を超えると高齢社会（aged

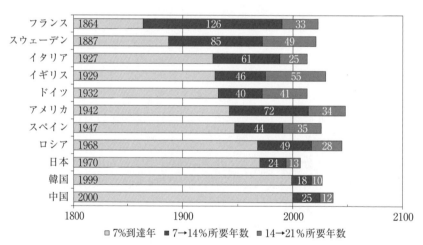

（資料）国立社会保障・人口問題研究所『人口統計資料集2015』
原資料は、日本は国勢調査および総務省統計局推計人口、日本以外は実績値も推計値もUN
（注）7→14％の所要年数の長い順に並べてある

図2-5　主要国の高齢人口割合到達年次と所要年数

society）という解説をみることがあるが，14％については便宜的な区切りと考えた方がよい。人口転換が始まる以前は多くの国の高齢人口割合は7％前後よりも低いレベルにあったが，人口転換が進むと徐々にその値は上昇を始めた。その意味で7％という数値には一定の意味がある。しかし，14％という数値は，欧米諸国において15％前後で一旦高齢化の速度が緩やかになったことを背景に，7％が2倍になる倍化年数を算出する際に使われたことで1つの目安とされたものである。図2-6をみてもわかるように，欧米諸国も今後さらに高齢化が進むと見通されている。

　このように高齢化のスピードに違いがあるのはなぜだろうか。14％から21％までにかかる年数も合わせてみると，欧米諸国と比較して，日本，

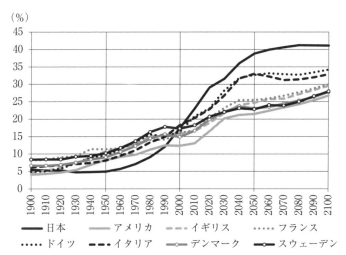

（資料）国立社会保障・人口問題研究所『人口統計資料集2015』
　　　原資料は，日本は国勢調査および国立社会保障・人口問題研究所『日本の将来推計人口』，日本以外は実績値も推計値も UN

図2-6　主要国の高齢人口割合の長期推移

韓国，中国は同じように高齢化のスピードが速い。その理由は，第1に人口転換に要する期間が短かったことで，ピラミッド型から釣鐘型の人口構造に短期間で転換したこと，第2に人口転換終了後あまり時間をおかずに人口置換水準を下回る少子化状態に進んだことで，釣鐘型から壺型の人口構造に短期間で転換したこと，第3に人口転換期の多産少死の時期に生まれた大きな人口が長寿化によって高齢人口を増大させたことで，壺の上部が大きくなったことである。

急速な高齢化は急速な人口構造の変化によってもたらされるものであり，わが国の場合，親子関係にある1900・10年代と1930・40年代（ピラミッド型），1930・40年代と1960・70年代（釣鐘型），1960・70年代と1990・2000年代（壺型）が，それぞれバランスの異なる支えあい関係をつくらざるをえない状況が形成されてきた。年金制度をはじめとする社会保障制度の改革を急速に進めなければならないのは，社会経済情勢の変化だけでなく，世代間関係が世代ごとに変化していることも大きな要因の1つになっている。第1章でみたように，西欧諸国でもTFRの低下が顕著なドイツとイタリアは，21世紀前半に他の諸国とは異なる速い高齢化を経験することが見通されている（図2-6）。その点ではわが国と共通した課題を有することになるといえるだろう。

3. 長寿・多死社会

(1) 平均寿命

ここまで，「長寿化による高齢人口の増大」（2-(2)）という表現を用いてきた。長寿化とは平均寿命が伸びることをいうが，なかでも中高年の死亡率低下による寿命の伸びをさすことが多い。ここでもそうした意味で用いていく。

平均寿命を計算するためには生命表が必要である。生命表は厚生労働

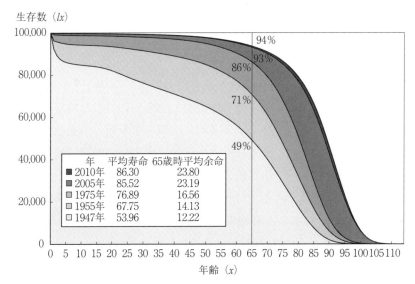

（資料）第21回完全生命表
図2-7　過去の生命表における生存曲線（女）

省が作成し，公表している。図2-7は5つの年次の生命表をもとに作成された年齢別生存数のグラフである。生命表は男女別に作成するものであり，ここに取り上げたのは女性のものである。年齢別生存数は曲線で表示されている。凡例では曲線の内側に塗った色として示されているが，これは線を識別しやすいようにしたものである。また，「曲線の内側の面積」という表現を用いるが，これは曲線とx軸，y軸で囲まれた領域の面積のことであり，濃淡をつけた部分の面積ではないことに注意してほしい。

　このグラフを理解するために，簡単に生命表について説明しておこう。ある年に実際に生じた年齢別死亡パターンにしたがって，一斉に生まれた10万人が死亡していくと仮定すると，何歳で何人生きているかという

値を得ることができる。これをもとに，一定の年齢まで生きる確率や，一定の年齢以降に平均して生きられる年数などを導いたものが生命表である。

　生命表から得られる情報で最も多く使われているのが平均寿命である。1947年の生存数の曲線を使って説明しよう。1947年という戦後直後の時代は乳児死亡率（生後1年未満の死亡数を1年間の出生数で割ったもの）や5歳未満の死亡率も高く，生存数は出生後に急速に減少する。その後も結核等によって生存数は減少していく。この曲線の内側の面積は，総生存人・年数である。これを0歳（10万人が生まれた瞬間）の生存数（100,000人）で割ると平均生存年数となる。これが平均寿命であり，1947年は53.96年（単位は［年］）となる。

　平均寿命は，x歳時の平均余命のxが0の場合である。xを65歳で考えてみると，1947年の場合，65歳の生存数は49,145人であり，それより年齢が上の総生存人・年数をこれで割ると12.22年となる。平均寿命を死亡年齢の平均値と誤解している，つまり平均寿命50年だと50歳前後で多くの人が死亡するというイメージで捉えている人が皆無ではないと思われるが，そうではない。こうした誤解を生む表現として「戦後日本は人生50年だったが近年人生80年になった」というものがある。たしかに，男性の平均寿命は1947年の50.06年から2013年に80.21年になった。しかし，以上の説明から理解できるように，戦後まもない時期に平均寿命が短かったのは，生まれた子どもが乳幼児の段階で多く死亡したためである。このため，1947年の人口置換水準（第1章13ページ参照）は2.71と高く，3人近く子どもを生まないと，生まれた女の子が母親と同じ年になったときに母親と同数にならなかったのである。

(2) 長寿社会

　女性の平均寿命は1947年から1955年までの8年間に13.79年伸び，以後も着実に伸びて2010年には86.30年になった。この間の寿命の伸びがどの年齢の死亡率の改善によって達成されたかを整理したものが表2-1である。これによれば1947年から1955年までの伸びは乳幼児・少年期で50％近くの寄与があり，15～39歳の青壮年期も結核による死亡が減少し約30％寄与した。1955年から1975年は乳児死亡率の改善は引き続き大きく寄与したが，同時に40～64歳の中年期，65歳以上の高齢期における慢性疾患の改善による伸びが合わせて45％寄与するようになった。1975年以降は高齢期における伸びの寄与が70％を占め，高齢者が長生きすることで寿命の伸びることが明確になった。長寿社会の到来である。

　図2-7には65歳時の生存率を％で表示している。1947年は49％，つまり高齢期に達する前に半数が死亡する状態であったが，2010年には94％まで上昇しており，ほとんどの女性は確実に高齢期に達する状況が訪

表2-1　平均寿命の伸びに対する年齢別の伸びの寄与（女）

期間	年数	寿命の伸び	0歳	1～14歳	15～39歳	40～64歳	65歳以上
1947～1955	8	13.79	2.53	4.00	4.08	2.03	1.16
		100.0	18.3	29.0	29.6	14.7	8.4
1955～1975	20	9.14	2.06	1.28	1.62	2.19	1.99
		100.0	22.5	14.0	17.7	23.9	21.8
1975～2005	30	8.64	0.51	0.26	0.40	1.48	6.01
		100.0	5.9	3.0	4.6	17.1	69.5
2005～2010	5	0.78	0.03	0.01	0.05	0.12	0.57
		100.0	4.1	1.5	5.9	15.6	73.0

（資料）国立社会保障・人口問題研究所『人口統計資料集』，『日本の将来推計人口』

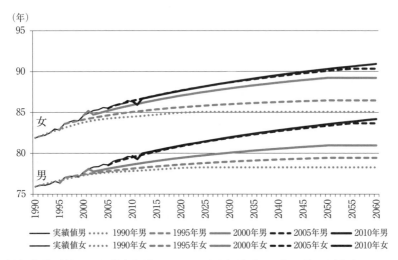

(注) 各推計値は国立社会保障・人口問題研究所（1996年以前は厚生省人口問題研究所）による．

図2-8　過去の推計における将来の寿命の伸び

れている。また，65歳の平均余命は23.80年であり，多くの人が長い高齢期を過ごすようになったことがわかる。ちなみに男性の65歳生存率は87％，平均余命は18.74年，平均寿命は79.55年である。

この長寿化はどこまで進むのであろうか。2010年基準の人口推計で作成された将来生命表によれば，平均寿命は2060年まで伸び続け，男84.19年，女90.93年に達するとされている。2010年から男4.64年，女4.63年の伸びが見込まれているのである（図2-8）。

(3) 新たな多死社会の到来

人口転換理論は近代以前の多産多死から，近代化の進展とともに多産少死を経て少産少死にいたるという人口動態の不可逆的な変化を定式化

した。しかし，わが国の将来は近代以前の多死とは異なる「多死社会」になると見通される。近代以前の多死とは生まれた子どもが多く死亡することだった。1920年では142万人の死亡のうち5歳未満の死亡が36%，52万人も占めていた。これが2013年では127万人の死亡のうち5歳未満の死亡は0.23%，3千人弱でしかない。もちろんこの差異には死亡を発生させる人口の年齢構造も関係しているが，人口転換の文脈でみれば少死状態に間違いない。

　1章の図1-3をみると，1954年から1984年までの30年間の年間死亡数は四捨五入して70万人になる状態であり，死亡の絶対数も小さかった。しかし，将来推計によれば，2024年から2070年までの46年間にわたり，150万人を超える死亡が発生すると見通されている。そしてその圧倒的に多くを高齢者の死亡が占める。2010年の女性の生命表から得られる姿は，死亡の79%を80歳以上が占めるというものである（男性は59%）。

　大量の高齢者が長い高齢期を生き，亡くなっていくという多死社会の出現が，少子高齢・人口減少社会の一側面である。超高齢社会は属性の多様な高齢者が生きていく社会であり，高齢者個々人にとっては，経験や能力，健康状態，経済状態などの違いがあるなかで，社会に参加する多様な機会が用意され，若い世代の人々を支援しながら，必要な医療，介護，生活支援を受けつつ，尊厳をもって死を迎えられる社会でありたい。

》》注

注1）人口学では比率の用語の使い方を比較的厳密に決めている。分子が分母の一部である場合は「割合」（proportion）を用いる。したがって，ここでは「高齢人口割合」が正しい用法であるが，「高齢化率」も一般的に用いられる。なお，他の用法として，「率」（rate）は分子が分母から発生する動態事象の場合に用いる用語で

あり，「普通出生率」（年間の出生数をその年の国勢調査人口で割ったもの）などがこれに当たる。もう一つは「比」（ratio）で，分母と分子が同格の場合に用いる。「性比」（男性人口を女性人口で割ったもの）が代表例である。

注2）要因分解法の理解を深めたい人向けに解説を加えておく。要因分解法は以下の式で計算する。この式を図解したものも示した。高齢人口を a，（1／総人口）を b とおけば，高齢人口割合は ab となる。2つの高齢人口割合 a_1b_1 と a_2b_2 の差（36.8％－28.3％）は，高齢人口の差と（1／総人口）の差の項に分解できる。図でみると，a_1b_1 と a_2b_2 の差は2つの長方形の面積の差になり，それは辺 a の差が決める台形の面積と辺 b の差が決める台形の面積に分解できる。この2つの台形の面積の割合が寄与率である。要因分解法は人口分析でよく用いられる。

$$a_2b_2 - a_1b_1 = (a_2 - a_1)\frac{b_2 + b_1}{2} + (b_2 - b_1)\frac{a_2 + a_1}{2}$$

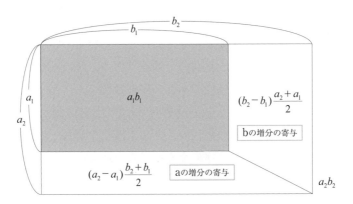

1．人口ピラミッドの100年間の変化を，親世代・子世代の世代間関係と，1950年代半ばと1970年代半ばに起きた TFR の大きな変化から簡潔に記述してみよう。
2．高齢化社会に生ずる様々な事象や政策に対して，高齢人口の数と割合のどちらに重点を置いて考えることが有効かを，具体的に考えてみよう。
3．平均寿命の伸びに対する年齢別の伸びの寄与は時代によって異なるが，その背景にどのような疾病の改善があったのかを調べてみよう。
4．これまでの高齢社会論ではとらえきれない超高齢・多死社会の課題を整理してみよう。

参考文献

阿藤誠『現代人口学：少子高齢社会の基礎知識』日本評論社，2000年
河野稠果『人口学への招待：少子・高齢化はどこまで解明されたか』中公新書，2007年
国立社会保障・人口問題研究所『日本の将来推計人口（平成24年1月推計）』2012年
人口学研究会編『現代人口辞典』原書房，2010年
鈴木隆雄『超高齢社会の基礎知識』講談社現代新書，2012年

3 | 人口減少社会の家族変動

大江守之

《目標＆ポイント》 少子高齢化という人口変動は大きな家族変動と表裏の関係にある。少子化の最大の原因である未婚化は，自らの家族をつくらない人々を増加させている。未婚化を牽引した人々は現在中年期にあって，高齢の親と未婚の子という世帯や中年の単独世帯の増加に結びついている。彼らは2040年には高齢期に入り，親族ネットワークの弱い高齢単独世帯を大量に生み出すことになる。こうした家族変動のメカニズムへの理解を深めていく。
《キーワード》 定位家族，生殖家族，世帯の家族類型，同居可能率，世帯主率，生涯未婚率

1．20世紀後半から21世紀前半の家族変動の見方

（1）家族と世帯の概念

最初に家族の概念について簡単に整理しておきたい。第1に，「家族」と「世帯」の関係である。森岡清美によれば，「家族」は「夫婦・親子・きょうだい（sibling）などの少数の近親者を主要な成員とし，成員相互の深い感情的かかわりあいで結ばれた，幸福（well-being）追求の集団」であるとされる。一方，「世帯」は行政上の必要から定義された「住まいと生計をともにする人々の集り」，つまり居住単位である。統計的に家族は世帯単位でしか把握することはできず，上記の家族の概念がそのまま当てはまる世帯もあれば，背後にある家族がみえない世帯もある。たとえば単独世帯の場合，若年未婚の単独世帯では背後に親やきょうだ

いという家族がいることが容易に想像できるが，高齢単独世帯では様々なケースがありうる．配偶者と死別し単独世帯になったが近くに子ども世帯が居住しているケースもあれば，未婚のまま高齢期に入り家族がいないケースもある．

第2に，家族には2つの側面がある．自分が生まれた家族である「定位家族」と，自分が結婚してつくる「生殖家族」である．上記の若年単独世帯の背後にあるのは定位家族であり，高齢単独世帯の前者は生殖家族とつながりがある例であるが，後者は定位家族が既になく生殖家族もつくらなかったという例である．同じ単独世帯でも背後にある家族ネットワークは様々であり，物理的存在を超えて関係性の領域まで踏み込めば，その多様性は一層複雑になる．しかし，世代によってライフコースのなかで経験してきた定位家族や生殖家族の性格は実は一定のパターンをもっている．

（2）20世紀後半から21世紀前半の家族をみる視点

第2章で人口ピラミッドの変化について述べた際にも言及したように，人口ピラミッドには世代間関係が表現されている（2章の図2-1）．表3-1は，1950年から2040年までの30年ごとの人口ピラミッドに表現された世代間関係を，5つの世代と組み合わせて整理したものである．5つの世代といっても，第0世代は2010年で7％ほどしか生存しておらず，また第4世代はまだ生まれていない．中心になるのは第1世代から第3世代の3つの世代である．

なお，将来を2040年までとしたのは，国立社会保障・人口問題研究所が発表している『日本の世帯数の将来推計（全国推計）』（2013年1月推計）の推計期間が2035年までとなっていることと関係している．社人研の世帯推計は，あとで詳しくみるように，家族類型別世帯推計を行い家

表3-1 世代ごとのライフステージの上昇と家族形成

世代／時点・出生年	第0世代 1900・10年代	第1世代 1930・40年代	第2世代 1960・70年代	第3世代 1990・2000年代	第4世代 2020・30年代	家族形成期世代からみた平均的な家族形成
1950年	30-49歳 家族形成期 1,892万人	0-19歳 生育期 3,846万人				夫婦と子ども4人
1980年	60-79歳 家族解体期 1,349万人	30-49歳 家族形成期 3,640万人	0-19歳 生育期 3,578万人			夫婦と子ども2人
2010年	90歳以上 死亡退出期 136万人	60-79歳 家族解体期 3,115万人	30-49歳 家族形成期 3,490万人	0-19歳 生育期 2,287万人		夫婦と子ども2人弱 未婚者・無子が1/3
2040年		90歳以上 死亡退出期 556万人	60-79歳 家族解体期 3,070万人	30-49歳 家族形成期 2,329万人	0-19歳 生育期 1,467万人	夫婦と子ども2人弱 未婚者・無子が1/3

族の将来の姿を描き出している。しかし，世帯推計は人口推計と比較して複雑なモデルを必要とするため長期の推計は難しく，推計期間は25年で行われてきた。

　各世代は20年間に生まれた人々とし，親子関係を形成する世代間隔は30年とした。したがって，ここに取り上げた世代に含まれないコーホートが存在している。1950年代と1980年代のコーホートである。1950年代はTFRが急速に低下した時期であり，平均的な子ども数が4人から2人に変化する移行期であった。また，1980年代は急速に晩婚化が進み，明確な少子化が始まった移行期である。こうした移行期を除外した方が世代の輪郭がはっきりすることから，この時期を除外し20年間に生まれた人々を1つの世代とした。

　親子関係を形成する世代間隔を30年とするのは人口・家族研究では一般的である。第1章でも述べたが，1970年代前半に生まれた人々の母親

の出生年は1940年代後半（団塊世代を含む）が48.4％で最も多いが，1940年代前半も30.2％を占める。全ての母親の出生年分布は1920年代前半から1950年代後半まで幅広い。このデータを用いて母親との世代差の平均値を計算すると26.9年になる。1940年代生れの人々が初婚を経験した1960年代後半から1970年代前半の男女の平均初婚年齢の差は2.3〜2.8歳であり，父親と子どもの世代差は29〜30年になる。

1950年，1980年，2010年，2040年の各年は，それぞれの世代が0〜19歳の生育期，30〜49歳の家族形成期，60〜79歳の家族解体期，90歳以上の死亡退出期というライフステージに相当している。表を縦にみていくと各世代が加齢しながら各ライフステージを通過することが読み取れ，横にみていくと各年にどの世代がどのライフステージにあるかが読み取れる。以下で具体的にみていこう。

2. 世代とライフステージでみる家族変動

（1）20世紀後半の動向

まず，スタートとなる1950年をみてみよう。第0世代と第1世代による家族形成は夫婦と子ども4人という組み合わせであったが，これが全て夫婦と子から成る核家族世帯を形成していたわけではない。第0世代の上の世代を含む三世代世帯を形成していた人々は多いと考えられる。

廣嶋清志（1984）によれば，1950年の35〜39歳人口の親との「同居可能率」は48％であったとされる。同居可能率というのは，この35〜39歳の人々が親と同居しようと考えて実際にできる割合を計算したものである。親と同居できるかどうかは，親が生存していること，競合するきょうだいが少ないことが条件となる。35〜39歳の親は65〜69歳に最も多いことを考えると，この条件のうち前者の「親が生きている」という条件はクリアできる確率が高いため，後者の「競合するきょうだい数」の方

が条件として強く効く。

　第0世代も平均きょうだい数は4人程度であったから，同居できるのはその半分の2人ということであり，イメージしやすいようにいえば，長男と長男に嫁ぐ女性の2人ということになる。このなかで実際に同居する割合を，廣嶋は「同居実現率」として計算しているが，残念ながら1950年はデータが不足していて明らかにされていない。他の年次のデータからみると80％以上であったと推測できる。つまり，第0世代の約半数が同居可能で，その80％が実際に同居を選択し，三世代世帯を形成していたのではないかと考えられる。以上から，1950年は夫婦と子から成る世帯と三世代世帯が多かったと推察される。

　国勢調査の結果を用いて，実際の家族類型別世帯数をみてみよう。図3-1の2つのグラフは基本的に同じであるが，上段は4時点の時点内と時点間の相違を関連させて理解するために，下段は時系列変化を理解しやすいように作成してある。分類はグラフの凡例にあるように，単独，夫婦のみ，夫婦と子，1人親と子，その他の5つである。「その他」は正確には「その他の一般世帯」であり，三世代世帯が多くを占める。1950年はデータがないため1960年でみると，夫婦と子から成る世帯が849万世帯，その他の一般世帯が686万世帯（73％が三世代世帯，85％が親との同居世帯）と，この2つの家族類型が卓越していることがわかる。

　1980年になると，規模の大きな第1世代が家族形成期になり，平均して2人の子どもを生む。第4章で詳しく述べるが，地方圏で育った第1世代の約半数は就職や進学で大都市圏へと移動し，そこで結婚し第2世代を生んだ。したがって，大都市圏における夫婦と子ども2人という家族形成は，その多くが小規模核家族という形態をとることになり，核家族世帯数を増加させる原動力となった。一方，地方圏に残った4人きょうだいのうちの2人は，同居可能率は高かったが，産業構造の変化のな

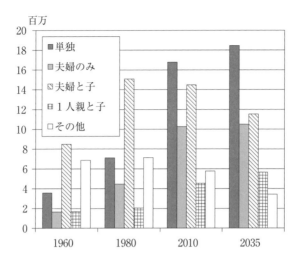

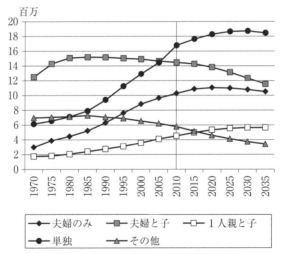

（資料）国勢調査，国立社会保障・人口問題研究所（2013年全国世帯推計）

図3-1　家族類型別世帯数の推移

かで同居実現率はやや低下した。第1世代のこうした世帯形成行動は，高齢期に入った第0世代で夫婦のみ世帯を増加させる方向に働いた。

家族類型別の世帯数をみると，夫婦と子から成る世帯は1,508万世帯へと大きく増加した。その他の世帯は変化がなく，夫婦のみ世帯と単独世帯が増加した。夫婦のみ世帯の増加は高齢期の増加であり，単独世帯の増加は大都市圏に移動し，未婚で1人暮らしをする者の増加によるところが大きい。

（2）21世紀前半の動向

2010年になると第2世代が家族形成期になる。1980年からの30年間に少子化が進み，第3世代は第2世代の66％の規模しかない。既にみたように，これは第2世代での未婚率が高いためである。具体的にみると，30・40代の未婚率と未婚者数は，1980年が8.2％，299万人であるのに対し，2010年は27.2％，951万人と，未婚者数が3倍以上になっている。生殖家族を形成しない未婚者は，定位家族内にとどまり，親と子（夫婦と子／1人親と子）から成る世帯を形成するか，定位家族を出て単独世帯を形成するかを選択することになる。第2世代は大都市圏生れが多く，地方圏から移動してきた割合が高い第1世代と異なり，定位家族内にとどまることができる条件を備えている割合が高い。もちろん，第2世代でも進学や就職に伴って移動して単独世帯を形成し，未婚状態の継続が単独世帯の継続につながるケースは少なくない。したがって，第2世代の951万人の未婚者は親と子から成る世帯と単独世帯の両方を増加させることにつながる。また，60～80歳になった第1世代は既婚子との同居を選択しない傾向を持ち，夫婦のみの世帯の増加につながる。

国勢調査によって1980年から2010年への家族の変化をみると，単独世帯が711万から1,679万へと大きく増加している。少子化の背景にある晩

婚化・非婚化の家族形成への影響である。夫婦のみ世帯も446万から1,027万へと大きく増加し，第1世代が高齢期に入ったことによる家族の変化が投影されている。1人親と子も2倍以上に増加している。これはいわゆるシングルマザーの増加よりも，未婚の成人と配偶者と死別した親との組み合わせが増加しているためである。

　2035年への変化は，家族形成期の第3世代の人口が3分の2に減少し，夫婦と子から成る世帯を減少させる方向に作用する。第3世代も多くの未婚者がおり，その一部は第2世代とともに暮らすことで夫婦と子から成る世帯の減少を緩和させる力を持つ。第2世代の未婚者で親の世帯にいたものも，親の死亡等により徐々に単独世帯へと移行すると考えられる。また，第1世代も90歳以上で556万人もいると見通されることから，高齢期における単独世帯増加に寄与するだろう。

　国立社会保障・人口問題研究所の全国世帯推計によれば，2035年への変化は，2010年までの変化と比較するとあまり大きくない。緩やかに増加するのは単独世帯と1人親と子から成る世帯で，夫婦のみ世帯は横ばい，夫婦と子から成る世帯とその他が緩やかに減少する。

（3）家族変動を規定する要因

　以上でみてきた世代ごとの家族形成の特徴を整理しておこう。

　地方圏で生まれた第1世代の約半数は大都市圏に移動し，夫婦と子ども2人から成る世帯を形成し，小規模核家族を大量に生み出した。一方，地元に残った約半数は親と同居したり近居したりする形で，実態的に三世代居住を実現した者が多い。第1世代は高齢期に入ると，子どもが独立したあと夫婦のみの世帯を形成する傾向を強めている。将来，規模の大きな第1世代は，配偶者との死別にともない，単独高齢世帯を増加させる。

第2世代は生殖家族を形成した約3分の2の人たちは夫婦と子から成る世帯をつくり，一方で多くの未婚者を出現させた。既婚者は親との同居を選択しない方向へ進むが，これは第1世代が夫婦のみ世帯を形成することと表裏の関係にある。第2世代の未婚者は親と同居するのか単独世帯を形成するのかの違いによって家族の形は変わってくる。しかし，彼らが2040年に向けて高齢期に入っていく段階では，単独世帯のまま高齢に至るか，親と同居していた状態から親の死亡によって単独世帯となるか，いずれにしても単独世帯の増加に結びつく。次節でこの点を考察したい。

　第3世代は2040年にかけて家族形成期を迎える。現在の推計では，未婚化の水準は第2世代と大きく変わらないが，世代の規模が小さい分，夫婦と子から成る世帯も少なくなる方向に向かうだろう。未婚者が親と同居するか単独化するかは，第2世代の考察と合わせて以下で考えたい。

3．家族形成のメカニズムと家族規範

（1）家族形成のメカニズム

　人はどのように家族をつくるかを20世紀後半のわが国をイメージして描くと，子ども時代は定位家族に暮らし，成人になるとそこを出て結婚し，自分の生殖家族をつくる。そして子どもを生み育て，その子どもが独立すると夫婦で暮らすエンプティ・ネスト期を迎える。その後，配偶者の死を迎え，1人暮らしとなる。このような年齢の上昇に伴う各ライフステージにおいて，それぞれ卓越的な類型の家族形態が現れる。これを数値的に捉えるときに使われるのが世帯主率という尺度である。一般的に世帯主率は，男女別，年齢別，家族類型別に計算して利用する。

　次頁の図3-2は，夫婦のみ世帯の世帯主率のグラフである。世帯主

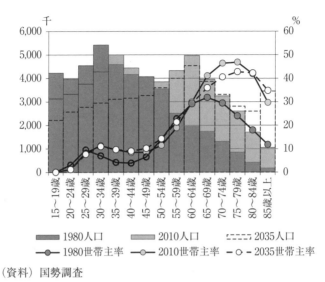

（資料）国勢調査
国立社会保障・人口問題研究所（2013年全国世帯推計）

図3-2　男の夫婦のみ世帯主率と人口（1980，2010，2035）

は国勢調査における回答にもとづいており，人々の「世帯主」に対する考え方が投影されている。夫婦のみ世帯の場合，世帯主はほとんど男であり，グラフも男のものである。たとえば，2010年の男，75〜79歳の夫婦のみ世帯の世帯主率は46.8％となっている。これは2010年の75〜79歳の男の人口260万人のうち122万人が夫婦のみ世帯の世帯主であったことを意味している。グラフから分かるように，夫婦のみの世帯は結婚後の時期に1つのピークがあるが，大きなピークは子どもが独立したあとの高齢期にある。高齢期での夫婦のみ世帯の世帯主率の高低は，子どもと同居するかしないかという選択の領域を含んでいる。1980年から2010年の上昇は「しない」という選択をしたために生じたものである。

この間，男の高齢人口450万人から1,247万人に2.8倍に増加した。もし

世帯主率に1980年から変化がなかったと仮定すると，男の世帯主の高齢夫婦のみ世帯数は124万世帯から327万世帯に2.6倍増加することになる。しかし，実際には538万世帯と世帯主率が変化しなかった場合より211万世帯も多かったのである。このように家族類型別世帯数は，同じような家族形成行動をとっても，人口構造に規定されて変化し，さらに人々の選択によっても変化するものなのである。

2035年にかけての見通しは，男の高齢人口は1,602万人まで増加するが，夫婦のみ世帯は623万人への増加にとどまる。これは世帯主率が65〜79歳で低下するためである。この背景には未婚者の増加がある。

（2）未婚高齢単独世帯の増加

単独世帯は2010年の1,679万世帯から2030年の1,872万世帯でピークを迎え，2035年に1,846万世帯に減少すると見通されている。この25年間の増加は167万世帯である。1人親と子から成る世帯も増加するが，単独世帯は圧倒的にボリュームが大きい。同じ期間に高齢単独世帯は498万世帯から762万世帯へ264万世帯も増加する。つまり，単独世帯は65歳未満では減少し，65歳以上で大きく増加する見通しなのである。

これまでの高齢単独世帯は配偶者と死別あるいは離別することによって発生する割合が高かった。2010年では生涯未婚率の低い第1世代が高齢者の中心であったため，65歳以上の未婚者，死離別者の数と65歳以上人口に占める割合は，それぞれ120万人（4.1％），999万人（33.9％）であった。これが，生涯未婚率の高い第2世代が中心になる2035年には，395万人（10.5％），1280万人（34.2％）になると推計されている（図3－3）。依然として死離別者が多いものの，2010年から2035年への増加の倍率は，死離別者が1.3倍であるのに対し，未婚者は3.3倍にもなる。未婚の高齢者は単独世帯になりやすく，子どもがいる割合が高い死別の高

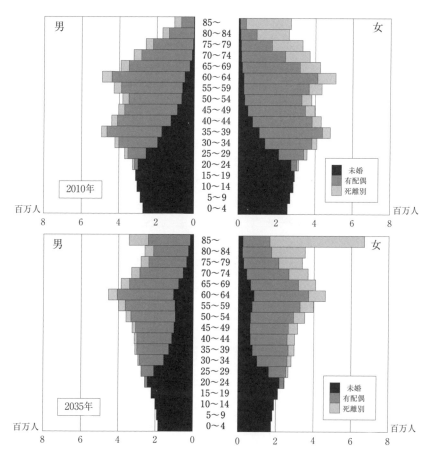

(資料) 国勢調査，国立社会保障・人口問題研究所『日本の世帯数の将来推計2010〜2035』

図3-3　配偶関係別人口ピラミッド（2010年・2035年）

齢者とは異なり，孤立する可能性も高い。

これまでの未婚者が単独世帯を形成する傾向を振り返ると，図3-4の上段に示したように，近年になるほど高齢期に単独世帯になる傾向が特に男で強まっている。女も男ほどではないが同様の傾向を示している

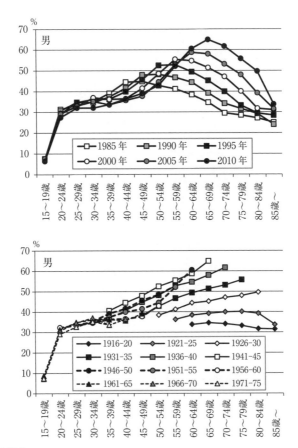

（資料）国勢調査
図3-4 男の未婚者の単独世帯主率（上段：時系列，下段：コーホート別）

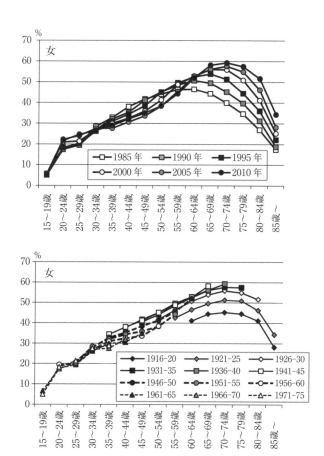

（資料）国勢調査
図 3-5　女の未婚者の単独世帯主率（上段：時系列，下段：コーホート別）

（図3-5）。男の変化をコーホートでみると，2010年に65〜69歳になる1940年代前半コーホートが，これまでで最も高いレベルに到達している。1940年代後半以降のコーホートは，中年期に低い値をとるようになるが，これは親と同居しているためである。注目すべき点は，1940年代後半コ

ーホートが60〜64歳にかけて上昇し，1940年代前半コーホートを上回っていることである．後続のコーホートも同様の傾向をみせ始めている．おそらく，これは親の死亡によって単独化し始めたことが原因であろう．今後，この傾向がより顕著になる可能性がある．かつては，未婚の高齢者が単独化しないケースのほとんどがきょうだいとの同居であったが，1950年代後半以降のコーホートはきょうだい数が減少し，きょうだいと同居できる確率が下がることも一因である．

このように，今後の高齢単独世帯の親族ネットワークは，これまでとは異なり，より弱くなる方向，つまり高齢単独世帯がより孤立しやすい方向に変化する可能性が高い．そして高齢の未婚者そのものが大きく増加する．高齢社会のセーフティネットを考える上で重要なポイントである．

最後に家族規範と家族形成について触れておきたい．家族社会学者の落合恵美子は，第1世代を「大家族を夢見る核家族」と呼んだ．これは定位家族経験が生殖家族をつくる際の家族規範になることを示唆している．

これまで述べてきたように，わが国では第1世代以降，定位家族と同じ生殖家族をつくらなかった人々が多数存在する．それはどこかで家族規範とは異なる生殖家族をつくっている（あるいは生殖家族そのものをつくっていない）というある種の葛藤を抱えることにつながっている可能性がある．

20世紀後半から21世紀前半にかけて続いてきたこうした状況のなかで，家族は社会からの支援を必要とする側面を多く持つようになってきた．そこで登場する家族を支援する政策立案に必要なのは，本来的に「政策」が規範的アプローチから自由でないこと，つまり何らかの家族規範を枠組みとしてもつことは避けがたいことを自覚しつつ，葛藤を解き放つような未来志向の議論を行うことである．

1．1900～19年生まれの第0世代と1930～49年生まれの第1世代の間の同居・非同居の選択は，どのようなメカニズムで決まっていたのだろうか。
2．第0世代と第1世代の関係と，第1世代と第2世代の関係を比較すると，どのような点が大きく異なっているかを整理してみよう。
3．1980年から2010年までの夫婦のみ世帯の増加は，どのような年齢における人口の増加と世帯主率の上昇の組み合わせによって生じたのかを記述してみよう。
4．1960～79年生まれの第2世代から始まった未婚化は，どのような家族変化を引き起こし，将来，彼らが高齢期に達したとき，どのような状態を生じさせるのかを整理してみよう。

参考文献

廣嶋清志「戦後日本における親と子の同居率の人口学的実証分析」人口問題研究，169，pp.31-42，1984年
阿藤誠『現代人口学：少子高齢社会の基礎知識』日本評論社，2000年
国立社会保障・人口問題研究所『日本の世帯数の将来推計（全国推計）』2013年
人口学研究会編『現代人口辞典』原書房，2010年
落合恵美子『21世紀家族へ―家族の戦後体制の見方・超えかた（第3版）』有斐閣，2004年
山田昌弘『近代家族のゆくえ―家族と愛情のパラドックス』新曜社，1994年
森岡清美『新しい家族社会学（四訂版）』培風館，1997年

4 | 人口減少社会の地域人口変動

大江守之

《目標＆ポイント》 ここまで日本全体での人口減少，少子化，高齢化，家族変動をみてきた。これらはいずれも地域的差異を伴って進行し，今後も進行すると考えられる。その最大の要因は東京圏への若年人口の集中が続いていることにある。この集中のプロセスをコーホートの視点から分析し，その結果として現在の東京圏と地方圏はどのような状態にいたっているかを理解する。また，東京圏に大量に移動した第1世代が集中している郊外に焦点をあて，家族の変容と地域社会の対応を展望する。
《キーワード》 東京圏，郊外，コーホート・シェア，人口転換，潜在的他出者仮説，ポスト核家族化，市民的相互圏

1. 人口減少の地域的差異と大都市圏への集中

(1) 人口減少都道府県数

　国立社会保障・人口問題研究所の『日本の地域別将来推計人口』（2013年12月）が現時点で最新の将来人口推計である。この推計は，市区町村別の推計を行い，これらを合計して都道府県の推計値を求めている。なお，全市区町村の合計値が全国推計値と一致するように合計調整を行っている。

　まず，人口減少がどのように進んできたのか，また将来どのように進むのかを，1950年から2040年までの5年ごとの人口減少都道府県の数（以下，減少県数と表記）からみてみよう（図4-1）。1950年代前半は8であったが，大都市圏への人口移動が始まる1950年代後半になると25

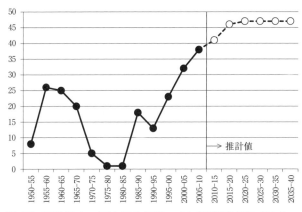

（資料）国勢調査，国立社会保障・人口問題研究所『日本の地域別将来推計人口2010-2040』

図4-1　人口減少都道府県の数

前後と47都道府県の半数を超える状態になった。高度成長期の現象であり，過密過疎問題が議論された時代である。

　1970年代の前半にニクソンショック，オイルショックを経験し，高度成長期が終焉に向かうと人口移動も沈静化して減少県数は5まで減り，さらに1970年代後半になると1になった。この1つが東京都であり，他の道府県はすべて増加であったことから，「地方の時代」がいよいよ到来したという論調がマスコミを賑わした。1977年に策定された第三次全国総合開発計画が「定住構想」をかかげて地方での総合的居住環境整備を進めることを高らかに宣言したことも，この論調の背景にあった。

　1980年代前半になるとマイナス県は同じ1つであったが，それは秋田県に替り，80年代後半になると，バブルの発生と「東京一極集中」によって減少県数は一気に18まで拡大する。90年代前半にバブルが崩壊すると東京圏への人口集中は緩和され，減少県数も13まで縮小するが，その

後は減少県数は拡大の一途をたどり，2005年から10年に38を記録するまでになった．推計では2010年代後半に沖縄県を残して他はすべて減少となり，2020年以降はすべての都道府県が減少に入ると見通されている．

（2）東京圏への人口集中

　1960年代を中心に地方圏から大都市圏への大量の人口移動が起こった．その中心が1930・1940年代生れの第1世代であったことをまず頭に入れておきたい．第3章でみたようなこの世代に固有の世代間関係を含む家族属性が，今後の本格的な人口減少社会における地域的差異の特徴や地域課題を出現させることにつながっていく．

　大都市圏への人口集中の中心に位置したのは若い働き手であった．東京圏（東京都，千葉県，埼玉県，神奈川県）についてみると，彼らは中学や高校を卒業すると同時に，故郷に両親と長男やその配偶者になる人々を残して上京し，最初は23区内等で住み込みや木賃アパートで暮らした．2005年に東宝系で公開された映画「ALWAYS 三丁目の夕日」に登場する六（ろく）ちゃんこと六子（むつこ）は，おそらく1943年生れで6番目の子ども（原作では8人きょうだい）であり，青森県から中学卒業と同時に集団就職で港区の自動車修理屋さんにやってきて住み込みで働く．映画の中では，店主の誤解から「故郷（くに）に帰れ！」と怒鳴られたとき，「帰るとこなんかねー！」と叫ぶ場面がある．この時代の現実を巧みに描いた場面であり，六子は第1世代の典型の1人であるといえる．

　1970年代前半になると，前述したような大きな経済情勢の変化がおき，それと同時に大規模な人口移動は沈静化するが，人口学者のなかには，後述するように，こうした経済要因以外にも人口移動の変化の要因を指摘する者がいる．

（資料）住民基本台帳人口移動報告
図4-2　3大都市圏の転入超過人口

　1970年代前半に大都市圏への人口移動が沈静化し，70年代後半に東京都だけが人口減少を経験するという時期をへて，三大都市圏のなかで東京圏のみに顕著に人口が集中する時代が訪れる。その最初は80年代後半にピークをもつバブル時代の集中であったが，バブル崩壊によって終息を迎える。1994年には，住民基本台帳人口移動報告という統計がとられるようになって以降はじめて東京圏が流出超過を記録したことで，「東京一極集中時代の終焉」という見方も示された。しかし，その後の動きをみると再び転入超過人口は拡大し，2007年には15.5万人と，バブル期のピークであった1987年の16.4万人に迫るレベルに達した。これが縮小に転じる契機は2008年のリーマンショックであった。この縮小傾向がどこまで続くのかが注視されていたが，2011年に底をうち，2015年には11.9万人まで戻している（図4-2）。

こうした1980年代以降の人口移動傾向は，経済状況によって人々の移動が影響を受けやすくなるという，生産年齢人口における雇用や居住の流動性の高まりがあると考えられる。おそらく今後もこの傾向は続くと考えることが妥当であろう。

（3）コーホートでみる集中過程

　図4-3は，1930年代前半コーホートから2000年代後半コーホートまでの16のコーホートを取り上げ，各年齢時点における全国人口に占める東京圏および東北地方の人口の割合（これを「東京圏のコーホート・シェア」と呼ぶ）を示したものである。人口はいずれも男女計である。この図は，それぞれのコーホートが加齢に従い，東京圏および東北地方にどのような割合で居住してきたかを表している。わが国の地域別の死亡率格差が無視できるレベルであれば，このシェアの変動は純移動（転出入の差）によるものと理解できる。16のコーホートは，加齢に従うシェアの変化から大きく以下のように4つのグループに分けることができる。ただし，1990年代以降のコーホートは，まだ成人に達していないため，ここでは扱わず，3つのグループのコーホートを対象とする。以下では主に東京圏について記述していく。

①第1グループ

　1930年代のコーホート。10～14歳以降シェアを上昇させ続け，一定の年齢以降は定常状態に入る。1930年代前半コーホートの場合には，30代後半以降ほぼ定常状態であり，時期的には1970年以降に相当する。また1930年代後半コーホートは1930年代前半コーホートに比べて，10代後半から20代前半にかけてのシェア上昇が大きく，20代前半以降，時期的には1965年以降ほぼ定常状態になる。このグループは，1920年代以前のコーホートも含めて若いコーホートほど到達したシェアが高いが，定常状

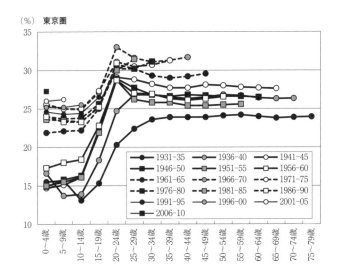

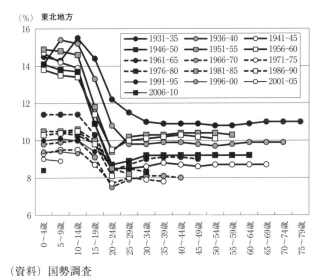

（資料）国勢調査

図 4-3　東京圏と東北地方のコーホート・シェア

態に入る時期が年齢ではなく，時代に規定される傾向を有している。

②第2グループ

　1940年代から1950年代の4つのコーホート。1940年代前半，1940年代後半，1950年代前半の3つのコーホートは，0～4歳時のシェアがそれぞれ14.7％，14.9％，15.0％とほとんど同じであり，また20～24歳時のシェアもそれぞれ29.1％，28.9％，28.7％とほとんど同じであるという特徴をもっている。1950年代後半コーホートは，0～4歳時のシェアは17.3％とやや高いが，20～24歳時のシェアは28.7％で，1950年代前半コーホートと全く同じである。第1グループと基本的に異なる点は，20～24歳にシェアのピークが現れ，25～29歳以降シェアを低下させるという点である。ここでは，この低下をUターンによる低下と呼ぶことにしよう。4つのこのコーホートは一様にUターンを発生させるが，30代前半または後半以降にほぼ定常状態に移る。

③第3グループ

　1960年代から1980年代までの6つのコーホートが含まれる。1950年代までのコーホートと明らかに異なる点は，0～4歳時のシェアが高い点であり，最も低い1960年代前半コーホートで21.9％，最も高い1970年代前半コーホートで25.6％となっている。このように0～4歳時のシェアが高まったのは，これらのコーホートが，急速に東京圏への集中率を高めた1930年代以降のコーホートの子供世代に相当するためである。つまり，東京圏2世の出現によってシェアが上昇したといえる。これらのコーホートも20～24歳のピークに向かってシェアが上昇する。0～4歳時から20～24歳時までの上昇幅は第2グループと比較して小さい点も特徴の1つである。

　以上のように，東京圏への人口集中は，それぞれのコーホートが積み重なるような形で進んできた。1950年代コーホートまでは20代前半にか

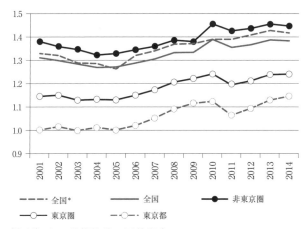

(資料）人口動態統計，国勢調査
(注)「全国*」は各歳別データを用いて計算され，全国値として公表されているもの．それ以外は5歳階級別データで計算されたものであり，東京都及び全国は公表値．東京圏及び非東京圏は著者の計算による．

図4-4　東京圏と非東京圏の合計特殊出生率の格差

けての大きなシェアの上昇，つまり若年人口の大きな移動によって集中が進んだが，1960年代コーホート以降は，東京圏生れが増加し，自然増が東京圏への人口集中に寄与していることが分かる．もちろんこれらのコーホートも20代前半にかけてのシェアの上昇があり，移動による集中も続いている．とくに1980年代前半コーホートで20代前半から後半へのシェアの上昇が顕著である点に代表されるように，2000年以降（各コーホートの右端の点が2010年値），20代後半，30代にいたってもシェアが上昇するという，新たな現象が生じている．

　東北地方のコーホート・シェアは，上述の東京圏と全く反対の動きを示している．若年人口が流出するという移動による減少だけでなく，そ

の結果が人口再生産の縮小に結びつくというプロセスが進行してきたのである。これは他の地方圏も同様である。

ただし，合計特殊出生率（TFR）は東京圏と非東京圏（地方圏）で明確な差がある。図4-4に示したように，非東京圏と東京圏のTFRは2014年でそれぞれ1.45と1.24で，東京圏は0.21も低い。この格差は年によって多少の変動はあるが，縮まる傾向にはない。このことは，東京圏に若年人口が集中することが出生数の減少に結びつくことを意味している。

（4）地域ブロック別の人口分布

以上でみてきたようなプロセスをへて，国内の人口分布は変化してきた。全国を7つの地域ブロックに分けて，将来も含めてみていこう（図4-5）。7つのブロックとは，北海道・東北，北関東・山梨，東京圏，中部，近畿，中国・四国，九州・沖縄である。

まず総人口についてみると，1950年から2010年まですべての地域で増加している。最大は東京圏で2.73倍，最低は中国・四国で1.05倍であった。対全国シェアでみると，最も拡大したのは東京圏の12.3ポイント（15.5％から27.8％へ）の変化，最も縮小したのは北海道・東北のマイナス5.3ポイント（18.8％から13.4％へ）の変化であった。2040年にかけてはすべての地域で総人口は減少する。減少が小さいのは東京圏で0.91倍，大きいのは北海道・東北で0.75倍である。対全国シェアは東京圏，中部，近畿で拡大し，最大は東京圏の2.3ポイントである。一方で縮小が最も大きいのは北海道・東北のマイナス1.5ポイントである。

次に，高齢人口についてみると，過去も将来もすべての地域で増加する。2010年から2040年までの将来に注目すると，最も増加するのは東京圏の1.55倍，最も増加が小さいのは中国・四国の1.13倍である。対全国

第 4 章 人口減少社会の地域人口変動 | 75

シェアは東京圏と近畿で拡大し，最大は東京圏の4.2ポイント，一方で縮小が最も大きいのは北海道・東北のマイナス1.7ポイントである。東京圏の対全国シェアの拡大4.2ポイントは，総人口のシェアの拡大2.3ポイントを上回っている。つまり，東京圏は今後，高齢人口の増加のスピードが他地域と比較して速くなるということである。これは，東京圏のコーホート・シェアの上昇が激しかった1940年代以降のコーホートが高

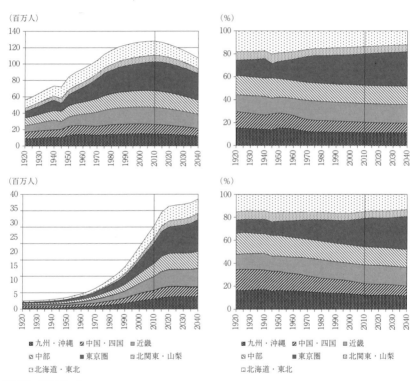

(資料) 国勢調査
　　　国立社会保障・人口問題研究所『日本の地域別将来推計人口2010－2040』
(注) 上段が総人口，下段が65歳以上人口．左が実数，右が割合．
図 4-5　地域ブロック別の総人口と65歳以上人口の推移

齢期に入っていくためである。

2. 人口転換と人口移動

(1) 潜在的他出者仮説

　伊藤達也による潜在的他出者仮説というものがある（伊藤1984）。この仮説は，我が国の人口転換過程において，1930年代から1940年代を中心に生まれた多産少死期のきょうだい数の多い世代に着目した仮説である。伊藤は，地方圏における平均4人以上のきょうだいのうち，跡継ぎとその配偶者になる要員は地方圏に残る選択をするが，それ以外は潜在的に他出するポテンシャルをもつという仮説を提示し検証した。この仮説は，第1に，跡継ぎとその配偶者になる者が地方圏において親の近くに残るという形で1930・40年代生まれ世代の家族形成行動に直系家族制規範が強く影響したこと，第2に，潜在的他出者が1950〜60年代の大都市圏への人口移動の中心的存在になったこと，第3に，1950年代半ばの人口転換の終了によってきょうだい数が2人になると潜在的他出者がいなくなり，その結果として1970年代前半における大都市圏への人口移動が収束を迎えること，の3点を含んでいる。

　伊藤は，国勢調査のデータを用いて，この仮説を証明した。人口移動研究の側面からみると，移動を規定する要因として，経済的要因以外に人口学的要因が存在することを明らかにした点が評価されるが，伊藤が最も主張したかったことは，「日本の社会が家の継承・人口再生産の維持をその社会の基本的前提条件としていることに変わりないことを示している」，つまり直系家族制規範が1980年時点でも維持されているという点であった。

（2）潜在的他出者仮説の有効性

　伊藤の潜在的他出者仮説がその後の世代まで有効であれば，東京圏の流入超過は沈静化したまま推移したはずである。しかし，1980年代に入ると流入超過は再び拡大した。伊藤仮説はある時点までは有効であったと考えられるが，それがどこまでなのかを検証する必要がある。これに取り組んだのが丸山他（2008）であった。

　丸山他（2008）は，流出する側の潜在的他出者ではなく，出身地に残留することが期待される後継ぎ要員の数を把握することとし，その理論値を後継者理論値とした。その上で，後継者理論値と国勢調査の都道府県人口の比である後継者充足率を作成し，後継ぎ要員に相当する人口が都道府県内に確保できているか否かという視点から潜在的他出者仮説の有効性を検証した。

　分析結果の一部が図4-6である。1940年代前半と後半のコーホートでは，それぞれが30代前半の時点で後継者充足率がマイナスになっている県数は，ともに10に満たず，1940年代後半コーホートでは5県しかなかった。1940年代前半コーホートでも充足率が20％以上不足する県は1つである。このように，1940年代コーホートでは，潜在的他出者仮説が成り立っていたと考えられる。

　しかし，1960年代コーホートになると，充足率がマイナスになる県が顕著に増加し，また不足の度合いが大きい県も増加している。潜在的他出者仮説が成り立たない状況が生じていたと判断できる。この変化の境界は1950年代前半コーホートと後半コーホートの間にある。1950年代後半コーホートは人口転換の終了によってきょうだい数2人になったコーホートであり，彼らが10代後半から20代前半にかけて潜在的後継者を割り込んで流出した県が顕著に増えたのである。これをもって伊藤が主張した直系家族制規範が崩れたとは言い切れないが，少なくともそうした

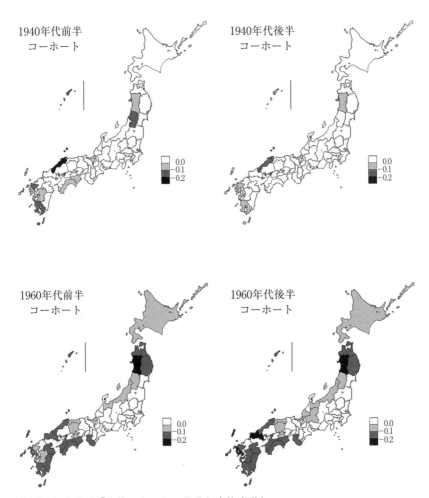

(資料)丸山洋平『戦後日本の人口移動と家族変動』
図4-6　潜在的後継者充足率(30～34歳時点)

家族規範が若年人口の移動を制約する力は弱まったということはできるだろう。

1960年代コーホートにおける後継者充足率の地域的差異をみると，地域ブロックのスケールでは東北，山陰，四国，九州で低いという特徴がみられた。都道府県のスケールでは秋田・青森・岩手，山口・島根，四国や九州のほとんどの県などで後継者充足率が低い状態が継続し，後継ぎ要員を確保できないという状況が定着する傾向があることが読み取れる。こうした県では人口再生産構造が崩れ，人口が自然減に転じる時期を早めることにつながっている。

1970年代以降のコーホート，なかでも1980年代コーホートになると，既に述べたように，20代後半以降になっても東京圏への集中が続くようになる。この現象は就業機会等も含め様々な側面から分析する必要があるが，その要因の1つに若年人口を地方圏にとどめる家族規範が一層弱まった点をあげることができるだろう。

3. 大都市圏郊外におけるポスト核家族時代

（1）ポスト核家族化の始まり

戦後日本の都市化は，大都市圏郊外に大量の子育て中の核家族が住んだことによって特徴づけられていた。それは1960年代に始まり，1980年代にはほぼ終息した。そして1990年代になると，子どもの独立に伴って高齢の夫婦のみ世帯や単独世帯が増加する一方で，独立した子どものおよそ3分の1程度が自分の家族をつくらない選択をするようになった。このようなポスト核家族化，つまり核家族の分解が進んでいるが，1930・1940年代生れの第1世代と1960・1970年代生れの第2世代の間の家族ネットワークは，まだかなりの程度物理的には存在していると考えられる。第2世代は東京圏生れが26％と第一世代の15％に比べて大きく，

第1世代と第2世代が東京圏にともに居住する割合が高いことがその一因である（表4-1）。

ポスト核家族時代への移行は始まったところであり，第1世代がいなくなり，第2世代が高齢期に入り始める2020年くらいから，家族ネットワークをもたない小規模世帯が増加することになり，本格的なポスト核家族時代が訪れると考えられる。

大都市圏郊外において，子どもが独立して夫婦のみ世帯になる「エンプティネスト化」が目に見える形で現れているのは，大規模な計画開発

表4-1　団塊世代と団塊ジュニア世代の家族形成と居住

家族・居住属性	1945～50年生（第一世代）		1970～75年生（第二世代）	
	男	女	男	女
合計特殊出生率	4.23		2.08	
35～39歳未婚率	14.2%	6.6%	35.6%	23.1%
35～39歳単独世帯主率	7.3%	2.9%	16.2%	8.6%
35～39歳夫婦と子供世帯主率	52.5%	—	40.2%	—
35～39歳三世代等世帯主率	12.5%		3.2%	
35～39歳「配偶者」率	—	76.5%	—	60.4%
0～4歳時東京圏居住率	14.9%		25.6%	
20～24歳時東京圏居住率	28.9%		31.1%	
35～39歳時東京圏居住率	26.6%		31.3%	
60～64歳単独世帯主率	14.5%	12.3%	21.2%	17.9%
60～64歳夫婦のみ世帯主率	29.8%	—	29.3%	—

資料：国勢調査，国立社会保障・人口問題研究所推計
注：合計特殊出生率は各出生年の平均値で，平均きょうだい数と読み替えてよい
　　35～39歳の団塊世代は1985年，団塊ジュニアは2010年のデータ
　　60～64歳の団塊世代は2010年，団塊ジュニアは2035年（推計）のデータ

住宅地である。図4-7は横浜市郊外の大規模な分譲集合住宅団地の人口ピラミッドを10年ごとに描いたものである。1970年代前半に入居が始まったこの団地は，まさに第1世代の夫婦と子ども2人の家族が居住世帯のほとんどを占めるという状態であった。子どもの独立によってこのピラミッドが崩れ始めるのが1995年と2005年の間であり，高齢人口割合は1995年の10％以下の状態から2005年には24％へと急上昇している。われわれの推計では2015年に50％近くまで上昇するという計算結果を得ている。

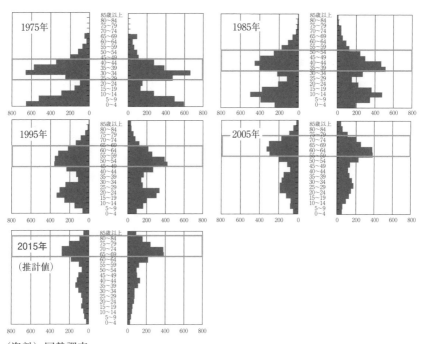

(資料) 国勢調査
(注) 四角で囲った年齢層が1930・40年代生れ．2015年は筆者の研究室による推計．
図4-7　横浜市郊外の大規模分譲集合住宅団地の人口構造変化

集合住宅では増築や改築によって二世帯住宅化するという選択肢が基本的にはないということもあるが，同様の立地条件を持つ戸建ての計画開発住宅地でも人口構造の変化はほとんど同じである。これは親世代，子世代ともに同居や二世帯居住を積極的に選択しないことを意味している。子どもが独立するのが親の60歳時点だと仮定した場合，平均余命からすると夫婦のみ世帯や単独世帯で暮らす期間は20～30年に及ぶ。この団地の事例では，2010年時点がその進行の中間点くらいに当たる。核家族時代と比較すると，高齢化が顕著に進んでいることは確かであるが，現地で明らかに衰退している様子は見当たらない。ゆっくりと高齢化が進むある種の安定状態の中にあるのだろう。

（2）ポスト核家族時代の共同性－市民的相互圏の形成

　この状態には当然問題が潜んでいる。1つは，家族が高齢化し小規模化するなか家族内で主に主婦が担って来た無償労働が十分に機能しなくなってきたことである。上述のように背後に家族ネットワークが存在する確率は低くない。結婚した娘が時々来てくれて用事を片付けてくれるという人もいるだろう。しかし，第2世代以降の女性の就業率の上昇や未婚の高齢者の増加などを考慮すると，何らかの代替的サービスが必要とされることは間違いない。もう1つの問題は，多くの高齢者が年金生活に入り消費する一方の受け身の立場へと追いやられ，主体性をなくしていくことである。これは逆にみれば，退職男性など，モノやサービスの生産に関与したいというニーズを持つ人々が豊富に地域に存在する状況が出てきたということでもある。

　ここに登場するのが「共助」論であり，ご近所での助け合いを促す方向である。伝統的地域社会組織を媒介として，元気で時間に余裕のある人たちが家族内サービス機能の低下した人たちをボランタリーに助ける

動きを作り出し，地域に生きがいの創出と税金を用いない問題解決を実現しようという考え方である。筆者が関与している複数の郊外自治体においても，こうした共助論にもとづく活動を支援しようという動きは少なくない。たしかに，こうした仕組みが成り立つ場面があることは否定しないが，伝統的地域社会組織が関与する場合にはパターナリズム（温情的庇護主義）に陥る可能性が小さくない。危惧されるのは，世話を受ける側は負担感が累積し，世話をする側は疲労が蓄積していくという形で双方のモチベーションが低下していくことである。対等な関係が成立しない活動は一般に持続性をもちにくい。

　核家族が卓越的な時代は，家族内相互扶助が成り立つ「強い家族」があり，専門サービスは市場から個別に調達するか，税金を払って行政サービスとして購入するかのどちらかでまかなわれていた。市場も行政も競ってこうした専門システムの高度化を推進していたこの時代に，近隣コミュニティの機能は縮小していった。ポスト核家族時代を迎え，「弱い家族」が増加し，親密性が必要とされる家族内相互扶助の代替サービスが必要になってきたとき，われわれはその資源を容易に見いだすことができていない。「ご近所の底力」を再発見し，当面そこに頼るしか手立てがなかったというのが実情であろう。しかし，そこにいつまでも頼ることはできない。求められていることは，家族内相互扶助代替サービスへのニーズとサービス生産に関与したいと考える人々が出会う新しい圏域（スフィア：空間概念ではなく領域概念）を創出することである。これを親密圏と公共圏の中間にあるものとして市民的相互圏と呼んでおこう。この名称はご近所の底力が発揮される伝統的相互圏とは異なるレイヤーにあるということも含意している。

　専門システムのなかで行われる専門サービスの提供・購入関係の少し外側にマネジメント可能な家族機能代替型のサービス授受の領域があ

り，そこを実体化していくときに市民的相互圏が現れるというイメージである。そのポイントはコミュニティ事業体が開かれていて，モノやサービスの提供をしたいという人々の有償・無償の働き方のニーズを把握し，彼らに適切に役割を振っていくことである。役割を引き受ける側には，サービスを受ける当事者も含まれていることである。

　コミュニティ事業体は，単なるコミュニティ・ビジネスでもなければ，行政の代理組織でもない。たとえば介護保険事業では制度的枠組みの中で活動するが，そこにとどまらず，人々のニーズを発見し，新しいサービスを自らあるいは行政と連携して作り出す役割も果たす。地域に雇用を生み出し，ボランティア活動もマネジメントする。活力のあるコミュニティ事業体を観察して気づくことの1つは，ボランティア資源を多く持っているということである。ボランティアが集まるのは，そこに彼らが求めている承認・自尊感情の獲得・自発性の発揮というサイクルがある，つまり包摂性が存在するからである。

　核家族時代を含むそれ以前の社会の承認構造は，家族内での承認と所属する職場や学校での役割への評価としての承認が多くを占め，そこをパターナリズム（温情的庇護主義）が少なからず覆っているというものであった。ポスト核家族時代とは，そうした承認構造が転換し，個人が多用な包摂性のなかで自立して生きる可能性の拡大も含んだ時代概念である。未婚単身の男女も，子育て中の母親もそうした多用な包摂性を求めていることは言うまでもない。そうであるとすれば，コミュニティ事業体，あるいは広く社会的企業が活動しやすい環境を整備していくことは，持続可能な都市社会をつくっていく上で重要な都市政策であると考えられる。

　大都市郊外は世代交代が進まず，第1世代の退出とともに衰退するのではないか，20世紀後半に巨大な社会資本投資を行ってつくってきた郊

外住宅地は一世代で終焉を迎えてしまうのではないかという議論がある。筆者も21世紀に入った頃にそうした可能性を指摘した1人であるが，その後，コミュニティ事業体の先駆的活動を間近にみるなかで，悲観的な見方をバネに再生や活性化を語るのではなく，新しく生じている現象を肯定的に捉え，そこに現れつつある価値を積極的に評価していくことが必要であることを学んだ。一見停滞しているようにみえる郊外地域において，未来の都市社会のあり方を左右するかもしれない新しい活動が生まれていることに着目し，それらを支援することが求められる。またその支援の枠組み自体も行政が補助金を出すといった旧来のものを超えて，新たな枠組みを模索することが必要であろう。

学習のヒント
1. 平均子ども数（平均きょうだい数），家族規範，大都市圏への人口移動の関係を整理してみよう。
2. 自分自身の親，きょうだい，親戚をみわたしたとき，潜在的他出者仮説や潜在的後継者仮説が当てはまっているかどうかを分析してみよう。
3. 市民的相互圏の形成につながると考えられる具体的なコミュニティのなかでの活動を自分自身の経験から探し出してみよう。

参考文献

伊藤達也「年齢構造の変化と家族制度からみた戦後の人口移動の推移」『人口問題研究』172, 1984年

大江守之「国内人口分布変動のコーホート分析―東京圏への人口集中プロセスと将来展望」『人口問題研究』51-3, 1995年

大江守之「大都市郊外における家族・コミュニティ変容と〈弱い専門システム〉の構築」大江守之・駒井正晶編『大都市郊外の変容と「協働」』慶應義塾大学出版会, 2008年

丸山洋平・大江守之「潜在的他出者仮説の再検討―地域的差異とコーホート間差異に着目して―」『人口学研究』42，2008年
西崎良平（監督 山崎貴）『ALWAYS 三丁目の夕日』東宝，2005年

5 | 人口減少社会の人口移動―国内―

中川聡史

《目標＆ポイント》 第2次世界大戦後の日本は国全体で人口増加を実現しつつ，大都市圏への人口集中が生じた。日本の人口の減少が見込まれるなか，大都市圏，とくに東京への人口集中がこれまで以上に高まる可能性がある。人口減少下の東京一極集中について，東京および農村地域でどのようなことが生じているのかを理解する。
《キーワード》 人口移動，地方創生

1. 人口減少社会と人口移動

　1960年代の高度経済成長期には，就職や進学のために多くの若者が農村地域から大都市地域へと移動した。当時，若年人口の分布と就業機会や大学の分布に隔たりがあったため，就職や大学進学のためには，農村地域出身者は出身地に留まるのではなく，大都市地域に移動せざるを得なかった。経済成長に沸く大都市地域では労働力を求め，農村地域にはそれに応えられるだけの豊富な若年労働力があった。
　その後，出生率の低下に伴い農村地域でも跡継ぎや，その配偶者となる子ども数の確保が困難となった。また，1980年代半ば以降，経済のグローバル化によって生産機能の海外移転が加速し，大都市地域での労働需要が縮小した。人口再生産を実現する十分に高い出生率と，若年人口分布と就業機会分布の空間的な乖離は人口移動を引き起こす重要な条件であるが，今日の日本では両者ともに満たされなくなってきている。生

まれ育った地域で教育を受け，仕事を見つけることができれば，多くの人はそこに留まりたいと思う。また，きょうだい数が少なくなると，親も子どもも互いに近くに住み続けたいと考えるようになるだろう。

本章では，これまでの人口増加局面での人口移動について整理するとともに，人口減少局面における人口移動についての考察をおこなう。なお，本章では人の空間的移動のうち，居住地の変更を伴う移動を人口移動とする。通勤や通学のための1日周期の空間的移動や，旅行や出張のような数日から数ヶ月の周期的な空間的移動は広義の人口移動には含まれるが，それらはここでは対象としない。

2．日本の人口移動と人口分布変化

第4章図4-2でみた人口移動によって日本の人口分布がどう変化したかを考えてみよう。図5-1は大都市圏と非大都市圏における5年毎の人口変化を，出生と死亡の差である自然増加と転入と転出の差である純移動に分解して示したものである。日本の人口は，過去60年間に出生数が死亡数を上回ったことにより約4400万人増加した。自然増加だけをみると，大都市圏で2200万人，非大都市圏で2200万人が増加した。一方，純移動で非大都市圏が大都市圏に対して1300万人を転入と転出の差し引きで失った。結果として，大都市圏では1950年の2800万人から60年間に3600万人増加し，2010年には人口が6400万人に達した。非大都市圏は1950年には5500万人と大都市圏の約2倍の人口があったが，60年間に900万人しか増加しなかったため，2010年には大都市圏とほぼ同じ6400万人となっている。

この間の人口変化を詳細にみると，非大都市圏では1960年代後半までは自然増加における増加分を純移動の減少分が打ち消していたことがわかる。1970年代後半以降は純移動における減少は縮小した。2000年以降

第5章 人口減少社会の人口移動—国内—

大都市圏

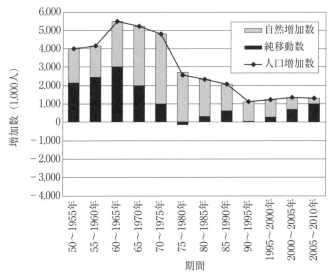

非大都市圏

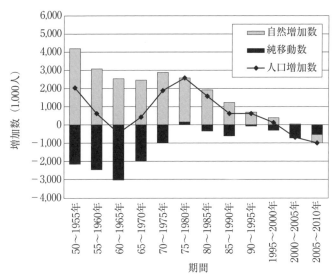

（注）大都市圏には埼玉県，千葉県，東京都，神奈川県，岐阜県，愛知県，三重県，京都府，大阪府，兵庫県が含まれる。
（資料）国勢調査（2005年，2010年）

図5-1　大都市圏および非大都市圏の人口変化（1950～2010年）

は自然増加がゼロに近い状態となり，人口減少が顕著になっている。2000年以降，自然増加はマイナスに転じると推測され，今後は持続的に人口の減少が生じると考えられる。一方，大都市圏では1970年代前半までは自然増加，純移動のいずれもが大きな正の値を示し，人口は大きく増加した。1970年代後半以降，非大都市圏との純移動は，1980年代後半のバブル期を除くと，ほとんどゼロとなった。大都市圏の出生率低下は非大都市圏以上に深刻であるが，高齢化の進展による死亡数の増加が非大都市圏ほど大きくないため，今後しばらくは自然増加がなお正の値となり，人口は微増を続けると考えられる。

3. 人口移動と地域格差

(1) 人口分布と就業機会分布の乖離

　ここまで大都市圏と非大都市圏の間の人口移動をみたが，こうした移動はどのような要因で，どのような人々がおこなっているのだろうか。国立社会保障・人口問題研究所の「人口移動調査」は現住地への移動に関して，その理由を尋ねている。2001年に実施された「第5回人口移動調査」（国立社会保障・人口問題研究所 2005）によると，県を越えての移動の場合，男性は「職業」(51.5%)，「入学・進学」(11.6%)，「住宅」(10.3%) などが移動理由として多く挙げられている。女性は「親や配偶者の移動に伴って」(30.5%)，「結婚・離婚」(18.1%)，「職業」(17.1%) が多い。同一市町村内，同一県内などの比較的短距離の移動では「住宅」を理由とした移動が多いが，相対的に長距離の移動となる県間の移動では男性は就職，転職，退職，転勤など「職業」を理由とすることが多い。また，女性の場合，親や配偶者の移動に同行するための随伴移動が多い。なお，「職業」とともに，「結婚・離婚」も主要な移動理由である点が男性とは異なる。

一方,移動者の年齢は国勢調査から知ることができる。図5-2をみると,県間移動の場合,男女とも移動者の約60％が18～39歳である。国勢調査では過去5年の移動について尋ねているので,高校卒業後の進学や就職の際の移動も主にここに含まれる。既に述べた移動理由も考慮すると,20歳前後から30歳代で進学,就職,結婚などに関わって発生する人口移動が大都市圏と非大都市圏の間の人口分布の変化に影響していると考えられる。

 次に人口移動の要因としての人口分布と就業機会分布の乖離について考えてみたい。1950年代後半から1970年代前半までに極めて多くの人々,

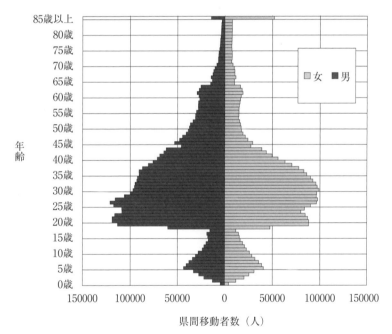

(資料) 国勢調査 (2010年)
図5-2　県間移動者の男女年齢構成 (1995～2000年)

とくに若者が非大都市圏から大都市圏へ移動したことは既にみた。大規模な人口移動の要因として，以下の2点が考えられる。第1点は伊藤達也（1984）の指摘である。多産多死から多産少死を経て少産少死へと移行する人口転換プロセスのなかで，1925〜50年に出生したコーホート（世代のこと）は多産少死世代にあたる。このコーホートは成人になるまで存命するきょうだい数が前後の世代よりも多いので，イエの跡継ぎやその配偶者となれず，生まれ育った農村から他出せざるを得ない人（潜在的他出者）が必然的に多かった。1925〜50年に出生したコーホートは1945〜70年に進学や就職を経験する20歳に達するので，その期間，農村からの都市への人口流出が続く。

　第2点として，当時の非大都市圏には十分な就業機会がなかったことが考えられる。高度経済成長期に新たに創出された第2次産業，第3次産業の就業機会は主に大都市地域で発生したため，農村の若者が農村では農業以外の職を見つけることができず，就職に際して大都市へ移動した。1950年には全就業者の約5割が第1次産業に従事していたが，1970年にはその割合は約2割，1980年には約1割まで低下したように，第1次産業から第2次，第3次産業への産業構造の大転換が生じた。当時の農業と非農業には大きな所得格差があり，農村の若者の多くは非農業部門での就業を希望した。

　以上を確認するために，国勢調査から10〜14歳人口，20〜24歳就業者数のデータを取り出し，それらが大都市圏に分布する割合を整理した（図5-3）。たとえば，1941〜45年に出生したコーホートは1955年に10〜14歳に達する。このときに彼らの34.2％が大都市圏に居住していた。10〜14歳時点の分布は各コーホートの生まれ育った場所，つまり出身地と見なすことができる。同じ1941〜45年コーホートが20〜24歳に達するのは1965年であり，その時点で就業していた人の53.7％は大都市圏に居

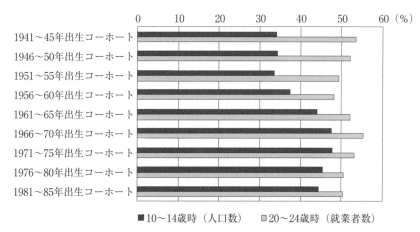

資料：国勢調査（1955～2005年）
図 5-3 全国に占める 3 大都市圏の人口と就業機会の分布（%）

住していたことになる。すなわち，就職を迎える人口の34.2%しか大都市圏に居住していなかったにもかかわらず，同じコーホートにとっての就業機会の53.7%は大都市圏に集中していたと理解できる。したがって，このコーホートに属する多くの若者は就職のために非大都市圏から大都市圏へ移動せざるを得なかったことになる。

また，図5-3から，10～14歳人口は，1950年代以前に出生したコーホートでは，3分の1程度が大都市圏生まれであったと考えられるが，1960年代以降に出生したコーホートでは大都市圏出身者割合が上昇し，半数近くが大都市圏生まれである。これは1960年以降の出生者には，親世代が非大都市圏から大都市圏に移動した大都市圏第2世代が多くなるからである。一方，20～24歳の就業者を縦にみると，1950年代出生コーホートに相当する1975年と1980年では就業機会が非大都市圏にやや分散したことが読みとれる。製造業の地方分散が進展したことがその要因だ

と考えられる。しかしながら，過半数の就業機会が大都市圏に集中しているという状況は現在に至るまで変化していない。

人口分布と就業機会分布の乖離の推移に着目すると，1940年代に出生したコーホートでは分布の乖離はおよそ20ポイントもあった。彼らは伊藤のいう多産少死世代にもあたり，また1940年代後半出生のコーホートは第1次ベビーブーム世代でもあるので，絶対数が多く，かつその分布が非大都市圏に偏っていた。そのため，1950年代後半から60年代にかけて非大都市圏から大都市圏へ大規模な人口移動が生じた。1950年代出生のコーホートでは人口分布が若干大都市圏に転じたこと，就業機会分布が当時の製造業の地方分散によって逆に非大都市圏に転じたことが重なり，人口分布と就業機会分布の乖離は10ポイント程度まで縮小した。1960年以降の出生コーホートでは，前述のように大都市圏第2世代が急増したため，人口分布が大きく大都市圏側に傾いた。就業機会分布は大きな変化を示さなかったので，両分布の乖離は5ポイント程度にまで縮小している。

かつては20ポイントもあった人口分布と就業機会分布の乖離は，おもに人口分布の大都市圏への変化によって著しく縮小し，今日ではわずか5ポイントほどとなっている。すなわち，今日，大多数の若者は，あえて大都市圏に移動しなくても，生まれ育った地域で職を得られる状況となっている。

（2）教育歴に注目した人口移動

近年は人口分布と就業機会分布に大きな乖離がなくなった。また相対的に出生率の高い農村地域であっても人口維持が困難なほど出生率は低下している。そのため，かつて伊藤が指摘した潜在的他出者はほぼ消滅し，多くの人々が生まれ育った地域で職を得て，生活できるようになっ

た。このこと自体は非常に喜ばしいことである。しかしながら、橘木俊詔（2004）のように、近年、不平等の拡大を指摘する声も目立つようになってきている。この問題を検討するために社会階層に代わる指標として教育歴に注目した人口移動の分析を試みる。

　社会階層別の人口移動に関する既存統計は多くないし、十分な研究もおこなわれていない。国勢調査では人口移動者の属性として産業や職業、教育歴をみることができる。また、文部科学省が毎年おこなっている学校基本調査からは県別の高校入学者数、卒業者数、大学入学者数、大学卒業者数などの統計を得ることができる。ここでは両方の統計を組み合わせることによって、出生コーホートごとに非東京圏と東京圏の間の純移動数を4年制大学卒業者とそれ以外の人に分けて推計した。結果は図5-4、図5-5に示されている。なお、図5-4、図5-5では大都市圏ではなく、東京圏と非東京圏という区分を用いている。第4章でもみたように、1980年代以降の大阪圏、名古屋圏の人口移動の特徴が東京圏と異なり、3大都市圏よりも東京圏だけを取り上げ、それ以外の地域と対比させた議論をおこなう方が、人口移動の特徴をより明確に示すことができると考えるからである。

　図5-4、図5-5の2種の棒グラフはそれぞれ大学卒業者とそれ以外の人の純移動数を示している。また実線の折れ線グラフは純移動に占める大学卒業者の構成比を、破線の折れ線グラフは該当するコーホートの大学卒業者構成比を示している。2本の折れ線グラフの乖離は、実線グラフの値が大きい場合、該当するコーホートの全国平均の大学卒業者構成比に較べて、東京圏へ移動する集団の大学卒業者の割合が高いこと、すなわち高学歴者が選択的に東京圏へ移動していることを意味している。

　図5-4（男子）をみてみよう。1941～45年出生のコーホートでは出

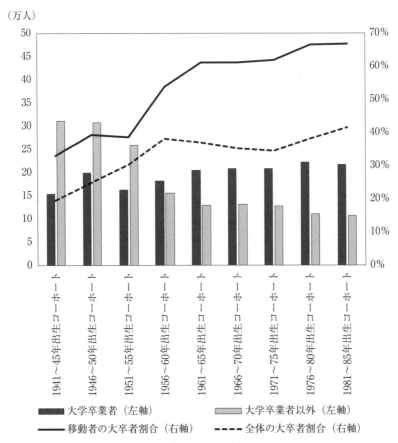

（資料）国勢調査および学校基本調査を用いて筆者が推計

図5-4　教育歴・コーホート別にみた東京圏の転入超過数（万人）：男子

生から2000年国勢調査の期間に，非東京圏から東京圏へ約10万人の大学卒業者，約40万人の大学を卒業していない人が移動したと推定されている。ここでの純移動は各コーホートの出生時から2000年までの長期的な純移動であり，大学進学などのために一時的な東京圏滞在は含まれない。

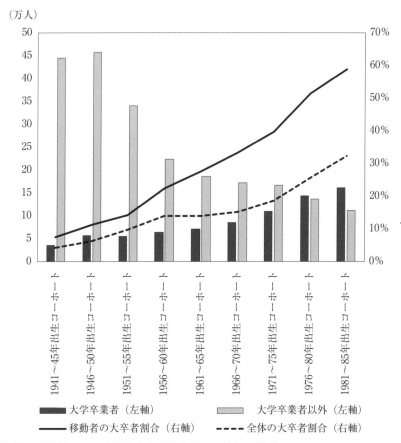

（資料）国勢調査および学校基本調査を用いて筆者が推計

図 5-5 教育歴・コーホート別にみた東京圏の転入超過数（万人）：女子

移動者全体に占める大学卒業者は約50万人のうちの約10万人であるから，構成比は約20％となる（実線）。このコーホートは20％弱が大学を卒業している（破線）ので，東京圏に来た人が特に高学歴という訳ではなかったことが確認できる。

1940年代後半出生のコーホート，いわゆるベビーブーム世代も同じような特徴を示す。これら1940年代出生コーホートの人たちが東京へ移動したのはほぼ1960年代に当たる。当時の東京圏の就業機会に関して，1960年代の20歳代の産業別就業者数のデータを国勢調査からみると，半数近くが建設業，製造業に従事していたことがわかる。当時の東京圏は重化学工業もさかんであり，いわゆるホワイトカラーだけでなく，多くのブルーカラー労働者も東京圏で就業の機会を得ていた。

　1950年代出生コーホートは主に1970年代に東京圏へ移動した。当時，非東京圏あるいは非大都市圏で就業機会が増加し，また人口分布自体が東京圏などの大都市圏で比重を高めたため，非東京圏から東京圏への移動の絶対数は減少した。一方，製造業の地方分散が強まる中で，東京圏の主要産業は第2次産業から第3次産業へと変化し始め，ブルーカラー労働力の需要が減少した。その結果，東京圏での大学卒業者以外の純移動数が減少した。しかしながら，この期間，男子の大学進学率が上昇したので，東京圏への移動者の大学卒業割合は平均より少し高い程度に留まった。

　1960年代の出生コーホートが就職するのは1980年代のバブル経済期にあたる。男子の大学進学率は，専門学校の台頭もあり，前のコーホートよりも低下するが，東京圏の雇用におけるホワイトカラー化が進展し，破線と実線との乖離が進んだ。すなわち，東京圏におけるサービス経済化の急速な進展と第2次産業の衰退が始まったため，東京圏への移動者は平均よりもずっと高学歴な集団に限られるようになった。

　一方，女子の変化（図5-5）は男子以上に急激である。1940年代出生コーホートでは就職や結婚を契機に男子だけでなく，女子も東京圏へ移動した。男子と同じく，東京圏への移動者の教育歴は全国平均とほぼ同じであり，製造業，卸売・小売業をはじめとする東京圏の多様な産業

が非東京圏からの女子を受け入れていたことがわかる。1950年代出生コーホートでは大学を卒業していない女子の東京への移動が減少した。ただ，男子に較べると4年制大学進学率上昇のタイミングが遅く，4年制大学進学率の本格的な上昇は1986年の男女雇用機会均等法の施行以降に高校を卒業した1970年代の出生コーホートから始まった。また，4年制大学卒業の女子の就業機会の東京圏への集中の度合いは男子よりもさらに大きく，男女雇用機会均等法のもとで就職した1960年代以降の出生コーホートでは男子以上に高学歴人口の東京圏への選択的集中が顕著となっている。

　ここでみたように，人口移動には選択的な側面がある。1960年代は東京圏にも第2次産業が多く立地していたため，教育歴に関係なく多くの若者が東京圏に流入し，定着することができた。しかし，1970年代を経て，1980年代になると，第3次産業，とくに金融・保険業などが優勢となり，東京圏には高学歴者が選択的に来住するようになった。この傾向は女子でとくに著しい。前節では人口分布と就業機会分布の乖離が小さくなったため，東京圏あるいは3大都市圏とそれ以外の地域の間の人口移動は非常に少なくなっていることを指摘した。ブルーカラー労働力については，需要が減少したこともあり，東京圏などの大都市圏でも自前での再生産がおおむね可能となり，地域間移動の必要性がなくなりつつある。しかしながら，高度な専門的知識を必要とする職種の需要は東京圏に集中し，東京圏だけでは再生産できないこと，また他地域では高い専門知識があっても，それにふさわしい就業機会が十分にないことから，一定以上の専門知識をもつ労働力のみを東京圏が選択的に受け入れるようになってきているように思われる。

4. 地方創生と将来の課題

（1） 地方創生の動き

　2014年5月に日本創成会議の人口減少問題検討分科会（座長：増田寛也）が「ストップ少子化・地方元気戦略」という提言を発表した（増田寛也 2014）。増田らは，日本の人口が2008年をピークに減少に転じ，下げ幅も拡大していることを踏まえ，少子化対策と共に出生率改善による地方活性化を図ることを提案した。国民が望む出生率（希望出生率）を実現すること，若者の大都市への流出が地方の人口減少の要因になっているとして東京一極集中に歯止めをかけることを基本目標とし，子育て支援や地方への移住，地域活性化などの戦略を示し，今後生じるとくに地方での人口減少の深刻さという基本認識を国民で共有することの重要性を指摘した。全国及び地域別の将来人口推計はこれまでも国が定期的に計算をし直し，公表してきたが，人口減少の深刻さについての認識が国民の間に浸透していたとはいえない状況であった。

　国はすぐにこれに対応し，2014年9月に「まち・ひと・仕事創生会議」を立ち上げた。東京一極集中を是正し，地方の人口減少に歯止めをかけようとする試みはこれまでにもなされてきたが，様々な施策を「地方創生」というくくりでまとめたことで，これまでよりも地方自治体や一般の人々の注目を集めることとなった。

　「地方創生」の中長期的な目標は2060年の全国人口を1億人前後の人口を確保することである。その目標を実現するために，東京一極集中を是正する必要があるとしている。地方から東京への，とくに若者人口の一方的な流れを和らげるため，地方での若者の雇用創出，東京圏への人口流入数，東京圏からの人口流出数などに関して，2020年までに実現を目指す具体的な数字を挙げ，地方自治体への新型交付金を含むさまざま

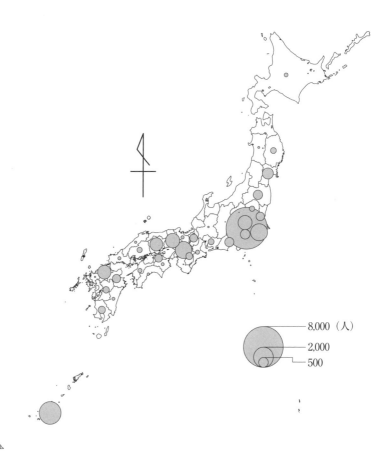

(資料）厚生労働省「保育所等関連状況取りまとめ（平成28年4月1日）」
図5-6　都道府県別待機児童数（2016年4月1日現在）

な政策を始めている。

　そうした動きのなかから東京圏での課題を1つ紹介したい。厚生労働省の資料によると，2016年4月1日現在の待機児童数は全国で23,553人，うち東京都が8,466人で全体の36％を占める（図5-6）。保育所の利用

児童数では全国の1割に満たない東京都で待機児童数が全国の3分の1を超えているように，待機児童問題は現在，とりわけ東京圏，あるいは東京都の問題である。そもそも待機児童とは，保育所に入りたくても入れない子どもの数を指すが，その定義は国，地方自治体によっても必ずしも一致しておらず，国の定義自体も変更を繰り返している。

　保育所利用児童数を就学前児童数で割った値は保育所等利用率とされている。2016年4月1日の全国の保育所等利用率は39.9％，東京都は41.1％であり，全国平均より少し高い。ただ，この数字は年々上昇しており，東京都では2010年には32.2％であった。子ども数自体は停滞・減少するなかで，子どもを保育所等に預けたいと考える親が増加しているため，保育所の定員が増加しているにもかかわらず，待機児童問題が解決できない。久木元（2011）によると，大都市圏は非大都市圏に比べて，女性の就業率は低いものの，非大都市圏では公務員が多いのに対して，大都市圏は子育て支援制度の利用や定時帰宅がより困難な民間企業での雇用が多く，通勤時間も長い。一方，近居親族のサポートを利用しにくいため，東京都などの大都市圏で保育所不足が顕在化するとしている。

（2）将来の課題

　1960年代の日本の人口移動は非大都市圏から大都市圏への若年者の大量移動で特徴づけられる。非大都市圏の豊富な労働力と大都市圏における強い労働需要，若年人口分布と就業機会分布の大きな乖離がこの人口移動を引き起こした。当時の大都市圏，とくに東京圏では高学歴者だけでなく，多様な人々を受け入れ，彼らの多くはその後大都市圏に定着した。一億総中流といわれた日本社会は当時の大規模で多様な人口移動が作り出したと考えることもできる。しかし，1980年代になると，東京圏ではサービス経済化が進展し，製造業の新規雇用が減少した。また，

1950年代後半以降に大量に来住した人々の子ども世代が大都市圏で成長したため，若年人口分布と就業機会分布の乖離は縮小した。出生率低下によるきょうだい数の減少は，若者を親元に留まらせ，移動を抑制することに作用した。結果として，非大都市圏，非東京圏の多くの若者は出身地域に留まり，そこで職を得ている。同時に，1980年代以降，高学歴者の選択的な東京圏への人口移動も顕著となっている。とくに1990年代以降，女子でその傾向が急激に強まっている。

多くの平均的な人々にとっては，出身地域に留まって生活することが以前より容易になった。このことは積極的に評価できる。しかし同時に非東京圏からは高学歴者のみが選択的に東京圏へ移動していることにも注目する必要があるだろう。かつては様々な社会階層の人々が移動したことで，社会階層の均質化が進んだと考えられる。一方，今日，高学歴層のみが東京圏へ選択的集中をおこない，それ以外の人々は出身地に定着する傾向が強まっている。人口減少局面において，人口移動はその絶対数が減少しているが，選択性は高まっている。結果として，東京圏とそれ以外の地域の地域経済格差は固定化あるいは拡大するおそれはないだろうか。また，人々が以前ほど移動しなくなったことは，近年問題視されている階層格差の固定化，拡大に影響を及ぼしている可能性はないだろうか。人口減少局面での人口移動の特徴は移動数の減少と選択性の高まりであると考えられる。

1．人口移動と地域格差の関係について，どちらが要因で，どちらが結果なのかについて考えてみよう。
2．人口移動の結果，大都市圏，非大都市圏で，人口に関してどのような問題が生じているのか，考えてみよう。
3．あなたを含め，身近な方がこれまでにどのような移動を経験し，それによって出身地域や現住地域がどのような影響を受けたのか，考えてみよう。

参考文献

伊藤達也『年齢構造の変化と家族制度からみた戦後の人口移動の推移』人口問題研究172号 pp.24-38，1984年
久木元美琴『変わりゆく都市空間と子育て』地理56巻3号 pp.38-47，2011年
国立社会保障・人口問題研究所『日本における近年の人口移動―第5回人口移動調査』，2005年
橘木俊詔編著『封印される不平等』東洋経済新報社，2004年
中川聡史『東京圏をめぐる近年の人口移動―高学歴者と女性の選択的集中―』国民経済雑誌第191巻第5号 pp.65，2005年
増田寛也編著『地方消滅』中公新書，2014年

6 | 人口減少社会の人口移動―海外―

中川聡史

《目標&ポイント》 日本国内の人口の減少が見込まれるなか,海外との人口移動がこれまで以上に注目されるようになる。これまで日本がどのように外国人を受け入れてきたのかについての制度的変遷,1990年の入管法改正による日系人の増加や留学生受け入れの増加について理解する。
《キーワード》 入国管理制度,外国人労働者,留学生

はじめに

　第2次世界大戦後,1950年代後半より日本は高度経済成長の時代に入り,製造業が集中していた大都市圏では労働力の需要が増大した。その際に労働力をどのように確保したのであろうか。日本は戦前から出生率が高く,1940年代後半には第1次ベビーブームを迎えたように,1950年代後半から1960年代に新たに労働力となる人口は国内,とくに農村地域に豊富にいた(第5章参照)。したがって,高度経済成長期の労働力需要には国内の労働力でまかなうことができた。

　一方,多産多死から少産少死に至る人口転換のプロセスが1930年頃までには完了していたヨーロッパ諸国では,第2次世界大戦後の経済成長ブームの際に国内の労働力だけでは需要をまかないきれず,外国からの労働力に頼ることが多かった。そのため1960年頃から外国人労働者が増え始めることとなった。高度経済成長を国内の労働力で実現した日本,海外からの労働力に頼ったドイツやフランス,違いの要因の1つとして

第2次世界大戦前の出生率の差異が挙げられる。

1．1980年代までの日本の外国人

　日本には2014年末に合法不法を合わせて約220万人の外国人がいる。これらの人々は，国籍も来日の経緯も様々だが，大きく2つのグループに分けることができる。すなわち主に戦前に来日した人々とその子孫からなる在日韓国・朝鮮人および台湾人のグループ（いわゆるオールドカマー）と，1980年代後半から急増が始まった新規流入外国人（いわゆるニューカマー）である。本章ではとくに後者のことを取り上げるが，ここでは前者も含めて，外国人の流入の経緯を確認しよう。すでに述べたように，日本では高度経済成長の時代，国内農村地域からの労働力に頼ることができたので，外国人，とくに労働力としての外国人について，当時は多くの関心を集めることはなかった。外国人労働力への関心が高まるのは，第2グループの外国人が来ることとなる1980年代後半以降である。

　在日韓国・朝鮮人および台湾人の人口は現在約54万人であり，韓国・朝鮮籍が約49万人，台湾籍が約5万人である（2015年末）。そのうち約35万人（大半が韓国・朝鮮籍）が特別永住者である。特別永住者とは上述の第1グループの外国人（オールドカマー）を指し，1991年にこの在留資格が定められた。

　韓国・朝鮮籍の特別永住者に該当する人々やその祖先が来日し始めたのは，日本が朝鮮を併合してしばらくたった1920年頃である。当時，朝鮮の農村は人口の急増や米の増産計画により疲弊しており，人々は職を求めて日本の鉱山や炭坑，都市地域に流入するようになった。その後日本が戦時体制に入ると，国家総動員法により大量の朝鮮人が日本に渡ることになり，終戦時の滞在者数は200万人以上に達していた。こうした

人々の大部分は終戦とともに帰国したが，故国での生活基盤を失っていたり，朝鮮半島の政情不安があったりして，結局約60万人が日本に残留し，現在の「在日」を形成していくこととなった（清水・中川 2002）。

現在「在日」の人々の中心となっているのは，日本で生まれ育ち，日本語を話す二世，三世である。彼らは今でも就職や教育など様々な場面で法的・社会的差別を受けており，その解決は大きな社会的課題となっている。

帰化による日本国籍の取得，高齢化にともなう死亡，日本人との婚姻等によって，特別永住者の人口は減少しており，1991年の在留資格制定時には約69万人いたが，2000年に51万人，2010年に40万人となり，2015年の35万人に至っている。

図6-1は1947年以降の日本の国籍別の外国人登録者数を示している。1947年から1990年頃までは韓国・朝鮮籍の人口に大きな変動がみられないが，1990年代以降，人口が漸減していることが読み取れる。

2. 1990年の入国管理法改正

戦前から日本で暮らす人々やその子孫である特別永住者に対し，1980年代後半以降急増する新規流入外国人はニューカマーと呼ばれる。彼らの流入は，先駆的に1970年代からはじまり，1980年代後半には社会的に大きく取り上げられた。

ヨーロッパ諸国が1960年代に経済成長をささえるため外国人労働者を導入したときも，日本は国内の労働力によって経済の高度成長を達成してきた。しかし，1950年頃までに日本も人口転換を終え，国内の労働力だけでは1980年代後半のバブル経済期の労働需要を支えられなくなっていた。とくに製造業や建設業を中心に，中小企業で若年労働力が不足するようになった。一方，国外との関係に目を向ければ，1970年代以降，

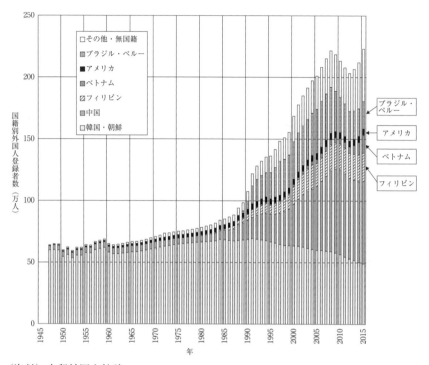

(資料) 在留外国人統計

図6-1　国籍別外国人登録者数 (1947年～2014年)

　日本企業の海外進出，直接投資や国際貿易の進展により，日本はアジア各国との結びつきを強めていた。そうしたなかで，台湾 (1979年)，韓国 (1988年) などで，日本を含む海外への渡航制限が緩和されたこと，それらの国の出稼ぎ労働者の主な就労先だった中東産油国が1980年代半ばに不況に陥り，労働者が他の行き先を探していたという事情もあり，多くの外国人が就労を目的に来日するようになった。

　新規に流入してきた外国人の中には，欧米人も少なくなかったが，中

心となっていたのはアジア出身者であった。彼らの流入の推移を主な国籍からみると，まず1970年代から1980年代にかけては，フィリピン女性が来日した。彼女たちが風俗業で働く姿は「じゃぱゆきさん」として注目された。また，1985年に行政や斡旋業者主導で始まったのが「ムラの国際結婚」である（武田 2011）。ヨメ不足に悩む日本の農村地域にフィリピン，中国，韓国等から結婚のために女性が来住した。図6-1からも1980年代後半から中国やフィリピン国籍の外国人の増加が始まっていることが読み取れる。同じ頃，中国人の就学生（日本語学校で学ぶ学生），パキスタンやバングラデシュの超過滞在者が飲食店や工事現場で働く姿が目立つようになった。また1990年頃にはイラン人の超過滞在者も増加した。

　日本人の配偶者となった場合などを除き，単純労働での外国人の滞在を認めていない日本では，こうした外国人は不法に入国し滞在するか，あるいは合法的に入国したとしても，不法に残留する場合が多かった。そのため，法務省が推計する不法残留者数は1980年代後半から1990年代初頭に急増した。

　こうした状況の中で1989年の国会で出入国管理及び難民認定法改正が成立し，1990年6月から施行された。この改正で在留資格の再編がおこなわれ，新たに「定住者」のカテゴリーが設けられた。これは中国やフィリピンの残留孤児やその子孫などが来日しやすくなることなどを目的としたものであったが，実際にはブラジルやペルーの日系人がこの在留資格を用いて，多く来日することとなった。日本政府は表向き，単純労働者としての外国人の滞在を認めない方針であったが，「定住者」として就労制限のない日系人を受け入れたことで，1990年の法改正は，外国人の単純労働者を実質的に受け入れるきっかけとなった。

3. 外国人の増加と多様化

　1990年代初頭は，なおバブル経済期が続いており，東京圏での建設ブームや好調であった自動車関連産業等で労働者が不足していた。そのため，「定住者」として合法的に入国したブラジルやペルーからの日系人，1980年代から続く中東や東南アジア諸国からの不法残留者など，新規流入外国人が労働力として注目されるようになった。当時の東京は社会学者のサッセン（2008）がニューヨーク，ロンドンとともに「世界都市（グローバル・シティ）」であると指摘していた。「世界都市」ではグローバル企業で働くエリートビジネスパーソンが増加すると同時に，建設現場や低次のサービス業で働く移民労働者も増加するとされ，当時の東京における外国人労働者の増加もサッセンの主張に当てはまると考えられていた。

　図 6-1 にみるように，1990年の入管法（出入国管理及び難民認定法）改正後，日系ブラジル人およびペルー人が急増している。また，それ以前の日本の外国人の大半は韓国・朝鮮籍の特別永住者であったが，1990年以降今日に至るまで，多様な国籍の外国人がほぼ一貫して増加を続けていることが読み取れる。なお，不法滞在の外国人数は図 6-1 には含まれないが，別途に法務省が公表している不法残留者数統計によると，1980年代から増加していた不法残留者数は1993年に約30万人でピークとなった。その後は，バブル経済の終焉にともなう経済の減退，不法就労の摘発強化などによって減少し，2016年 1 月には 6 万 3 千人となっている。

4. 入管法のその後の改正と在留資格

　1990年の改正後も，入管法は改正を繰り返している。主な改正点とし

て，2004年に出国命令制度が創設された。不法滞在の外国人は従来は強制退去手続きによって出国していたが，過去に退去強制がないこと，帰国の意思を持って自ら出頭したことなどの要件を満たす場合，出国命令制度により，身柄を収容されることなく，出国できるようになった。

2007年には，特別永住者，16歳未満の者等以外の外国人は，入国審査の際に指紋採取と写真撮影が義務づけられるようになった。外国人の犯罪の増加や，退去強制者等が別名義のパスポートで不正再入国することを阻止するための制度の導入であった。ただし，日本に暮らす多くの外国人を犯罪者扱いするのかとの批判も多い制度である。

2009年には従来の外国人登録制度を廃止し，新たに在留カードを発行するとともに，外国人にも住民票が交付されることが国会で決まった。また，研修・技能実習制度の見直し，在留資格の一部見直しもおこなわれた。これらの改正は2010年〜2012年から施行された。

1981年に「研修」という在留資格が創設され，外国人研修制度が始まった。当初は，海外進出した日本企業が現地法人から現地社員を招聘し，日本での研修において技術や知識を習得するというもので，日本の国際貢献の一環という位置づけであった。しかし，次第に名目は研修でも実際には低賃金労働を期待する雇用主が増えていった。そうした実態を踏まえ，2009年の改正後は新たに「技能実習」という在留資格が設けられた。「研修」に代わり，一定の賃金を受け取りながら技能を習得するという点を明確にしたものである。この研修・技能実習制度の見直しがおこなわれた2009年は，多くの日系ブラジル人がリーマンショック後に帰国した時期であり，技能実習制度の導入により，労働現場での人手不足の解消も目指していた。

2014年の改正では在留資格に「高度専門職」等が創設され，またクルーズ船の外国人乗客の上陸を容易にするために「船舶観光上陸許可」制

度を設けた。

　すでに述べたような入管法の改正を経て，現在27種類の在留資格があり，資格ごとに在留期間や日本で可能な仕事や活動が決められている。2015年末に223万人の外国人が正規の在留資格を持ち，日本で暮らしている。これを在留資格別にみると，多い順に，「永住者」70万人，「特別永住者」35万人，「留学」25万人，「技能実習」19万人，「定住者」16万人，「日本人の配偶者等」14万人となっている。多様な在留資格のなかで，「留学」，「技能実習」が多いことがわかる。これらを国籍別にみると，「永住者」は中国，フィリピン，ブラジルが多い。「特別永住者」はほぼすべてが韓国・朝鮮である。「留学」は中国，ベトナム，韓国・朝鮮，ネパールが多い。「技能実習」は中国，ベトナム，フィリピン，インドネシアの4ヶ国が大半を占める。

5. 外国人の日本国内での地域分布と年齢分布

　外国人が居住する地域についてもいくつかの特徴がある。1990年時点ではいわゆるオールドカマーの外国人の割合が高く，その分布をみると，東京圏にも多いが，関西圏により多かったことがわかる（図6-2）。2010年になると，外国人の地域分布の中心は東京圏となり，中京圏にも多くの外国人が居住している（図6-3）。

　居住分布は国籍や在留資格によっても異なる。国籍別の特徴を簡単にまとめると，まず韓国・朝鮮人は大阪を中心とする西日本に多く，その多くは「特別永住者」である。それ以外の韓国人は東京圏に集まっている。中国人は都市型サービス業や大学の集まる東京圏に多く，最近では北関東や中部にも広がっている。ブラジル人には工場で働く人が多く，そのため工業都市のある愛知県，静岡県などの中部地方や北関東に集中している。フィリピン人は日本人と結婚している人が多いこともあり，

第6章　人口減少社会の人口移動―海外―　113

（資料）国勢調査
図6-2　外国人の地域分布（1990年）

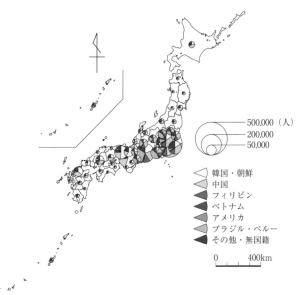

（資料）国勢調査
図6-3　外国人の地域分布（2010年）

東北，北関東，中部など非大都市圏に住む人の割合も高い。アメリカ人は多国籍企業などの会社員が多い関係で，東京圏に集まっている。

　男女別に外国人をみるとどうなるのだろうか。性比（女性人口を100とするときの男性人口の指数）は外国人全体でみると男性は86となり女性が多い。性比を国籍別にみると，中国73，韓国・朝鮮85，フィリピン32，ベトナム138，ブラジル及びペルー117であり，ベトナム人とブラジル人及びペルー人では男性が多いが，中国や韓国・朝鮮は女性のほうが多い。フィリピンは女性が圧倒的に多くなっている。性比も国籍により異なることがわかる。労働者としての国際人口移動は男性が多いと思いがちであるが，多様な在留資格で日本にいる外国人は，むしろ女性が多

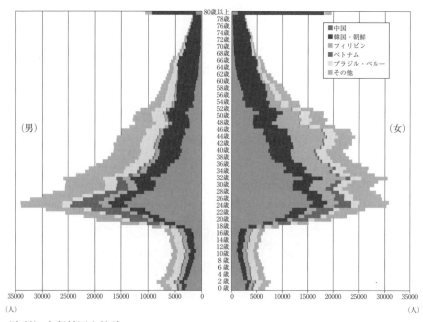

（資料）在留外国人統計

図6-4　外国人の人口ピラミッド（2014年）

いことに注目したい。

　年齢をみると，65歳以上の割合が2010年に23.0％と高齢化が進む日本のなかで，外国人人口の高齢化率は7.0％と大変低い。オールドカマーの割合の高い韓国・朝鮮籍は高齢化率が23.0％であるが，それ以外の国では，中国1.9％，フィリピン0.4％，ベトナム0.5％，ブラジル及びペルー2.9％と，高齢化率はきわめて低い。同時に日本の年少（15歳未満）人口割合は13.2％（2010年）であったが，外国人は8.9％（中国8.7％，韓国・朝鮮5.8％，フィリピン9.7％，ベトナム6.2％，ブラジル及びペルー17.7％）である。ブラジル及びペルー国籍は日本よりも子どもが多いが，他の国籍では子どもは少ない。図6-4の人口ピラミッドをみると，18歳未満の人口が極端に少ないことが読み取れる。多くの外国人は働くこと，あるいは学ぶことを目的に来日しているので，長く日本にいる「特別永住者」を除くと，20歳代，30歳代が多い。中国人やフィリピン人で日本人の配偶者となっている人たちは主に女性で，40歳代，50歳代も増えてきている。今後はそうした人たちが高齢者となっていくことも想定できる。「定住者」という在留資格で就労等の制限のない日系ブラジル人，ペルー人のなかには当初から子どもをともなって来日する者もいるし，当事者が望めば日本に長くいることが可能なので，日本で子育てをする者も多く，子どもの少ない外国人のなかでは，ブラジルおよびペルー国籍のみ，日本人よりも子どもの割合が高くなっている。

6. 留学生の増加と日本での就職希望

　福田首相（当時）の主導で，文部科学省は2008年に「留学生30万人計画」を策定した。日本が世界に対してより開かれた国へと発展する「グローバル戦略」の一環として，2020年に日本における外国人留学生を30万人に増やすことを目指している。文部科学省は具体的な施策として，

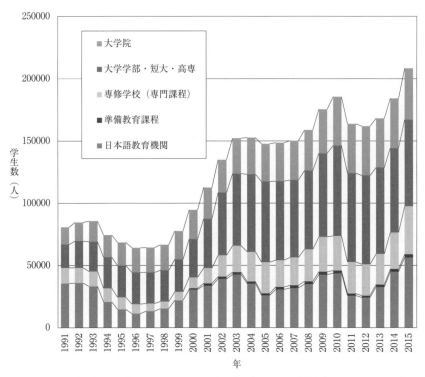

(資料）平成27年外国人留学生在籍状況調査（日本学生支援機構），1991〜2010年の日本語教育機関学生数のみ日本語教育振興協会のデータ

図6-5　留学生数の推移

次の5点を挙げている：①日本留学への誘い―日本留学の動機づけとワンストップサービスの展開―，②入試・入学・入国の入り口の改善―日本留学の円滑化―，③大学等のグローバル化の推進―魅力ある大学づくり―，④受入れ環境づくり―安心して勉学に専念できる環境への取組―，⑤卒業・修了後の社会の受入れの推進―社会のグローバル化―。

　2008年に福田首相が提唱した頃の日本の留学生数は約12万人であった

が，近年は20万人以上になっている（図6-5）。国籍別にみると，中国，韓国，台湾の3国が留学生全体の8割近くを占める状況が長く続いていたが，2013年以降，上記3国の構成比は低下し，ベトナムやネパールからの留学生が急増している。2015年の留学生の出身国は多い順に中国（45.2％），ベトナム（18.7％），ネパール（7.8％），韓国（7.3％），台湾（3.5％）である。留学生の増加は教育現場である大学を変えているだけではない。学部卒業あるいは大学院修了後に出身国に帰国せず，日本での就職を希望する留学生が多く，日本の企業の新規採用にも少しずつ影響を及ぼすようになってきている。

7．日本の人口減少と外国人

日本の外国人は1947年の約63万人が2015年には223万人へと増加した。とくに1990年の入管法改正前後から外国人は急増し，1980年代後半や2000年前後には5年間に約40万人，外国人人口が増加した（図6-1）。2008年にピークを迎え，人口減少が始まった日本で，将来の人口減少は外国人の増加で補えるのであろうか。また，高齢化の進展のなかで日本では医療・介護の分野で労働力の不足が懸念されており，この分野での外国人の導入が期待されている。

2015年国勢調査（速報値）によると，日本の人口は2010～2015年の5年間で約95万人減少した。1920年に最初の国勢調査が行われてから100年近く経つが，国勢調査間で人口が減少するのはこれが初めてである。また，国立社会保障・人口問題研究所（2012）によると，今後，日本の人口の減少幅はますます拡大し，2015～2020年には約250万人，2025～2030年には約400万人，2040～2045年には約500万人がそれぞれの5年間に減少すると推計している。この将来人口の推計では外国人人口は今後の各5年間で約35万人の増加が見込まれている。入管法改正前後以降で

外国人流入の多かった時期で5年間40万人の増加であったことを考えると，それに近い増加を見込んだとしても，将来の日本の人口は上記のように減少してしまうことになる。石川義孝（2014）は，日本の将来の人口減少を和らげる可能性のある唯一の方策として外国人人口増加への期待を，国際結婚と外国人花嫁の社会統合対策の充実，外国人留学生の日本国内定着への支援，大都市圏以外の地域への外国人の政策的誘導による地方の活性化について論じている。

日本の人口減少とそれに伴う高齢化のさらなる進展に関連して，外国人の受け入れを論じることが近年さかんになってきている（藤原良雄編 2014，宮島・鈴木 2014など）。これらのなかで繰り返し述べられている点は外国人を受け入れるのであれば，その目的に合う制度を行政はきちんと設計すること，外国人を受け入れることは単なる労働力の受け入れでなく「人」を受け入れることなので社会的・文化的な受け入れ体制を整えることである。医療・介護分野での外国人導入に関連する議論においても，送り出し国として想定している東南アジア諸国の医療・介護分野の労働者には日本以外の選択肢，たとえばヨーロッパ諸国やシンガポール，韓国等もあり，良い人材を日本に導入するのであれば，長期的な視点から充実した制度設計をおこなうことが必要になるだろう。

1. あなたの身近に外国人の方はいますか。それらの方はどういう経緯で日本に来られたのか，聞いてみよう。
2. 日本に来る留学生は何を目的にしているのでしょうか。あなたの周りに留学生がいたら，聞いてみよう。
3. 地域によって，そこで暮らす外国人の国籍には特徴があります。あなたがお住まいの地域ではどこの国から来た外国人が多いのか，調べてみよう。

参考文献

石川義孝『日本の国際人口移動—人口減少問題の解決策となりうるか？—』人口問題研究70-3pp.244-263，2014年

国立社会保障・人口問題研究所（2012）「日本の将来人口（平成24年1月推計）—平成23（2011）年～平成72（2060）年—」

サスキア・サッセン『グローバル・シティ—ニューヨーク・ロンドン・東京から世界を読む—』（伊豫谷登士翁監訳：The Global City 1991），筑摩書房，2008年

清水昌人・中川聡史『国際化による外国人の増加と都市の変化』，小林浩二編著『21世紀の地域問題』二宮書店，2002年

武田里子『ムラの国際結婚再考—結婚移住女性と農村の社会変容—』めこん，2011年

藤原良雄編「なぜ今，移民問題か」，別冊『環』20号藤原書店，2014年

宮島喬・鈴木江里子『外国人労働者受け入れを問う』岩波書店，2014年

7 | 変わるライフコース

宮本みち子

《目標&ポイント》 ライフコースとは，個人が生まれてから死ぬまでの人生の軌道である。人々が社会のなかでどのような役割を取得し，どのような出来事をたどって歩んでいるのかに着目した用語である。人の一生が長寿化し，ライフコースの多様化・個人化が進んだことが，ライフコースへの関心を高めている。ライフコースの推移と現状から人生の変化をみる。
《キーワード》 ライフコース，ライフコースのパターン，長寿化，脱家族化，生活設計，ライフデザイン，ライフコースのスケジューリング

1. 生涯をライフコースでみる

（1）ライフコースとは

　生まれてから死ぬまでの人生の軌道を考えてみよう。人生上でたどる道のりをライフコース（人生行路）という（クローセン 2000）。ライフコースは，特定の時代や社会のなかで形成される。ジェンダー，社会階級，社会階層，人種や民族の違いによって，ライフコースのパターンには違いがみられる。ダニエル・レヴィンソン（日本語版 1980）は，1978年に出版した『人生の四季』（原題は The Seasons of a Man's Life）という著書で，アメリカの成人男子の発達パターンを理論付け，個人の「生活構造」が規則正しい段階を経て発達していくと考えた。それは図7-1のように示されている。レヴィンソンによれば，青年は20歳代で親元を離れて自分自身の安定した生活組織を築きながら更なる機会を探

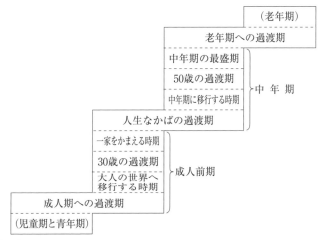

（資料）*The Seasons of a Man's Life* by Daniel J. Levinson et al., 1978（南博訳『人生の四季』講談社, 1980年）より作成。

図7-1　レヴィンソンの生活構造段階

り続け，たいていは職業に就き，結婚し父親になる。しかし20歳代の生活構造は「不安定，不完全，不整合」なことが多い。それを修正する30歳代の過渡期を経て，一家を構える時期に達する。しかしやがて，子どもの教育，職業の再調整，人間関係などの「中年危機」に直面し，再び移行期を経過して安定した中年期に入る。その後，子どもは家を離れ，退職を迎え，老年期への準備段階を経て，老年期に達するというのである。レヴィンソンの研究は，子どもや青年だけでなく，成人にも規則的な発達パターンがあるとみる新しい視点をもっていた。しかし，レヴィンソンから40年近くを経た現在，人々のライフコースにはさまざまな変化が生じている。その様相をみていこう。

(2) 長寿化とライフコース

　短命に終わる時代と長寿に恵まれた時代とではライフコースの様相は大きく異なる。日本人の平均寿命は，明治・大正期を通じて低い水準にあったが，昭和期に入ると延び始め，1947年（昭和22年）の生命表では，男50.06歳，女53.96歳と，男女とも50歳を超えた。その後，1950年に女性の平均寿命が60歳を超え，男性も翌年60歳を超えた。さらにその後，女性の寿命は，1960年に70歳，1971年には75歳，1984年には80歳を超えた。男性の平均寿命は女性に比べると低いものの，延びていることは同じである。2015年現在，女性は87歳（WHO加盟国中1位），男性も80歳（同6位）で，世界最高の長寿国となった。70歳前後までの死亡率は極めて低く，死というものが高齢期に特有の現象となり，その傾向が今後さらに進むことが推測できる。図7-2は，女性の年代別の平均的なライフコースとその分化を示した図である。

　図には示さないが，1950年（昭和25年）生まれ，1980年（昭和55年）生まれ，1990年（平成2年）生まれの3つの世代の女性を比較すると，まず第1の傾向は，生涯に占める未婚期間・無子期間が，後の世代ほど増大していることである。1950年生まれ女性の場合，未婚期間は25.3年で平均寿命に占める割合は31.3％であった。しかし，1990年生まれ世代は，42.5年で，寿命に占める割合は47.3％と増大している。そのなかには，生涯未婚者が少なからず含まれている。なお，男性の場合は未婚期間がより長くなっている。第2の傾向は，非婚や子どものない女性が増加するにしたがって，1980年生まれ以後の女性のライフコースは，「結婚・子どもあり」，「結婚・子どもなし」，「未婚」へとライフコースのタイプが分岐し多様化が進んだことである。

　一度も子どもをもたない人の割合（生涯無子割合）は，1950年生まれの18.4％以後増加を続け，1990年生まれでは38.1％に達するだろうと推

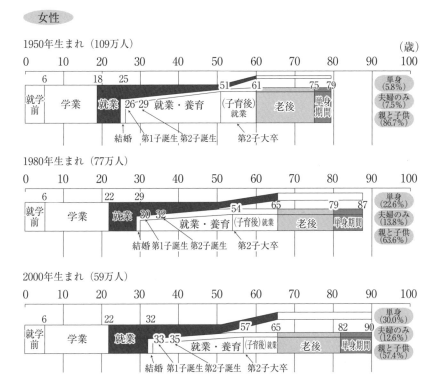

(出典）国土交通省「国土交通白書（平成24年度）」
(注) 1. 人口：当該年の国勢調査，定年：現行年金制度の給付開始年齢，死亡：国立社会保障・人口問題研究所「日本の将来推計人口（平成24年1月推計）」における男女年齢別将来生命表の中位仮定（30歳の平均余命），同「日本の世帯数の将来推計（平成25年1月推計）」のほか，以下の前提をもとに推計
・就学期間：大学・大学院の進学率の推移等をもとに仮定，結婚：平均初婚年齢の推移から回帰して仮定，出産（第1・2子誕生）：女性の第1・2子の出産時平均年齢の推移から回帰して仮定
2. 図中の各ライフサイクルの人口数は，以下の前提をもとに概ね算定し，帯の幅に反映
・生涯未婚：国立社会保障・人口問題研究所「人口統計資料集（2010年版）」，「日本の世帯数の将来推計（平成25年1月推計）」における45～49歳と50～54歳の未婚率の平均に30歳人口を乗じて仮定，夫婦のみ：「日本の世帯数の将来推計（平成25年1月推計）」から，夫婦のみの世帯数総数（30～34歳，35～39歳，40～44歳階級の合計）の割合を算出し，30歳人口を乗じて仮定，親と子：「日本の世帯数の将来推計（平成25年1月推計）」から，夫婦と子，ひとり親と子の世帯数総数（30～34歳，35～39歳，40～44歳階級の合計）の割合を算出し，30歳人口を乗じて仮定

図7-2　女性の年代別の平均的なライフサイクルとその分化

計されている。また，この世代の2人に1人は，孫以降の直系子孫をもたないだろうという。生涯未婚率が上昇することが主な原因であるが，結婚した場合にも子どもがいないか少なくなる傾向を反映している。図7-3は，そのうちわけを示したものである。

先に紹介したレヴィンソンのライフコースは，核家族が前提とされ，子育て後は夫婦だけになり，その後は妻が1人残ると想定されている。ところが，晩婚・非婚傾向，離婚・再婚の多様な組み合わせ，そして長寿化が進み，女性の就労化が進むにつれ，ライフコースは個人化し，レヴィンソンが描くようなシンプルな図式で描くことのできない多様な様相を示すようになった。それに伴って多くの課題を抱えるようになっている。長寿化の結果，高齢期は前期高齢期に対して後期高齢期のボリュ

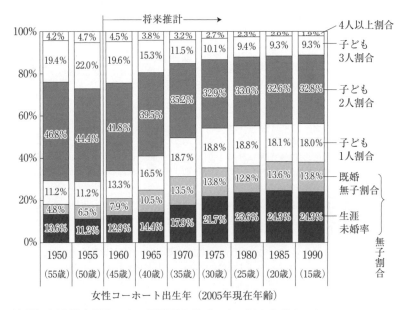

（資料）国立社会保障・人口問題研究所「日本の将来推計人口」
　　　──平成18年12月推計の解説および参考推計（条件付推計）──

図7-3　コーホート別にみた女性の生涯未婚率ならびに出生子ども数の分布図

ームが大きくなって,高齢期をどのように準備するのかという新しい課題が生まれたのである。長寿化が今後も進み,「人生100年の時代」が現実化するようになれば,ライフコース全体に大きな影響を及ぼすであろう。

　なお,先の図7-2の1980年生まれの場合は,高学歴化も晩婚化・非婚化もかなり進行し,女性では20代から30代の就業率が上昇,しかも非正規雇用で働く就業者が増加し,男性でも非正規雇用や転職が増加してライフコースが複雑化している。結婚,子どもの誕生,それに続く子どもの教育,その後の結婚など,従来ではライフコース上の標準的なイベントとされてきたものが,これまで通りにいくとはいえなくなり,2000年生まれの女性たちにおいてはライフコースの多様化が本格化している(安藤 2003,岩上 2003)。

2. 変わるライフコース

(1) 工業化時代のライフコース

　ライフコースへの関心が高まった背景には,自分自身の人生を主体的に設計する可能性が生まれたという変化がある。伝統社会においては,どのような人生を歩むかを自由に考える余地は少なかった。身分や社会階層,人種や民族,ジェンダーその他の属性によってライフコースのモデルが決められていた。伝統的枠組みによる社会規範や社会制度が,人々の一生を枠付け制約していたのである。工業化社会に入ると,身分的な制約が取り払われ自由度が高まると共に,工業化社会に特有のライフコース・パターンが確立した。学校への入学,卒業,就職,結婚,親になること,子どもの教育,退職などのイベントを順次通過していくライフコースが,ライフコース・パターンとして標準化する。日本でこのパターンが確立したのは1960年代で,その大枠は欧米諸国でライフコー

ス・パターンに変化が生じた後も維持され，1990年代の中盤まで続いた。

　この時代には，人生には明確な段階区分があった。それは学校教育を受ける時期と就労の時期の明確な分離，男性役割と女性役割の明確な区分，未婚期と既婚期，現職の時期と退職後の分断などである。つまりジェンダーと年齢に伴う社会的地位によってライフコースのステージに明確な区分があることが，ライフコース・パターンの特徴であった。それを順序よく通過していくことが人生であるとみなされていた。

　工業化時代の生活のあり方を枠付けた特徴的な要素がある。第1は，失業率が低いこと（完全雇用），第2は，結婚適齢期の存在と高い婚姻率，第3は，結婚後の明確な性別役割分業，第4は，雇用の長期安定性（終身雇用制），第5は，老齢年金制度による老後生活保障などである。ただし，終身雇用制や老齢年金制度が生活保障の機能を果たしたのは大企業の世界であり，そこから外れた人々は，家族や親族の私的保障が補完していたのである。いずれにしても，企業（雇用）と家族や親族が重要な役割を果たしていたことに大きな特徴があった。

　このように，ライフコース・パターンは工業化時代の社会制度と社会慣習によって作られていた。しかも，個人のライフコースは，家族のもつ周期的律動（家族周期）と一体化していた。家族としてのイベントと個人のイベントとが一致していたのである。とくに女性のライフコースには，その傾向が強かった。このような工業化時代特有のライフコース・パターンをフォーディズム型ライフコースと呼ぶこともある。流れ作業と高賃金を先駆的に導入した米国自動車メーカーのフォードによる規格化された製品の大量生産様式が，戦後先進諸国における大量生産－大量消費型の高度成長体制を実現した。その時代に特有のライフコースをさしている（岩井 2008）。

（2）ライフコースの個人化

　その後，1970年代に入ると，欧米先進諸国では，従来のライフコース・パターンから外れる現象がみられるようになった。標準的ライフコース・パターンが弱体化し，教育，就業，結婚・家族形成，引退等の時機や期間，ライフ・イベントを経験するかしないかなどに多様性がみられるようになったのである。

　すでに述べたように，欧米諸国に比べると日本人のライフコース・パターンにこのような変化が生じた時期は遅く，画一化されたライフコースのパターンをたどって人生を歩む傾向が長く続いた。しかし，社会状況の変化は，ライフコース・パターンを徐々に変えていった。1980年代以後，製造業からサービス産業へのシフトによる働き方の変化や人々の意識の変化が生じた。また，女性労働力への需要が高まった。1990年代には，終身雇用制や年功序列型賃金体系を特徴とした日本型企業経営に変化が生じたが，このような労働の世界の変化はライフコース・パターンを変えたのである。

　また，すでに述べたように，晩婚化や非婚化，結婚年齢の多様化，離婚と再婚の増加，子どもをもたない選択をする人，ひとり暮らしの高齢者の増加など，家族の世界に生じた変化は，ライフコースに大きな変化をもたらした。家族周期に合わせて人々の一生をみることが不十分であることも認められるようになった。つまり，人々の人生を家族の一員としてみる前に，独立した個人としてみる必要性が生まれたのである。

　2000年代に入ると，若年層において，非正規・非典型雇用に従事する人々，離職・転職する人々が急増した。また非婚化も加速化した。このようにして，ライフコース・パターンの多様化が本格的に始まったのである。

　流動性の高い社会構造へと変わったことが，ライフコースに対する社

会的関心が高まった背景にあった。たとえば，家族集団のメンバーとしての人生という観念から脱して，「家族とは別に，自分自身の人生がある」と感じる人が登場し始めたのは，ポスト工業社会の段階に入った1980年代からである。そこに，人々の人生をライフコースとしてみようとする視点（ライフコース・パースペクティブ）が生まれたのである。そこには，「人生は自分自身が主体的に形成するもの」，という人生観の転換があった。家族集団としての周期的律動（家族周期またはファミリー・サイクル）から，個人としてのライフコースが浮上することを，ライフコースの個人化という。

(3) ライフコース・スケジューリング

人々が，自分自身のライフコースの目標を設定し，その目標にのっとって特定の時期に特定の役割を選択していく行為を，ライフコース・スケジューリングという。このような行為は，いかなる時代・状況においてもみられるものであるが，人生を主体的に設計していこうとする志向が強まり，ライフコース・スケジューリングが現実化したのが現代の特徴となっている。

人々のライフコースが外部の諸条件に規定され，自律性をもつことがむずかしかった時代を脱して，自分自身の選択可能性が高まったことは，現代の特徴である。ライフステージや生活領域の境界があいまいになり，人生の道筋の多様性が増したと同時に，人生行路が不明確あるいは予測困難な状況になっている。しかも，個人の選択にゆだねられているだけ，失敗も個人の責任とされる傾向が強まっている。

しかし，個人の選択性が高まっているからといって，社会構造や慣習による制約がなくなったわけではない。社会階層・ジェンダー・民族性・地域などの制約は依然として大きな影響を及ぼしている。例えば，

女性にとって家庭をもちながら働き続ける生き方を望んでも，諸条件の制約から断念せざるをえない状況はいまなお続いている。親の介護のために転職や離職を余儀なくされる中年から初老世代の増加は，長寿化社会の新たな問題となっている。

ジェンダー，社会階層や，地域等の社会的属性による制約がどのような形で個々人のライフコースに影を落としているかをみることは，ライフコース研究の重要な課題である。

ライフコースの変化は社会構造の変化と密接な関係をもっている。社会理論家・社会思想家のジークムント・バウマン（2001）は，近代というものを重量資本主義から軽量資本主義への移行とみた。1980年代以後，先進資本主義国にこの展開が起こったのである。近代的経済構造と社会生活の細部まで規制し管理・保護する国家が後退し，それによって支えられていたさまざまな組織や仕組みが崩壊した。その結果，人々の暮らしは所与のものではなく，不断の努力と注意を必要とする作業となった。どのように暮らすのか，何を支えに生きるのか，どのようにして死ぬのかなど，果てしない永遠の挑戦，永遠のプロセスになり，そのことが現代人の「生き続ける」意味となる。社会規範が消え去ったわけではないが，所与の生活様式が失われ，外部に主要な準拠枠を求めることができなくなった個人は，自己の人生評価に関しても，自分自身が評価するしかなくなるのだとバウマンはいう。ライフコース・スケジューリングという行為には，不断の努力と注意を主体的にしなければならなくなった現代というものが投影されているのである。

3. 現代のライフコースの諸相

（1）ライフコース区分の相対化

ライフコースをみる際，生涯をどのように区分するかは重要なテーマ

である。人生の区分は，加齢に伴う心身の成熟に応じた発達課題に即して行われるが，それは絶対的なものとはいえない。なぜなら個人が所属する社会のシステムによって異なるからである。社会変動が激しい近年では，従来の区分が必ずしも通用しなくなっている。その変化をみていくことにする。

《ライフコースの前半期》
　ライフコース上の区分に関する変化は，いくつかの時期にみられるが，変化のひとつは若者期に生じている。発達心理学者としてよく知られたエリック・エリクソン（Erikson, E.）の人間発達段階によれば，子どもは思春期，青年期を経て成人期へと移行するとされている。これを親との関係でみると，幼少期から青年期までは親に扶養される段階であり，その後，青年期を脱して親からの独立を果たしていく段階が続くとされている（エリクソン 1973）。
　しかし，現代では先進諸国の若者の発達過程は大きく変化している。若者が大人としての役割を負い，責任を果たせるようになる時期はずっと遅くなっている。高学歴化のために学校教育が長期化し，現実社会での体験機会が遠いものになり，なかでも労働の世界が非日常的なものになるため，働くことの意味が理解しにくくなる。このようにして，現代の子どもたち，とくに思春期の子どもたちは，「役割の喪失」という問題を抱えるようになり，しかも，学校教育終了後の若年労働市場の縮減が相まって，経済的社会的に容易に自立できなくなっている。
　その一方で，消費社会の拡大に伴い，子どもが消費市場に参入する時期はずっと早くなっている。金銭との関係，性体験，商業市場との接触情報化に関して，大人と子どもの境界はなくなりつつある。むしろ，情報機器を操る力は子どもたちの方が勝るようになる。このように，子ど

も期と青年期の境界，青年期と成人期の境界のどちらもあいまいになり，子ども期，青年期，成人期の区分を，単一の尺度で測ることができにくくなっている。とくに結婚制度が流動化し，「結婚」や「家族形成」が必ずしも規範的なできごととはみなされなくなっているため，未婚者は半人前，既婚者は一人前と区別して，ライフコースのステージを分けることができにくい状況になっている。このように，「標準的」なライフコースの設定は難しくなってきているのである。

コラム

前倒しの人生

　若者を，「自立の時期が遅くなっている」「いつまでも一人前にならない」と評する傾向は，先進工業国に共通にみられる。高学歴化が進んでいること，親の所得水準が上昇して子どもの就労をあてにする必要がなくなったこと，子どもの数が少なくなったなどが相まっている。さらに，労働市場が悪化して，親から独立して生計を立てることが容易でなくなっている状況が加わっている。

　大人になる形の多様化を踏まえて西洋諸国では，青年期から成人期への移行をシティズンシップの権利を獲得するプロセスととらえようという考え方に傾いている。成人期とは，選挙権，労働の諸権利，社会保障の諸権利等のシティズンシップの権利を獲得するだけでなく，その権利を実際に行使することのできる地位を得た状態と見なされ，仕事の有無，結婚の有無，子どもの有無など，これまで一人前の条件とされたものは考慮されない。それだけ，成人期の形は多様であることが承認されているのである。

　これらの国では若者の権利と義務は前倒しの傾向を強めている。ここでオーストリアのウィーン市の例を紹介しよう。2002年に大幅に改正した青少年保護法では，15歳の子どもの権利と義務をつぎの

ように定めている。夜中1時まで保護者なしに外出できる。セックスの相手を自由に選べる。保護者の同伴なしにホテルの宿泊ができる。妊娠中絶を自主的に決められる。医学的治療を承諾できる。刑法上の成人扱い。自主的に民事訴訟を起こせる等。

　16歳では地方選挙権を得る。一般的な賃金労働が可能。私的な場での喫煙・飲酒を許される。17歳では大方の成人並みの労働基準法が適用される。男女とも結婚できる。公の場で飲酒・喫煙ができる。軍隊参加の義務付け。そして，18歳で成人となり，すべての選挙での選挙権を得る（舟田詠子「草の根のヨーロッパ史１：前倒しの人生」『みすず』April 2014）。

　家族の多様化が進み，親の離婚・再婚がめずらしくない国々では，子どもは精神的に早く大人にならざるを得ない。親に代わって国は彼ら・彼女らの生活保障の役割を果たさなければならない。財政難のなかで国がどこまでその役割を果たすかによって若者の運命は左右される。

　それと同時に，少子化が進み労働力不足に直面した国ほど，若者の自立と社会への参画が奨励される傾向がある。17歳で結婚を認めるが，結婚の形態は自由で法律婚の縛りは大幅に緩くなっている。子育てへの公的支援が強化される。同時に，働くことは権利だけでなく義務であり，確実に職に就くための職業訓練や就労支援が強化される。つまり，自立促進政策によって若者の自由と自律性が尊重される反面，責任と義務も強化されるのである。

《ライフコースの後半期》
　中高年期に関しても区分の難しさが生じている。教育は人生前半期で終わるのではなく，生涯に渡って継続する生涯学習となっている。学ぶ

ことと働くことが相互に交差し，青少年期までが教育期という区分が通用しなくなる。高等教育機関に学ぶ社会人が増加する。現在のところ日本の社会人学生は予想されたほどの増加をみせていないが，長期的にみると社会人学生はさらに増加するであろう。年齢や置かれた状況にかかわらず生涯学び続ける生涯学習社会へと本格的に転換するに違いない。

　「いつまでも若いままでいたい」という若さ志向が強くなり，生物学的な年齢と社会的年齢との乖離が生じている。年齢によって規定された役割や行動様式（年齢規範）が弱体化し，年齢によって制約されることが少なくなる傾向がみられる。

（2）ライフコース・パターンとジェンダー

　次にライフコースをジェンダーという視点でみてみよう。男性と女性の結婚前のライフコース・パターンには差があるが，その差は縮小する傾向にある。高度経済成長時代に，結婚と家族形成に関わるライフコースの標準パターンが確立し，同時に就労に関するパターン化が進んだ。表7-1は，成人期への移行上の3つの重要なイベントである最終学校卒業，就職，結婚が，どのような順序で行われたかを，出生コーホート（同時出生集団）別に比較したものである。1921～25年生まれのコーホートは，最終学校卒業と就職の時期が一致しない場合も少なくなかった。とくに女性はその傾向が著しかった。しかし，それより若いコーホートになるほど男女共に最終学校卒業と同時に就職し，結婚がそれに続くというパターンへと収斂，つまり標準的パターンが確立したのである（嶋崎 2008）。

　しかし，結婚後のライフコース・パターンは男女差が大きい。農林業や商工自営業に従事する人々が急速に減少し，雇われて働く被雇用者が多数を占めるようになったからである。このことは男性と女性のライフ

表7-1 性別・出生コーホート別イベント経験順序パターン

		標準的パターン		標準的パターンの合計
		学卒→就職→結婚	学卒＝就職→結婚	
男性	1921～25年	32.8%	47.8%	80.6%
	1946～50	11.0	79.7	90.7
	1966～70	12.7	81.3	94.0
女性	1921～25年	28.9%	28.1%	57.0%
	1946～50	10.5	73.2	83.7
	1966～70	9.2	83.8	93.0

(注) 標準的パターンは，学卒，就職，結婚という順序で前進するライフコース・パターン。
(出典) 澤口恵一・嶋崎尚子「成人期への移行過程の変動」
渡辺・稲葉・嶋崎編『現代家族の構造と変容』東京大学出版会（2004）表5-1を元に作成。

コース・パターンを分断した。男性は，最終学校卒業直後に就職し，その後定年退職まで働き続ける一方，女性は数年の就職の後，結婚または出産で家庭に入るというジェンダー間で対照的なライフコース・パターンが確立したのが工業化の時代である。性別役割分業体制の確立である。

1960年代から70年代は女性の専業主婦化がピークに達した時代であった。しかしその後，サービス経済化の時代が始まると，既婚女性の就業化が進行し，80年代以降は再就職型が最も多くなり，その後女性の就労化はさらに進む。その推移をしめすのが図7-4である。女性の就業カーブは出産・子育て期に最も低い「M字型カーブ」を描くが，出産・育児期の女性の就業率が上昇を続けているため，M字型カーブの底はしだいに持ち上がっている。21世紀に入って以後，少子・高齢化が更に進み

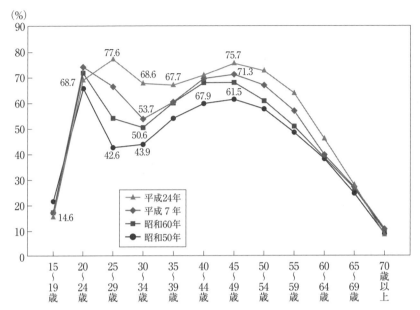

(備考) 1．総務省「労働力調査（基本集計）」より作成。
　　　2．「労働力率」は，15歳以上人口に占める労働力人口（就業者＋完全失業者）の割合。
(資料)「男女共同参画社会白書」（平成25年版）

図7-4　女性の年齢階級別労働力率の推移

　人口減少も続くなかで，労働力不足が重大な課題となり，女性の社会への参画を進めることが最優先課題となっている。
　女性の就業機会は増加を続けている。それに伴って，理想のライフコースとして専業主婦を想定する人は減少し，2015年時点で8割を超す女性は，どのような形態であれ就業することを前提としている。さらに，予定のライフコースとなると，9割を超す女性は結婚や出産後の就業を予定している。同様の傾向は，男性がパートナーに臨むライフコースに

もはっきりと出ていて，9割を超す男性はパートナーが就業することを望んでいる。しかも，パートナーに対して仕事と家庭を両立するライフコースを望む男性が3割を超えて急上昇している。しかし，仕事と家事・子育てに加えて親の介護における女性特有の役割葛藤は消えないため，女性のライフコース・パターンは，男性よりも多様である。

　一方男性の雇用は流動化しているが，女性のように「仕事か家庭か」という選択ができる状態ではない。「一家の稼ぎ手」という役割期待は崩れてはおらず，職業上のキャリアを継続することが，男性の規範的なライフコースとなっている。しかし，不安定化する労働市場は，男性のキャリア形成を困難にし，役割葛藤を生んでいる。また，親の介護のために転職や離職を余儀なくされる男性も増加している。ジェンダーにかかわらず介護離職者を生まないことが重要な政策課題となっている。

(3) 高齢期の長期化と要介護期の出現

　長寿化によってライフコースの後半期が長期化していることは現代の著しい特徴である。日本で高齢期への関心が高まったのは1970年代だったが，それはこのような長寿化の影響が明確になってきたからである。また，人生後半期が著しく長期化したことは，ライフコースの多様化をもたらした。

　高齢期を前半（65歳〜74歳までの前期高齢期）と後半（75歳からの後期高齢期）に分けてみると，前期高齢期に関しては，元気な高齢者が増加しているため，中年期と高齢期の境界ははっきりと区分できるものではなくなっている。少子高齢化にともなう年金財政が悪化するなかで，年金受給年齢の70歳への引き上げは避けられないだろう。また，予想される労働力不足に対処するため，年齢にかかわらず働きたい人，働ける人は働くことができる社会へと向かっている。

工業化時代のライフコースも変貌しつつある。公的年金の額は低下しつつあり，しかも高齢者のなかで年金格差は大きい。「悠々自適の年金生活」というイメージとは縁遠い生活を余儀なくされている人が増えているからである。しかも，長寿化がとくに女性において進んでいて夫と死別した女性が夫の遺族年金で生計を立てることはしだいに困難になるであろう。また，子どもとは同居しない慣習が広がっているなかで，性別にかかわらず働き続けなければならない人が増加しつつある。工業化時代のように，就業期間が年齢によっては規定されなくなり，年金の支給開始年齢が更に引き上げられ，定年制というものがなくなる可能性もある。
　後期高齢期に関しては，人生の最終段階における介護の長期化問題を抱えている。長寿化が進むなかで介護を受ける立場として，また介護を担う立場として，介護の問題は誰にとっても避けられないものとなった。単独世帯がますます増え，家庭内で介護サービスを得ることができない人々が多数を占めている。今や，平均寿命を延ばすことより，健康寿命を延ばすことに社会の関心は向けられつつある。
　介護の問題に関しては，第9章で扱う。

（4）変わるライフコースと生活設計

　ライフコースを歩む人々は，何らかの予定表を作っている。これをライフコース論では，ライフコース・スケジューリングという。ライフコースという概念が使われるようになった背景に，人生を主体的に企画・選択・意思決定するべきであるという社会規範の変化と，それを必要とする社会の変化があった。また，人は流れにまかせて生きているだけではなく，よりよく生きようとする意志を持って生きているという面を重視する時代の変化があった。ライフコースのスケジューリングには主体

的な意志や選択の度合いが強まっている。

　伝統や慣習，社会制度によって人生が規定される程度が弱まり，それに代わって，自分自身の人生を主体的・能動的に形成するという価値観やライフスタイルが登場してくる。1996年版『imidas（イミダス）』（集英社）に，「ライフデザイン」という用語が初めて掲載された。この用語が登場したのも，変動する時代背景があったからである。これまでの生活設計では，就職・結婚・出産・住宅取得などが，必ずたどる道筋として想定されていたのに対して，自分自身の価値観に沿った人生を積極的に創造していく行為を，「ライフデザイン」と表現したのである。

　図7-5は，主に経済的側面に焦点を当てて生まれてから死ぬまでの経路を図式化したものである。ここでは，これまで誰もが選択の余地なくたどるものとされたイベントや事項も，選択可能なものとして想定されている。結婚するかしないか，終身雇用制の内部で働くか働かないか，いつ引退するか，誰に老後をみてもらうかなどの重要な課題が，多様化・流動化していて，当事者の意思決定にゆだねられる傾向が強まっていることを反映している。どのような価値観に基づいて人生のイメージを打ち立てていくのかは，生活者自身にゆだねられている。それだけ，ライフデザインという意味合いが強くなっているのである（橘木 1997）。

　しかし，誰もが主体的に人生を選択できているわけでは決してない。多くの人々に選択の機会を保障するためには，社会環境整備が必要である。たとえば，生活設計に必要な情報提供や相談機関，仕事と家庭を支援する豊富な社会サービス，選択肢のある就業機会，失敗してもやり直しが利く社会システムなどである。なによりも，生活設計を立てることができる生活基盤の安定性が誰にでもなければならない。

　社会変動が激しく，20世紀の工業化時代に確立した主要な社会制度がことごとく変容を遂げつつあるなかで，人々がどのような価値観に基づ

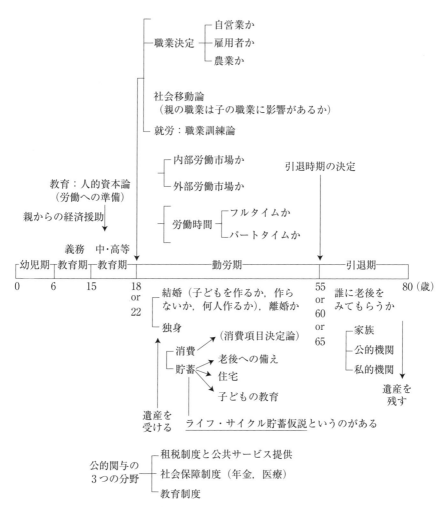

(資料）橘木俊詔・下野恵子（1994）『個人貯蓄とライフサイクル―生活収支の実証分析―』日本経済新聞社，p.14より作成。一部加筆。

図7-5 生まれてから死ぬまでの経路

いて生活目標をたて，どのようなライフコースを歩もうとしているのかに着目して，社会の整備を進めていくことが必要である（宮本・岩上 2014）。

学習のヒント
1. ライフコース上に高齢期が出現したことが，どのような影響を及ぼしているのかを整理してみよう。
2. 工業化時代に，男性と女性のライフコースが異なるものになった理由を考えてみよう。
3. あなたのライフコース・スケジューリングの例をあげて，その具体的内容を描いてみよう。
4. 生活設計が立てられるためには，生活基盤の安定性が必要だという理由を事例をあげて考えてみよう。

参考文献

安藤由美『現代社会におけるライフコース』放送大学教育振興会，2003年
岩井八郎『〈失われた10年〉と女性のライフコース』『教育社会学研究』第82集，pp.61-87，2008年
岩上真珠『ライフコースとジェンダーで読む家族』有斐閣，2003年
エリクソン，E.（岩瀬庸理訳）『アイデンティティ―青年と危機―』金沢文庫，1973年
嶋崎尚子『ライフコースの社会学』学文社，2008年
ジークムント・バウマン（森田典正訳）『リキッド・モダニティ―液状化する社会』大月書店，2001年
J.A. クローセン（佐藤慶幸・小島茂訳）『ライフコースの社会学』（新版）早稲田大学出版会，2000年
橘木俊詔『ライフサイクルの経済学』筑摩書房，1997年
ダニエル・レヴィンソン（南博訳）『人生の四季』講談社，1980年（Daniel

Levinson et al., 1978, *The Seasons of a Man's Life*）
宮本みち子・岩上真珠『リスク社会のライフデザイン―変わりゆく家族をみすえて―』放送大学教育振興会，2014年

8 | 変わる家族と世帯

宮本みち子

《目標&ポイント》 家族の形態面と人々の家族観から近年の家族形態の変化をみる。また，高度経済成長期以後の家族の変化をたどり，結婚・家族形成と，長寿化にともなう家族の変化から変わる家族と世帯の様相をみる。総じて，家族の相対化・個人化・脱制度化の動きをおさえる。
《キーワード》 家族，世帯，単独世帯，近代家族，虚弱高齢者（フレイルティ），晩婚化，非婚化

1．現代日本の家族・世帯の形と変化

（1）小規模化する世帯

　人口減少社会のゆくえは，家族がどのように変貌していくのかという問題と密接に関係している。

　近年の家族の変化は，家族の形態面（規模と構成）と人々の家族観という2つの面からみることができる。はじめに家族の形態面から，その変化をみてみよう。

　家族の規模をみる場合，国勢調査では現在同居しているまとまりを対象として調査をしている。その場合，家族とはいわず世帯という。ここでも世帯という用語を用いてみていく。

＊世帯には一般世帯と施設等の世帯がある。一般世帯は，①住居と生計を共にしている人々の集まり，または一戸を構えて住んでいる単身者，

②間借りの単身者または下宿屋などに下宿している単身者，③会社・団体・商店・官公庁などの寄宿舎，独身寮などに居住している単身者をいう。施設等の世帯は，学校の寮・寄宿舎の学生・生徒の集まり，3か月以上病院・療養所に入院している者の集まり，社会施設・矯正施設の入所者の集まりなどをいう。

　国勢調査によれば，平均世帯人員は1950年には4.97人であったが，1970年には3.69人まで減少し，さらに2014年には2.49人となっている。世帯人員別の世帯数の推移をみると，1人世帯，2人世帯の増加が著しい。小規模世帯化は，核家族化と少子化という2つの要因が相まって進行する。少子高齢化が進むなか，今後も小規模世帯化の趨勢は続き，2035年には2.20人になると予測されている。

（2）核家族世帯化から単独世帯化へ

　家族の実態をみるのに先立って，国勢調査などで使われている世帯区分をおさえておこう。世帯は夫婦や親子で構成される親族世帯と，親族を含まない非親族世帯に区分される。親族世帯は核家族世帯とその他の親族世帯に区分される。ここでいう核家族世帯は広義の分類で，夫婦のみ世帯，夫婦と子の世帯，ひとり親世帯（男親と子ども／女親と子ども）をいう。

　しかし，核家族世帯という場合，夫婦と子どもで構成される世帯をいう場合が多い。その他の親族世帯は，夫婦・子どものほかに親や兄弟姉妹が同居している世帯である。これらの世帯類型以外に，単独世帯がある。日本の家族の形態上の変化をみると，1946年の家制度の廃止により，近代的小家族のライフスタイルが法的に是認された。その後，「夫婦を中心とした核家族」が家族の理念型として普及した。とくに高度経済成

長期の1960年から15年間は核家族が増加する「核家族世帯化の時代」，その後は単独世帯が増加する「単独世帯化の時代」へと推移してきた。

図8-1は，その動向を示したものである。夫婦と子どもで構成される核家族世帯はしだいに減少を続け，現在では親族世帯の約3割となっている。逆に増加しているのは，単独世帯（3割強），夫婦のみ世帯（2割）で，ひとり親世帯も増加しつつある。この間少子高齢化が急ピッチで進み，子どものいる世帯は減少している。図8-2はそれを示している。1975年には子どものいる世帯が半数を超えていたが，いまや全世帯の4分の1へと減少している。その一方で，65歳以上の高齢者のいる世帯は2割程度であったが，いまや4割強を占めるに至っている。

今後の世帯の動向であるが，国立社会保障・人口問題研究所の推計に

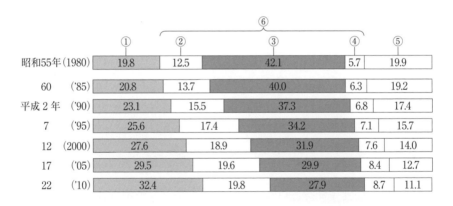

①単独世帯　　　　　　　　　④ひとり親と未婚の子のみの世帯
②夫婦のみの世帯　　　　　　⑤その他の世帯
③夫婦と未婚の子のみの世帯　⑥核家族世帯

（出典）国立社会保障・人口問題研究所「日本の世帯数の将来推計（全国推計）——2013（平成25）年1月推計」

図8-1　類型別世帯数の構成割合の年次推移

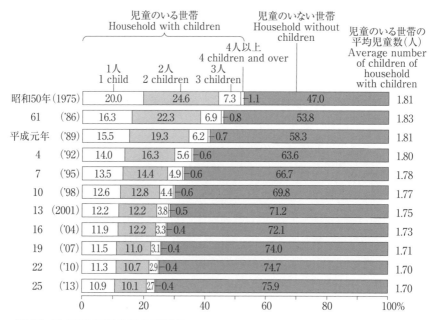

(出典）平成26年国民生活基礎調査

図8-2　児童の有無及び児童数別にみた世帯数の構成割合・平均児童数の年次推移

よれば，2010～2035年の間に「単独世帯」は4割弱へ，「夫婦のみ」は約2割で変わらず，「ひとり親と子」は1割強へ割合が上昇すると予想されている。一方で，かつて40％以上を占めた「夫婦と子」は2割強に減少，「三世代同居世帯を含むその他」は1割を切って低下するであろう。

(3) 増加する単独世帯

家族構成の今後の趨勢をみると，21世紀半ばにはひとり暮らしが多数

派となる。なかでも高齢単独世帯の増加が著しく，2030年には全世帯のうち3世帯に1世帯が単独世帯となるが，なかでも高齢単独世帯が7世帯に1世帯となるであろう。

　先にもふれたように単独世帯の推移をみると，一般世帯総数に占める割合は1970年代の約2割から2010年には3割強まで大幅に増加している。20歳代では約7割と単独世帯の割合が大きいが，近年の変化に注目すると，30歳代，40歳代での増加が著しい。従来の標準モデルによればこの年齢層は子育て期に当たるが，晩婚化・非婚化の傾向が，すでにこの年齢層の単独世帯の増加となって現れているのである。また，中年未婚者と親とが同居する核家族も増加の傾向にある。非婚者や離婚者の増加が原因である。後に述べるように，工業化時代の特徴であった婚姻率の高い「皆婚社会」は急激に崩れたのであるが，今のところ欧米諸国のように事実婚が増えて多様なパートナーシップがみられる状況にはない。

　図8-3は，出生年齢集団（同時出生コーホート）別に，ひとり暮らしをする者の割合の推移をみたものであるが，年長の出生集団より若い出生年齢集団ほど若年期からひとり暮らしの比率が高く，中年期にはさらに増加する傾向が現れている。中年期に単身で暮らす人が珍しくない社会へと突入しているのである。将来的には高齢者は今以上にひとり暮らしが増加すると予想されるが，高齢期に入る前にすでに単身だった人たちが今よりずっと多くなると予想される。

　国立社会保障・人口問題研究所の推計によれば，単独世帯の増加は，もっぱら晩婚化・未婚化・離婚の増加，親子同居率の低下といった結婚・世帯形成行動の変化によってもたらされるという。

　ただし，欧米諸国と比較してみると，日本の単独世帯の割合は現在も将来も際立っているわけではない。たとえば，2035年の日本の平均世帯

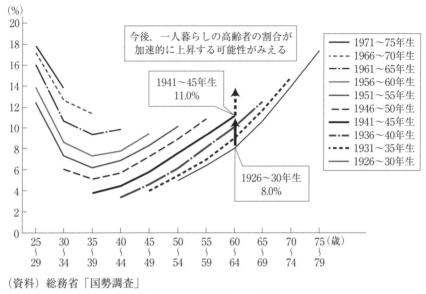

図8-3　出生年齢集団別一人暮らしの比率

人員は2.20人と推計されているが，この数値は，2010年前後の北西欧諸国の平均的水準で，ノルウェー，オランダ，フランスとほぼ等しい。しかし，デンマークやドイツの平均世帯人員ほどには小さくない。また，2035年の単独世帯割合は37.2％と予想されるが，これもやはり現在の北西欧諸国の平均的水準に近い。それでもノルウェー，デンマーク，ドイツほどには高くならないと予想されている。ただし，高齢化率は日本の方が高くなるので，その点で日本は世界一高齢単身者が多い社会になるだろう。世界一の少子高齢化社会に対応する社会環境を整備することが課題であり，それに成功すれば単身社会化をそれほど危惧することはないのかもしれない。

(4) 変わる家族の居住形態

　家族の変化は，親と子の居住形態と深く結びついている。核家族化とは，結婚をした子どもが親と同居せずに新居に住まうことと，高齢者が既婚の子どもと同居しないことの両面を含んでいる。結婚した子どもが親と同居する率は終戦直後には約6割に達していたが，1970年〜1974年にかけて31％まで低下を続けた。その後の同居率は30％前後でほとんど変化していない。その原因は，兄弟姉妹の数が少なくなったため，親と同居できる子どもの確率が高くなったことにある。

　3世代同居世帯の割合は減少する一方で，理想とする家族の住まい方として親世代との同居や近居をあげる人は過半数に達している。とくに30代の子育て世代は親との近居を志向する傾向が強くなっている。そのいっぽうで，高齢者と子どもの同居率は，1960年に8割強であったものが，5割台へとほぼ毎年1％ずつ低下している。しかしそれでも，欧米諸国と比べると，老親と子どもの同居率は依然として高い。

　家族の変化は子どものいる世帯と高齢者のいる世帯の比率の推移でもみることができる。すでにみたように，18歳未満の子どものいない世帯が増加している。その一方で，高齢者のいる世帯の割合は上昇を続け，1997年に後者が前者を上回った。子育てが近代家族の重要な柱となっていたことを考えると，子どものいる世帯が4世帯のうち1世帯に満たなくなった状況は，家族というものの内実を変える大きな変化といえよう。これを地域社会でみると，子どものいる世帯が少数派となって，地域社会の雰囲気を大きく変える要因となっている。

　世帯の平均的な特徴は以上の通りだが，地域によってかなり違いがある。都道府県別でみると，三世代同居世帯は，山形県が全世帯の20％で1位，県民の約4割が三世代世帯に暮らしている。2位以下は福井県，新潟県，秋田県，富山県と日本海側の県が続いている。これとは対照的

に東京都をトップとする大都市圏および，鹿児島県，沖縄県，四国4県などは5％前後と低い。一方で単独世帯は東京都がもっとも多く全世帯の約4割を占めているが，その他の都道府県の単独世帯割合をみると大都市部ほど多いとはいえない。単独世帯が増加している原因のひとつは高齢化であるが，高齢者のいる世帯に占める高齢単独世帯の比率をみると，都市規模による違いともいえないばらつきがある。住宅事情や同居に対する社会慣習や意識の違いが影響しているものと思われる。

2. 変わる結婚と家族

　近年，晩婚化・非婚化の進行，晩産化と出生率低下など，結婚と出産にかかわる意識と行動に大きな変化が生じている。これらは家族というものの意味や機能に変化をもたらす原因であり，また結果でもある。そこでまず，日本の近代家族が大衆化した高度経済成長期の実態をおさえ，その後の変化を追ってみよう。

(1) 皆婚時代の意識と行動

　家族の変化は，結婚に関する意識や行動の変化と密接な関係をもっている。戦後間もない頃の初婚年齢は男子で27歳前後，女子で24歳半ばで，ほぼ安定していた。1975年でみると，30歳までに男性の78％，女性の90％が結婚し，その後50歳までにはほとんどが結婚するというように，婚姻率が非常に高い「皆婚社会」となり，しかも結婚年齢，出産年齢ともに一定年齢に集中していた。女性では，23歳をピークに22～25歳のわずか4年間に約6割が結婚したのである。

　このような状況の背後には，「結婚適齢期」が強力な社会規範として確立していた。社会規範は，家族・親族，地域社会，企業社会によって支えられて，若者はこのような社会規範に従っていたのである。結婚に

よって女性はいっせいに家庭に入り，家事と出産・子育てへと重点を移した。女性雇用者が結婚を理由に退職する比率（結婚退職率）は，1960年代には75％に達し，専業主婦（無職の有配偶女子）の割合は1975年にピークに達するが，その割合は，全年齢の56％（1540万人），再生産年齢（15～49歳）に限っても57％（1160万人）であった。

　出産にも標準化したパターンがみられた。結婚した夫婦は平均2.2人の子どもを，平均5年強で生み終えた。これを一括出生という。子どもの数も画一化が進み，2～3人の子どもをもうける夫婦が8割を超えた。避妊と中絶の併用によって，夫婦の希望する子ども数がコントロールされ，産む子どもの数はきわめて均一化したのである。

　結婚前の性行動に関するタブーは強く，10代の性経験率は低かった。また同棲も婚外子も少なかった。つまり，結婚と性と生殖が一体化していたのである。また，離婚率は上昇が始まってはいたもののその水準は低く，欧米諸国で離婚が増加していたのとは対照的であった。また女性の場合，離婚・死別後の再婚率は低かった。これらの特徴をまとめてみると，工業化の時代は，結婚規範と結婚適齢期規範が強く，婚前性交，離婚，女性の再婚は社会的にタブーであり，社会規範が強力に人々の意識と行動を縛っていたということができる。

(2) 近代家族の普及とその変容

　この時代には自営業世帯が減少し，雇用者（サラリーマン）が増加していく時代であった。サラリーマンが標準的な職業形態になったのである。サラリーマンの家庭は，「夫は外で働き，妻は家事・育児を担当する」という性役割分業にもとづいていた。生産機能を失ったサラリーマン家庭は，子育てと団欒の場となった。「物質的に恵まれた豊かな家庭生活の実現」と，「子どもへの教育投資による社会階層の上昇」が家庭の目

標となったのである。

19世紀初頭から20世紀の1950年代までに欧米社会に拡がった一般的，規範的な家族を近代家族[注1]というが，日本ではこの時期に一挙に定着することになった。近代家族とは，性役割分業（夫は仕事，妻は家庭）を前提とする独特の家族である（落合 1997）。1950年から1970年へと婚姻率は上昇して皆婚社会のピークに達した。

（3）晩婚化・非婚化

しかし，高度経済成長期の結婚・家族はその後大きな変貌を遂げる。1970年代から始まった晩婚化はその後も進行し，近年では婚姻率が低下している。図8-4は，婚姻率の推移を示したものである。未婚率の推移をみると，1975年頃から25〜39歳の男性および20歳代の女性で顕著な上昇がみられる。男性は30〜34歳の未婚率の上昇が著しく，女性は25〜29歳で上昇が著しい。しかし女性も，30〜34歳で上昇が目立つようになっている。また，生涯未婚率（50歳まで結婚経験がない者の割合）は男女とも上昇しており，2015年には50歳男性の24.2％，女性の14.9％が一度も結婚していない状態にある。特に男性の上昇幅が大きい。国立社会保障・人口問題研究所の将来推計によれば，2035年には男性で29％，女性で19.2％に達するという。世代が下がるほど，生涯未婚率は高くなるものと推計されている。

欧米諸国では法律婚の減少が顕著で，同棲が結婚の形態として社会的に承認されつつある（宮本・善積 2008）。しかし，日本では同棲が増加するきざしはまだ弱い。近年妊娠を機に結婚するケース（妊娠先行結婚）が増加し，妊娠をきっかけとした結婚は家族形成の一形態として受け入れられていくことが予想される。この現象は，妊娠先行結婚そのものが起こりやすくなったというよりも，妊娠を伴わない結婚が先送りされる

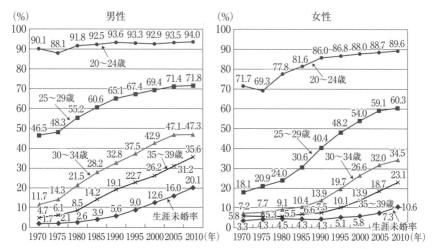

(出典) 年齢別未婚率については総務省統計局「国勢調査」，生涯未婚率については国立社会保障・人口問題研究所「人口統計資料集」
(注) 1．1970年は沖縄県を含まない。
2．生涯未婚率は，50歳時の未婚率であり，45～49歳と50～54歳未婚率の単純平均により算出。

図8-4　年齢別未婚率及び生涯未婚率の推移

傾向が高まり，婚姻率を下げているものといわれている（岩澤・鎌田 2013）。また，「子どもを産むには結婚していることが必要」と考えられているという点で，結婚制度が依然として機能しているともいえる。それにもかかわらず，晩婚化と非婚化が急速に進んでいるということは，人々の結婚離れが進んでいるということであろう。非婚化の程度によって，出生率がどの水準になるのかが決まる。それ如何によって，日本の高齢化率と人口減少の程度が決まるという点で，若い世代の結婚行動は重要な鍵を握っているといえるだろう。

(4) 長寿化と家族

高齢者人口の増加は家族に大きな影響を及ぼす。長寿化のなかで新たに認識されてきたのが，虚弱高齢者（フレイルティ）の時期の出現である。図8-5は，高齢期の健康にかかわる移行を表したものである。高齢期は「健康」と「虚弱状態（フレイルティ）〈要支援・要介護の危険が高い状態〉」で構成される健康寿命と，「身体機能障害〈要支援・要介護状態〉」によって成り立っている。

フレイルティについて説明をしておこう。フレイルティとは，老化に伴う機能低下（予備能力の低下）を基盤とし，様々な健康障害に対する脆弱性が増加している状態を指す。高齢者が要介護状態に陥る過程で，脆弱な状態（中段階的な段階）を経ることが多く，これらの状態を日本

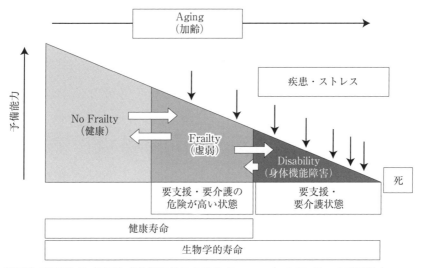

（出典）葛谷雅文（2009）「老年医学における Sarcopenia & Frailty の重要性」『日本老年医学会雑誌』46巻4号，p.281

図8-5　高齢期の健康状態

老年医学会は2014年に「フレイルティFrailty」と名付けたのである。重視すべきことは虚弱状態の時期にリハビリテーションを活発化することによって健康寿命を延長することである。

　昔の高齢者は健康（働いている）状態からほどなく看取りの段階に移行したことと比較すれば，長寿化することが高齢者問題発生の基盤にあり，介護問題の原因を伝統的家族の衰退に帰する議論は実態と異なっている。

　介護保険制度の導入によって，家族介護は大幅に軽減されたが，それでも介護は最終的には家族の責任に帰されているのが実態である。高齢者と子どもとの同居の割合をみると，1970年代には同居率は8割だったが，今は4割以下に下がった。しかし，1970年，日本に高齢者は500万人しかおらず，その8割が子どもと同居していたとすると，その数は400万人にすぎなかった。一方，現在全国で1,300万人の高齢者が子どもと同居している。つまり同居率は下がったとはいえ今の方が親との同居者は多い。しかも，高齢者とりわけ虚弱高齢者が増えたために高齢者介護の負担は以前より大きくなっているのである。

（5）高齢者介護と家族

　高齢者が増加するなかで介護保険制度の財源はひっ迫し，重度の介護が必要でない段階では介護保険の対象から外されかねない状態にある。さらに大きな問題は，増田寛也等がいうように高齢者人口に比して相対的に少ない現役人口のなかで介護サービスの担い手が決定的に不足し，団塊の世代が後期高齢期に入る頃には高齢者人口が多い首都圏では介護労働者の不足をはじめ，介護施設，医療施設の深刻な不足が懸念される状態にある（増田 2015）。

　高齢者介護をめぐる状況には地域による差がある。三世代世帯が多い

地域では家族介護が多く，少ない地域では社会的介護が多い。また，高齢者が要介護状態になると，身内の対処方法にはいくつかのバリエーションがみられる。①子ども世帯へ親が移動する（親の引取り），②親元へ子どもが移動する，③子どもが配偶者と別居して親の介護をする（別居介護），④子どもが親元に通う（遠距離介護），などである。老夫婦の「老々介護」や高齢者による親の「老々介護」が増えているのも大きな課題である。

　家族意識の変容にともなって，介護をめぐる大きな変化が起きている。まず，誰が中心になって介護を担うのかに関する規範が曖昧になっている。家制度の時代であれば，後継ぎである長男が老親の扶養・介護の責任を一身に担い，長男の妻が日常の世話をするというのが定番だった。介護負担は親が亡くなった後の家督相続によって埋め合わせるという関係になっていた。しかし今日では，「家」や後継ぎという観念が衰退し，介護の中心的な責任者は各家族・親族メンバーの諸事情や意識，親との関係が良いかどうかといった条件によって左右されたり，メンバー間の力関係などにより決定されたりすることも少なくない（春日井 2004）。

　その結果，家族介護の担い手が多様化する傾向がみられる。介護が女性中心に担われてきた点は続いているとはいえ，近年では男性介護者が急速に増え，3割を占めるに至っている。介護がもっぱら妻や「嫁」の義務とされてきた時代からみれば進歩ではあるが，現実には介護役割を引き受けることにより転職や離職（介護離職）を余儀なくされ，経済困窮や社会的孤立に陥る人々が増加しているという現実がある。介護を理由とする離職者は2010年代中盤で10万人前後発生している。また，特別養護老人ホームへ申込し入所を待つ高齢者のうち，要介護状態3〜5で在宅で暮らす者は約15万人存在し，減少傾向にはない。

3. 人口減少社会の家族のゆくえ

(1) 家族の相対化・個人化・脱制度化

　結婚しない選択や子どもをもたない選択が可能になっているということは，家族を絶対的なものとはみなさなくなっていることを示している。また，家族内における個人の選択と決定が優先されるようになる傾向（家族の個人化）や，法や制度によって枠付けられた「家族のあるべき姿」が揺らいでいく傾向（家族の脱制度化）が強まっている。

　家族の個人化が強まるにつれて，どのような家族を求めるのか，自分自身の希望と家族役割とをどう調整するのかが，大きな課題となる。また，脱家族化が進むと，家族のあるべき姿は法制度によって規定されるよりも当事者の選好にゆだねられる傾向が強くなる（家族のライフスタイル化）。

　このような傾向は，欧米諸国ではより明確である。同棲，離婚と再婚の一般化という動向にもっとも明確に現れているといえよう。日本の家族は，それらと同調しながら変貌していく面と，日本の独自性を保持している面とがある。しかし，若年世代ほど日本固有の家制度規範への支持率が低下していることからみて，世代交代が進むにしたがって，日本の家族も全般的には欧米諸国に近くなっていく可能性がある。

　また，企業の終身雇用制や福利厚生が，一家の生計を支える男性世帯主の役割を尊重し，家族単位で生活保障を計る家族主義を前提にしてきたことが日本独特の家族状況を生んだ。しかし，男性世帯主を一家の生計の担い手として保護してきた雇用制度の転換が生じつつあり，女性の就労化がさらに進むにしたがって，日本的家族主義は変容を余儀なくされている。

（2）家族のゆくえ

　家族に対する意識が大きく変化していることから，家族の多様化は今後いっそう進むものと予想される。その場合の様相は，近代家族型（性役割分業型），共働き型，直系家族型が並存しながら，その割合を変えていくだろう。また，単身高齢者や若年単身者および労働年齢期の単身者，そして母子世帯や父子世帯が増加するだろう。このような家族の多様化にともなって，これまで家族によって充足されてきたニーズが満たされなくなるため，人々の抱える多様なニーズに応える新しい社会的仕組みが必要とされるだろう。

　団塊世代以後，子どもへの期待意識は大幅に変わることが予想される。たとえば，40代，50代の人々の意識をみると，子どもからの経済援助に関しては，「期待しない」が多数を占めている。それと比べると介護に関しては，「期待する」がより多い。とはいえ，もっとも多いのは「期待しない」である。このように，老後に関しては，親は子どもに期待せず，自前でやりたいとする意識へと変わったのである。子どもに対する遺産に関しても大きな変化がみられる。子どものためにお金を残したいとは思わない人が増加している（岩上・鈴木・森・渡辺 2010）。

　世代間でみると，少子高齢化は，税金や社会保障費負担の増加という形で，年少世代の扶養負担の増加をもたらし，世代間の対立を発生させる。ところが親子間では，経済成長期に資産形成をした親から子へと，教育費などの形で経済援助が続く関係がみられる。その一方で，高齢の親の扶養は子どもの責任ではなくなり，介護は社会化しつつある。しかし，先にも触れたように解消しがたい問題は残っている。

　家族の脱制度化は，人々が家族のかたちよりも，愛情や信頼や「心地よさ」を求めるようになった結果である。形にとらわれない家族を可能にしたのは，なによりも，社会の自由と豊かさと個人の生活水準の向上

という条件があったからだった。しかし，そこに新しい課題が生じている。これまで家族によって守られてきたとされる，子ども，高齢者，障がい者，母子などの福祉をどのようにして擁護したらよいかという点である。この点については9章で扱うが，さまざまな形でハンディのある人々をサポートする社会的仕組みを発達させる必要がある。

　少子高齢化が進むなかで，従来のように個々人の家族の範囲で諸機能を果たすことはできない。これからの社会政策体系は，人々がどのような家族を選択するかに関して自由を認めると同時に，社会を構成する1人ひとりの個人の尊厳を守り，福祉を実現するというスタンスに立たなければならない。とくに，児童虐待や高齢者虐待の根絶，配偶者に対するドメスティックバイオレンスの禁止，母子家庭の貧困からの救済などは，家族選択の自由を認めながらも，遵守しなければならない価値であり，国をあげて取り組まなければならないことである。

》》注

1）近代家族：落合恵美子は近代家族を，①家内領域と公共領域の分離，②家族成員相互の強い情緒的関係，③子ども中心主義，④男は公共領域・女は家内領域という性別分業，⑤家族の集団性の強化，⑥社交の衰退，⑦非親族の排除，⑧核家族，という8つの理念的特徴で整理している（落合 1997）。

1．単独世帯が増加する理由をリストアップしてみよう。
2．親と子の近居志向が強まっている理由を考えてみよう。
3．「家族の個人化」によって不利益を被る人が出ないためには，どのような制度や仕組みが必要か，例をあげて考えてみよう。

参考文献

岩澤美帆・鎌田健司「婚前妊娠結婚経験は出産後の女性の働き方に影響するか？」『日本労働研究雑誌』No.638，2013年

岩上真珠・鈴木岩弓・森謙二・渡辺秀樹『いま，この日本の家族―絆のゆくえ―』弘文社，2010年

落合恵美子『21世紀家族へ―家族の戦後体制の見方・超えかた〔新版〕』有斐閣，1997年，同第3版，2004年

春日井典子『介護ライフスタイルの社会学』世界思想社，2004年，同新版，2014年

増田寛也編著『東京消滅―介護破綻と地方移住』中公新書，2015年

宮本みち子・善積京子『現代世界の結婚と家族』放送大学教育振興会，2008年第3章

山田昌弘『近代家族のゆくえ―家族と愛情のパラドックス』新曜社，1994年

国立社会保障・人口問題研究所『日本の世帯数の将来推計』2013年

9 くらしのセーフティ・ネット

宮本みち子

《目標＆ポイント》 少子高齢化，人口減少は，単身化を伴って進み，社会関係のあり方や人々の有する絆に何らかの影響を及ぼしている。とくに，家族の多様化，なかでも単身化が進むことは自由を拡大する一方で，くらしのセーフティ・ネットの安定性を脅かす面がある。その実態をみていく。とくに，安定した家族への帰属もあやうい女性たちの実態に焦点をあてる。また，社会的に孤立化する男性，ケア機能の不在の実態と課題を考える。

《キーワード》 セーフティ・ネット，社会の液状化，貧困化する女性，単身化する社会

1. 脆弱化するくらしのセーフティ・ネット

(1) 希薄化する社会関係

　単独世帯の増加は，家族の多様化と同時平行して進む。共働き世帯の増加，労働市場の不安定化が進み，稼ぎ手として安定した職場のある父親のいる家族世帯が減少し，妻が主な稼ぎ手世帯，ひとり親世帯が増加するなどこれまで典型とされた家族タイプから外れる家族が多くなる。将来，結婚しないこと，子どもをもたないこと，離婚などの選択が社会規範としてよりいっそう受け入れられるようになると考えられるが，それが時として，安定した生活基盤の喪失や，貧困化，さらには貧困の再生産へとつながることが予想される。これらの現象は先進工業国における社会構造の変化と密接に関係している（岩田 2008）。

1980年代以後，社会構造に大きな変化が生じた。企業，福祉国家，近代家族，労働組合など近代の社会装置の解体が始まった。それらの社会装置に代わって，個人が社会を構成する最小の再生産単位となる傾向が強まった。慣習や規範に絡め取られてきた人々の自由度が増し，選択肢が拡大したと同時にリスクも拡大したが，重大な問題に遭遇したとしてもそれは個人の選択の結果とされ，自己責任に帰する傾向も強まった。これを，ジークムント・バウマンは社会の液状化と名付けた（バウマン 2001）。家族の変容はこれらと連動して進んだのである。

　社会関係（ここでは縁）が薄い人々が増加するのは，これらの状況と無関係ではない。その背景には，①経済的要因，②人口構造要因，③社会関係的要因，④地域コミュニティ要因，⑤法制度・行政組織・社会政策・社会規範と，5つの要因群がある。

　①の経済的要因とは，経済停滞と国家財政の逼迫により，低所得者が増加し，社会関係を維持できない人々が増加することである。②の少子高齢化などの人口構造要因とは，高齢化が進み高齢単身者に加えて，非婚化が進み中年単身者が増加することである。そこに離婚の増加も加わっている。③の社会関係的要因とは，相談する人がいない，話をする相手がいない，社会的な居場所がないなど，社会的に孤立状態にある人々が増加することである。④の地域コミュニティ要因とは，大都市の郊外化，過疎化，商店街の衰退，高齢化，単独世帯の増加などが地域コミュニティの衰退をもたらし，人々の社会関係が維持できなくなることである。そして，⑤の法制度や行政組織等が①から④にみられるような新しい問題に対して有効に機能できなくなることである。これら5つの要因群は相互に関わっている。

(2) 現役世代の脆弱化

着目すべき現象は現役世代の脆弱化である。まず，非正規雇用者の増加と不安定な正規雇用者の増加が家族の生活基盤を揺るがし，崩壊する家族が多くなる。「家族をもつこと」「子どもを育てること」のハードルが高くなっている。また，不安定な雇用か逆に長時間労働など過度に職場密着型の働き方が，家族形成と次世代育成の基盤を崩しつつある。また，働きにくさを抱える女性たちや，職業能力形成の機会が少ない非正規雇用者が増加することが，日本経済の担い手を脆弱なものにし，高齢化に対抗することを困難にする。このような背景のなかで，少子高齢化は現役層の重圧になりつつある。

現在の働く貧困層（ワーキング・プア）が高齢期に達した時点で，生活保護受給者が急拡大する可能性が高い。身寄りが少ない低所得者の急増は，財政を圧迫することが懸念されるが，有効な予防策が講じられているとはいえない。特に受け皿となる"家族というもの"の変容が進み，家族をもてない人々や，必要な機能を果たす力のない家族や，家族自体が問題を発生する装置となるような状況が広がっている点を注視する必要がある。しかし，このような社会状況のなかで生じる多様なニーズに対する社会保障等のセーフティ・ネットは未整備である。

2. 単身化する社会の姿

(1) 単身化による影響

セーフティ・ネットの脆弱化は，単独世帯の増加とも関係している。単独世帯が増加することは社会の状況を大きく変えつつある。第8章でもふれたように，家族構成の上で今後の趨勢をみると，単独世帯，なかでも高齢単独世帯の増加が著しく，2030年には全世帯のうち3世帯に1世帯が単独世帯，7世帯に1世帯が高齢単独世帯になる。また，10世帯

に1世帯が，ひとり親と子どもの世帯になると予想されている（国立社会保障・人口問題研究所「日本の世帯数の将来推計（全国推計）」）。

単身化の趨勢は高齢者にとどまらない。第8章の図8-3でみた通り，出生年齢集団別に，ひとり暮らしをする者の割合の推移をみると，若い年齢でのひとり暮らしの比率は若い出生年齢集団ほど高く，その傾向は中年期に引き継がれていく。中年期以後に単身で暮らす人が珍しくない社会へと動いているのである。図9-1は，同時出生集団（コーホート）別にみた女性の子ども・孫をもたない割合に関する将来推計結果である。1970年生まれ以降の女性で子どもをもたない割合（無子割合）は3割を超えて増加する。そこに孫をもたない女性の割合を加えると，約半数の

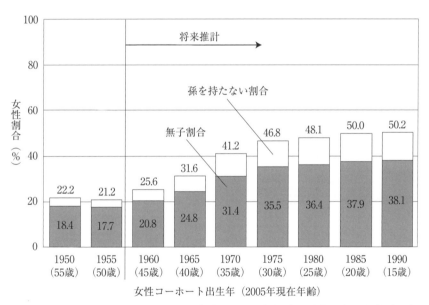

（出典）国立社会保障・人口問題研究所「日本の将来推計—平成18年12月推計の解説および参考推計（条件付推計）—」

図9-1 コーホート別にみた女性の子ども・孫を持たない割合（出生中位仮定）

女性が該当するという。家族・親族関係の縮小は疑いのない事実で，このことと単独世帯の増加は無関係ではない。

若年者に関していえば，不安定な就労状態や低所得が結婚の遅れや非婚化と結びついている。若年者の場合，親と同居することで生計を維持している例が多いが，年齢が上昇するに従ってひとり暮らしも増加する。親と同居する40歳以上の未婚者は，2005年時点で202万人存在し，40歳以上人口の2.9％を占めている。親の高齢化に従ってこれらの人々はやがて単独世帯になると予想されるが，その数は男性が女性の2倍に近い（藤森 2010）。

そこで，全国でも単独世帯が量も割合も共に多い東京都新宿区を例にとって単身化の実態をみてみよう。

新宿区の単独世帯の割合は62.6％（2010年）で，島しょ部を除くと全

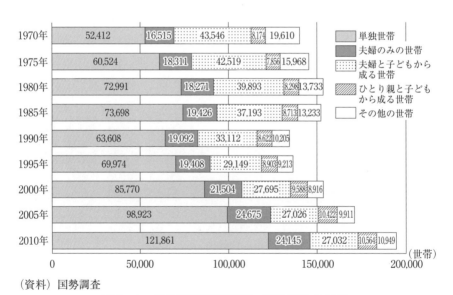

（資料）国勢調査

図9-2 新宿区世帯類型別一般世帯数の推移

国で最も高く，人口の40.8％が単身のひとり暮らしである。図9-2は家族類型別の世帯数の推移を表したもので，単独世帯の割合が多くなってきたことがわかる。その主な原因は独身者の増加にある。図9-3は男女別にひとり暮らし単身者割合の年齢別の推移をみたものであるが，世代が若くなるほど単身者が増え，高齢期だけでなく壮年期において顕著であることがわかる。高齢期では女性の単独世帯の方がかなり多いが，それ以下の年齢層では単独世帯は男性の方が多い。内訳をみると若い年齢層は未婚者が多い。壮年後期（50〜64歳）になると男女共に未婚者が約6割，離婚者が約2割である。高齢期では，女性の半分強は死別，3割弱は未婚である。一方男性の場合，4割強が未婚，3割弱が死別，2割強が離婚という状態である。

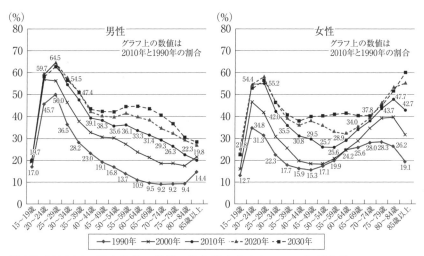

（資料）『新宿区の単身世帯の特徴—壮年期を中心として—』研究所レポート2013 No.3（2014年3月）新宿区新宿自治創造研究所

図9-3　男女・年齢5歳階級別ひとり暮らし単身者割合の推移と推進値（1990〜2030年）

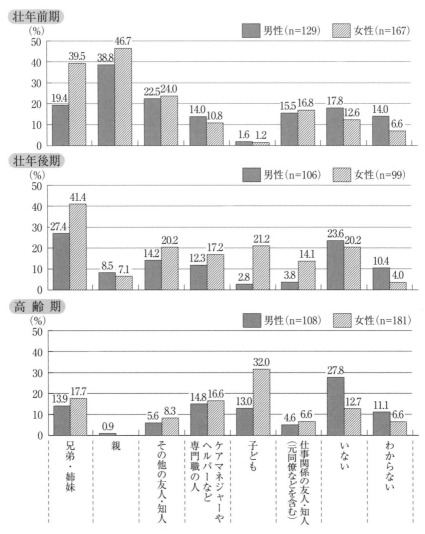

(出典)『新宿区の単身世帯の特徴（２）―単身世帯意識調査結果から―』研究所レポート2014（2015年3月）新宿区新宿自治創造研究所

図9-4　病気やケガで入院や介護が必要になったときの世話（複数回答）

図9-4は単身者の男女別，年代別に「病気やケガで入院や介護が必要になったとき，身の回りの世話をしてくれそうな方はどなたですか」という問いに対する回答をまとめたものである。壮年前期（35〜49歳）は親や兄弟・姉妹が一番多く，しかも女性にその傾向が強い。壮年後期になると親をあげる人は少なくなる。高齢期になると女性は子どもをあげる人が一番多いが男性の場合は少なく，「いない」という答えが多い点に特徴がある（『新宿区の単身世帯の特徴（２）』研究所レポート2014，同2015）。

　意識調査の分析から把握できるのは，将来，社会的孤立などの問題を抱える可能性が高いのは，男女を問わず，自立生活度が低い人，すなわち健康状態が悪い，年収・預貯金が少ない，賃貸住宅に居住している，不安定な仕事に従事している，人とのつながり度が低く困ったときに助けてくれる人がいないか少ない人であった。

　単身者には特有の課題がある。ここでは壮年期の単身者に的をしぼってその実態を上記の調査の自由記入欄の書き込みから紹介しよう。

■将来，失業して収入がなくなることが不安。年金だけで暮らせるか，また，その年金を受けられる年齢までどのように収入を得ればよいのか。貯蓄するにしても，非正規雇用の不安定な状況では先の見通しが立たない（40代女性）。
■親や兄弟は地方に住んでおり，折り合いが悪いため，基本的に連絡や相談をしていない。独身なので，生活も仕事も不安定で人づきあいもない。40代独身男性が自治会の活動に参加できるわけでもなく，ボランティアにも参加しづらい（40代男性）。
■もうすぐ仕事がなくなり，収入がゼロになる。60歳を過ぎての再就職はとても難しく，どのように生活していったらよいかとても不安（50代

女性)。

　ひとり暮らしで何より困ることは，病気になったときに身の回りの世話をしてくれる人がいないことで，男女，年齢を問わず多くの人に共通している。住宅の不安も大きい。いざという時に保証人がいなくて契約できないことを心配している。

■賃貸住宅に住んでいるので，定年退職後に住む場所がどうなるのか，とても不安。保証人が必要なことも多く，周りに頼れる人がいないと住居を確保することが難しい（40代女性）。

■不安は，住居の賃貸契約や入院したときの保証人がいないこと（50代男性）。

■安心して最期を迎えるためには，やはり住宅問題が一番不安。非正規雇用なので，雇用の継続も含め収入の増加が見込めず，年金だけでは公団などでは家賃が高くて入居できない（50代女性）。

　高齢期の単身者を男女別で比較すると，男性は女性より，①公的年金などの収入や預貯金が少なく，生活保護が多い。②民間賃貸住宅に住む人が多く，家賃や居住継続への不安が大きい。③「友人と交流」などの充実感を感じる割合が低い。④子どもや兄弟・姉妹との連絡頻度が少ない。⑤親しい友人・知人が少ない。⑥近所づきあいが少ない。⑦悩み事を相談できる相手や病気や要介護時に頼れる人が少ないという特徴がある。この傾向はすでに壮年期に現れていて，壮年単身者が増加すれば，やがて低所得で身寄りの少ない高齢者が今以上に増加することが予想される。

　ここで紹介した新宿区の実態は，強弱の違いはあっても全国で共通する傾向とみてよい。長期にわたる経済不況と格差が拡大するなかで，家族形成ができない若年層や中年層，不安定就業と貧困が直接の原因とな

第9章 くらしのセーフティ・ネット 169

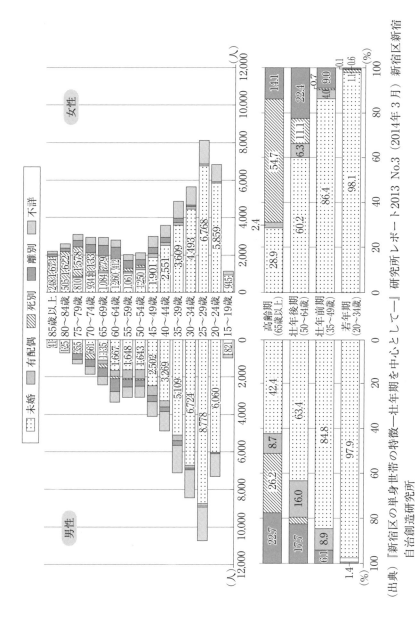

(出典)『新宿区の単身世帯の特徴―壮年期を中心として―』研究所レポート2013 No.3(2014年3月)新宿区新宿自治創造研究所

図9-5 単身者の男女・5歳階級・配偶関係別15歳以上人口と割合(2010年)

って家族崩壊を経験した中年から初老の人々が増加し，単身化していることに注意する必要がある。特に男性の単身化はこれと深く結びついている（図9-5）。

（2）増加する単身者とケアの課題

「孤立死」は以前からあったが，2000年代になると各地で連続して表面化するようになった。背景には高齢者のみ世帯の急増がある。1980年には親と既婚の子どもの同居率は50％を超えていたが，2005年には4分の1以下になった。ひとり暮らし高齢者の増加は，地方より大都市で顕著になっている。例えば東京都でひとり暮らし高齢者の出現率が高いのは，新宿区，杉並区，渋谷区，豊島区，中野区，港区と続き，いずれも高齢者人口の40％を超えている（島しょ部を除く）。しかもひとり暮らしの低所得世帯が多く，例えば港区のひとり暮らしの32％は生活保護基準以下の年収150万円未満である（2011年調査）（河合 2015）。新宿区の調査によれば，高齢者のうち正月3日間をひとりで過ごした人は男性の5割強，女性の約3割であった。この数字に表れているように，単身者の社会関係の希薄さは，壮年期においても高齢期においても男性に特徴的であった。

家族を前提として成り立ってきた日本社会は，そこからはじき出された人々を例外として扱ってきた。しかし，いまや例外と片づけられないほど単身化が進み，それらの人々が抱えるニーズを誰が引き受けるのかという問題に直面している。2013年から2016年まで4回に渡ってNHKが放送した『NHKスペシャル老人漂流社会』はその実態に迫るもので大きな話題となった（NHK取材班 2013；2015）。

生活保護世帯数はこの10年間で急増し，2010年代で約215万人（160万世帯）と戦後最高の数値に達している。数のうえでは高齢者世帯が多数

を占めるが，増加率では母子世帯を除く現役世代で目立つ。生活保護費を受給する高齢者の増加は続き，地方自治体の財政負担は深刻な窮状にある。それだけではない。家族のいない高齢者が賃貸住宅に入居するのは難しい。社会的信用の付与は，家族が果たす重要機能だったが，これらの高齢者にはそれが効かないのである。保証人がいらない低家賃住宅が，都市再開発や立て直しで次々と取り壊されたことも原因のひとつである。見守る人もなく死亡した場合の経済的コストを懸念して受け入れを拒む家主も少なくない。

　増加を続ける身寄りのない単身高齢者（多くが生活保護を受給）に対して，身内に代わってくらしとケアを保障することが喫緊の課題となっている。

3. 変わる家族・仕事と女性

　家族の変化は女性にも大きな影響を与えている。とくに，性役割分業体制の下で家事と子育ての役割を負ってきた女性の生活基盤が大きく変わろうとしている。

(1) 女性と労働市場

　家族と労働市場の構造変化は，若年女性に大きな影響を及ぼしている。日本では，1970年代のオイルショックによる打撃が欧米ほど大きくはなく，奇跡的な回復を遂げた後，比較的安定した経済成長と雇用環境を持続した。男性労働力が豊富にあった当時の日本の状況下では，女性の就労化を進めるための環境整備は社会政策とはなりにくく，1985年の男女雇用機会均等法は，日本型の男性並み労働ができる限られた女性の社会的地位と所得を引き上げた一方で，その条件に合致しない既婚女性を正規の労働市場から脱落させる結果となった。しかしその一方で，非正規

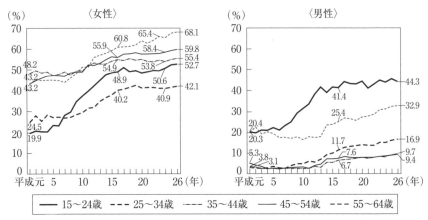

(備考) 1. 平成元年から13年までは総務庁「労働力調査特別調査」(各年2月) より，14年以降は総務省「労働力調査 (詳細集計)」(年平均) より作成。「労働力調査特別調査」と「労働力調査 (詳細集計)」とでは，調査方法，調査月等が相違することから，時系列比較には注意を要する。
2. 非正規雇用者の割合＝「非正規の職員・従業員」／（「正規の職員・従業員」＋「非正規の職員・従業員」）×100。
3. 平成23年値は，岩手県，宮城県及び福島県について総務省が補完的に推計した値を用いている。

(出典) 「男女共同参画白書」(平成27年版)

図9-6 年齢階級別非正規雇用者の割合の推移 (男女別)

雇用で働く女性の数はその後一貫して増加を続けた (図9-6)。その経過をもう少しみてみよう。

2000年代に入るとこれまでの均衡が崩れ，一家の支え手である配偶者を得ることのできない女性が増加した。非婚化は経済格差と一体となって進んだのである。女性雇用者数は，1997年から2007年の10年間に254万人増加した。ところがその内訳をみると，女性正規雇用者は123万人減少する一方で，女性非正規雇用者が377万人増加し，非正規雇用で働

く女性が増加したのである（大嶋 2011）。

その結果，女性雇用者のうち非正規雇用者の割合は，41％から55％へ上昇した。既婚者，未婚者別にみると，既婚女性の場合は正規雇用者が47万人減少する一方で，非正規雇用者が183万人増加した。また，未婚女性の場合は，正規雇用者が76万人減少する一方で，非正規雇用者が194万人増加した。日本が欧米諸国と異なるのは，女性の労働市場への参入者が増加した時期が，安定した雇用の減少する時期と重なったことであった。そのため，一気に女性非正規雇用者の増加となったのである。

1980年代の非正規雇用者は，その大半が主婦のパートタイマーであり，非正規雇用の問題は「家計補助労働者」としての既婚女性の労働問題であったために，不安定雇用や低賃金労働は問題にされなかった。欧米の場合，女性解放運動が活発化したのは1960年代後半であったが，この時点では雇用労働はフルタイムが一般的であり，労働への包摂が可能だった時期に女性の労働による自立が目標となった。1990年代以後の新自由主義の浸透による非正規雇用者の拡大はこの後に起こり，低賃金不安定雇用者の拡大に対する社会政策的対応はジェンダーの別なく展開された（小杉・宮本 2015；山田昌弘 第1章）。

これに対して，日本では，男女雇用機会均等法の成立は1985年で，女性が正社員として働き続けることをめざす動きが始まる一方で非正規雇用の拡大も進んだ。つまり，正規雇用化と非正規雇用化が，90年代に同時に生じることになったのである。その結果，総合職正社員のように将来的にも自立可能な若年女性が増える一方で，それを大きく上回って不安定雇用で低賃金の女性も増え，女性間の格差が拡大したのである。

（2） 労働と家庭からの排除

日本では，1980年代に「日本型福祉社会」のスローガンのもとに社会

保障の改編が行われ,「家族頼み」,「大企業本位」,「男性本位」が強化された。これらは西欧福祉国家で進んだ脱商品化（福祉ニーズの充足を商品市場に依拠しない傾向）にも脱家族化（生活の基盤を家族に置かない傾向）にも逆行し, 専業主婦の地位を擁護して「男性稼ぎ主」モデルを強化するものであった。それは, 所得税の配偶者控除や, 基礎年金の第3号被保険者制度の導入, 遺族厚生年金の拡充などに現れている。これらの制度は, 女性を専業主婦または家計補助的パートタイマーの地位にとどめる効果をもたらした。このようなモデルが続いた背景に, 豊富な男性労働力があったとみられる。しかしいまや, 労働力不足の時代へと転換しようとしていて, "女性の社会参加"に転換しなければ社会を維持するのは難しくなっている。それにもかかわらず, 男女間の賃金格差に加えて女性非正規雇用者が男性以上に増加し, 経済的に自立できる女性は限られたままである。

　家族という側面からみるとこの10年で若年女性の状況は大きく変化している。結婚はもはやセーフティ・ネットではなくなった。「結婚しない」「結婚しても夫の収入では暮らせない」「夫の暴力に悩んでいる」「子どもと老親を1人で支える必要がある」などの事情を抱えた女性が増えている。ところが, 自活できる経済力のある女性は限られている。

　これらの女性たちの状況を理解するうえで, 社会的排除という用語を用いたい。社会的排除という現象は, 家族と密接な関連性をもっている。家族の多様化・個人化・脱制度化など, ポスト工業化社会の家族の特性は, 一方で自由を拡大し, 平等化をもたらすが, マクロな経済社会の二極化の趨勢を受けて, その逆のベクトルも生み出している。たとえば, ①不利な諸条件のために結婚できない人々（若年独身者, 壮年独身者の増加, その後の身内のない高齢者の増加）, ②離婚・家族離散, ③放置・遺棄（たとえば養護施設の子ども, 遺棄老人）, ④家族ではあるが生活

保障のユニットとして機能しない家族等の現象である。すでにみてきたように，これらの現象は，欧米先進国では1980年代から，また日本では経済が悪化した1990年代以降の，社会的格差拡大傾向の中に色濃くみられる（宮本・岩上 2014）。

　不安定就労の拡大は男女共にみられるものだが，それだけでなく女性に特有の状況がある。若年女性を例にすると，労働者・職業人としての自立は複雑である。一方で，労働市場は女性労働を求めるプル要因が働く。ところが稼ぎ手として社会的に承認を受ける男性と違い，女性には常にジェンダー役割が負わされる。家族の世話や介護は，家族の状況のなかで期待されることが多く，女性の自立を阻む。しかも下層にしばしばみられるのは，家族内における娘に対する家父長的支配であり，経済的・非経済的収奪にさらされる。さらに職場でも性的ハラスメントやパワーハラスメントの対象となりやすい。

（3）経済構造の転換と人々のくらし

　貧困化する女性の増加という社会現象は，日本に限らず先進工業国において少なからずみられる。

　アメリカの経済学者レスター・サローは1996年の著書『資本主義の未来』で，社会主義崩壊後，資本主義の根底を脅かす5つの地殻変動が始まり，グローバル化のなかで富の分配の不平等が著しくなった実態を描いている。アメリカの中流階級がもっとも豊かだったのは1950年代後半から1960年代にかけてだった。ところが，1980年代には中流の崩壊が始まり，ホワイトカラーのブルーカラー化も進んだ。サローは，1970年代から80年代に「世界中で家庭が崩壊した。離婚と未婚の母が増加しないのは日本だけだ」と描いている。男性の経済力が低下する一方で，子どもの教育費が高騰し，家族を支えるコストは急増する。男性は経済的理

由から家族に対する責任を逃れたいと強く思うようになった。サローは，「経済的には父系社会が終わった」と断じている（サロー 1996）。

アラン・ウォルフによれば，戦後アメリカの家族の「模範的ライフパターン」は，誰もが成功の階段を上がっていくことを大前提としていた。家族における性役割分業は深い考えに基づいていたわけではなく，ただ男女ともに結婚以外では得られないメリットがあったから夫と妻の役割を演じていたのである。このような家族のあり方，地域のあり方，男女の性役割分業は1970年代より前の時代の賃金，労働，住宅条件に基づいたものであった。しかし経済構造が変化し，それを支え，それに支えられてきたさまざまな組織や仕組みが崩壊したのである（クーンツ 2003）。

アメリカの家族史・社会史の研究者であるステファニー・クーンツは『家族に何が起きているのか』と題する著書で，1980年代のアメリカの若い世帯の経済的悪化を描いている（クーンツ 2003）。経済的打撃は若い世帯でもっとも大きかったが，なかでも経済的に弱い立場の人々，学歴に恵まれない人々の被害がもっとも大きかったという。ただし，クーンツは，若い世帯の生活水準や子どもの貧困率が上昇する根本原因が，ひとり親世帯の増加や崩壊家庭の増加にあるという世間の俗説を否定する。貧しいひとり親世帯の増加や家庭の崩壊現象は貧困の結果である場合の方が多い。したがって，「女性が貧困から抜け出す第一の道は結婚すること」にあるのではなく，男性と同様に安定した仕事を手に入れることだと主張するのである。

(4) 貧困化する女性と社会政策

このように，先進工業国で1980年代に貧困が急速に増加し，90年代にその傾向がより強まったのには4つの事情があった。①グローバル経済化に伴う競争の激化，②失業，非自発的なパートタイム労働，有期限雇

用契約，一時的労働が増加するなどの労働市場の柔軟化と不安定化，③戦後の西欧型社会モデルが弱体化・崩壊し，それまでの雇用保障，所得再分配制度を維持できなくなるなど福祉国家路線の崩壊，④生活保持を国家の責任ではなく自己責任とする論調の台頭，の4点である（宮本・岩上 2014）。

　この時期は家族の多様化・脱制度化の時期と重なっており，貧困等の諸問題は，ひとり親世帯，ひとり暮らし（単身）世帯，女性が主な稼ぎ手世帯，稼ぎ手のいない世帯の増加など，家族の変容と密接な関係をもって進行した。女性の貧困化に歯止めをかけるためには，性役割分業を前提とする家族と労働市場を転換させる必要がある。また，子どもの養育・教育期にある家族に対する公的支援を強化することによって貧困の世代間連鎖に歯止めをかける必要がある。

　欧米諸国と比較すると，日本には明確な家族政策がなかったが，近年の少子化対策は，日本における本格的な家族政策の様相を帯びている。この動きを確実なものにするには，わが国の家族や若者の〈全体像〉を把握する研究とそれを踏まえた政策が必要である。なぜなら，少子化対策の中心であったワーク・ライフ・バランス研究や政策は，出産・育児期に継続就業する正規雇用者同士の共働き夫婦という一部の層に重点化して分析をし，政策提言をしてきたからである。家族や若者の全体をにらんで少子化という問題を解決するためには，その全体に対する分析と政策提言が必要である。

　貧困状態の女性には母子家庭の母も多い。地方自治体のひとり親家庭に対する相談窓口を強化し，就労支援，子育て支援，生活支援の充実を図る必要がある。しかし，福祉だけでは女性の貧困問題の根本的解決にならない。これを補完する労働政策が必要である。まずは非正規雇用が有する賃金や能力開発機会などの諸条件の格差，雇用の不安定さ，非正

規から正規への道筋がみえないという問題を解消しなければならない。また，専業主婦がいることで成立するような男性の長時間労働を変えなければ，女性が生むことと働くことの矛盾から解かれるはずがない。男性の働き方を変えることを最優先する必要がある。

　また，子どもの養育・教育費は親の責任とされ，賃金からの支払いにゆだねられた制度では，貧困な母子世帯を救済できない。

　家族政策と並んで若年女性の貧困化を阻止するうえで重要なのは，労働者に対する職業教育・訓練と就職支援などの積極的労働政策である。また，人生前半期のニーズに応える社会保障制度への転換を図らなければ，労働と家庭から排除される若年女性の貧困化はさらに進むであろう。

1．単身男性の社会関係が希薄な傾向があるのはなぜか考えてみよう。
2．「家庭をもつこと」「子どもを育てること」のハードルが高くなっているのはなぜか考えてみよう。
3．専業主婦の保護政策とはどのようなものだったのかを整理してみよう。
4．若い女性たちの問題を，「労働と家庭からの排除」と名づけた理由を整理してみよう。

参考文献

阿部彩『子どもの貧困〜日本の不公平を考える』岩波書店，2008年
岩田正美『社会的排除：参加の欠如・不確かな帰属』有斐閣，2008年
NHKスペシャル取材班『老人漂流社会』主婦と生活社，2013年
NHKスペシャル取材班『老後破産　長寿という悪夢』新潮社，2015年
NHKスペシャル取材班『親子老後破産』講談社，2016年
河合克義『大都市のひとり暮らしの高齢者と社会的孤立』法律文化社，2009年

小杉礼子・宮本みち子編著『下層化する女性たち―労働と家庭からの排除と貧困』勁草書房，2015年
大嶋寧子『不安家族―働けない転落社会を克服せよ』日本経済新聞出版社，2011年
クーンツ，ステファニー（岡村ひとみ訳）『家族に何が起きているのか』筑摩書房，2003年（原著は1997年）
サロー，C・レスター（山岡洋一・仁平和夫訳）『資本主義の未来』阪急コミュニケーションズ，1996年（原著は1996年）
バウマン，ジークムント著（森田典正訳）『リキッド・モダニティ―液状化する社会』大月書店，2001年
藤森克彦『単身急増社会の衝撃』日本経済新聞出版社，2010年
宮本みち子・岩上真珠『リスク社会のライフデザイン』放送大学教育振興会，2014年
『新宿区の単身世帯の特徴―壮年期を中心として―』新宿区新宿自治創造研究所，2014年
『新宿区の単身世帯の特徴（2）―単身世帯調査結果から―』同上，2015年
『新宿区の単身世帯の特徴（3）―壮年期・高齢期の生活像―』同上，2016年

10 | 家族とくらしの再構築

宮本みち子

《目標＆ポイント》 家族や親族・地域社会の変容が人々のくらしに不可欠なケア機能を衰退させ，20世紀の工業化時代に編成されたくらしのセーフティ・ネットが不安定化していることを，リスクの多様化・階層化・普遍化という特徴で理解する。21世紀のあらたな生活課題を踏まえて，家族とくらしを支える生活システムと地域コミュニティを展望する。
《キーワード》 現代のリスクと家族，対人ケアと家族，オールタナティブな住まい，グループ・リビング，生活保障

1．単身・長寿社会の光と影

（1）現代のリスクと家族

　工業化時代に確立した生活構造とそれを支える労働・教育・社会保障システムは，1990年代後半以後の大きな社会経済変動のなかで機能不全に陥った。背景にあったのは，グローバル化に伴う労働市場の流動化，あらゆる分野での規制改革，そして国家財政の逼迫というような事態であった。しかも，少子高齢化が加速化し，家族の多様化が進むにしたがって，従来の家族福祉と会社福祉で人々の生活を支えることができなくなったのである。
　社会から排除されかねない人々の実態から21世紀前半期のリスクがみえてくる。それはすでに始まっているもので，次の3点に整理できるだろう。

第1は，リスクの多様化である。安定した雇用と家族が人々の暮らしのセーフティ・ネットとして機能していることを前提としていた社会保障システムが力を失い，従来の典型的なリスクとされた現象に対して社会保障の網をかぶせるだけでは十分とはいえなくなる。人々が直面する困難は，従来の社会保障の枠を超えるものが多くなり，多様なリスクに対処することが求められている。

　第2は，リスクの階層化である。リスクに対処する力は社会階層によって歴然とした差がある。格差はすでに幼少期に生じ，貧困の再生産が明確に現れている。20年に及ぶ経済不況はまず親世代を直撃し，それが子どもの成育上の不利となり，そのことがやがて不安定雇用につながるという貧困の世代間連鎖が生まれた。それが，今後も続くとすると，2050年時点で負の堆積は相当なものになる。高学歴社会のなかで，中卒や高校中退者は不利な状況に陥っているが，貧困の再生産ともいうべき例が少なくない。

　第3は，リスクの普遍化である。生活の安定を担保していた完全雇用，稼ぎ手としての父親がいる核家族という構造が不安定になり，これまでは重篤なリスクとは無縁と思われていた人々に普遍的なリスクをもたらす。

　このようなリスクの拡大現象は，何らかの形で家族の変容と結びついている。これまで家族は人々の暮らしのセーフティ・ネットとして機能してきた。複数のメンバーで構成される家族・世帯の場合，住宅と家計の共用にはじまり，子どもの養育や看護や介護の必要なメンバーの世話を，何らかの役割分担によって遂行してきた。家族内で行うこれらの行為は，支払いを求めない労働（無報酬労働）で，市場サービスと本質的に異なっている。このような労働の大半は性役割分業体制のもとで，もっぱら女性に負わされてきた。このような体制が，家族内外の環境条件

の変化に伴って変容を遂げてきたのであるが，第9章で述べた通り2000年代に入ると一気に単身者の増加と家族の多様化という形で現れ，性役割分業体制はもはや前提とはならなくなった。その趨勢は21世紀半ばまで続くだろう。

　市場の拡大は家族をはじめとするインフォーマルセクターを侵食していく。親族共同体や地域共同体などが縮減し，最後の共同体として家族が残るのであるが，それさえも単独世帯化の流れのなかにある。

（2）揺れる「家族」への思いと広がらない社会関係

　明治時代以後，日本人にとって，封建的な家族制度からの解放は切実なテーマであり続けた。家族・親族の紐帯，結婚制度の拘束，それにまつわる価値規範の束縛を思い起こせば，単身者が多数派を占めるようになることは自由な時代の到来ということになる。単身化を含む家族の変容は，資本主義経済の拡大や技術革新の進展がもたらした面が大きいが，それだけに帰することはできない。人々の選択の帰結という面もある。

　家族というものに対しては世論の批判の目が向けられることがしばしばある。現代社会に生起する諸問題の原因を家族の変容や崩壊に結び付けて考える傾向が強いからである。たとえば，子どもの非行，薬物問題，モラルの低下，貧困などが議論される際，働く女性の増加や親の離婚やひとり親世帯の増加が取りざたされ，家族に原因があると責められがちである。特に，母親のモラル低下に原因があると批判されることが多い。

　長谷川町子原作の漫画『サザエさん』が今もなお高い支持を集めている。サザエさんは，"家族というもの"へのあこがれの象徴となっている。そして，現代家族が伝統的家族から乖離してしまったことが，多様な社会問題の根源にあると考える世論が根強く存在する。では，人々は単身・長寿社会の光の部分を捨てようとしているのだろうか。

単身化には選択的単身化と制約としての単身化の両面がある。安定した仕事と収入があり、豊かな社会関係に恵まれた単身者の一群がある一方で、希薄化した家族関係しかもつことができず、経済的不安を抱え、社会的にも孤立した状態の一群がある。後者が増加している点に現代の問題がある。誰にも看取られずに亡くなり、死後何日も発見されない人々（孤立死）の増加は、この現象と深く関係している。

家族が不安定化するなかで、家族に関する日本人の意識には矛盾した傾向がみられる。NHK放送文化研究所の継続調査によれば、親戚との「全面的つきあい」を希望する人はしだいに減少し、形式的・部分的なつきあいを希望する人が増加している（図10-1）。ただし、2008年には「全面的つきあい」を支持する人がやや増加している。老後の子や孫とのつきあい方に関しては、「いつも一緒が良い」は減少し、2000年を

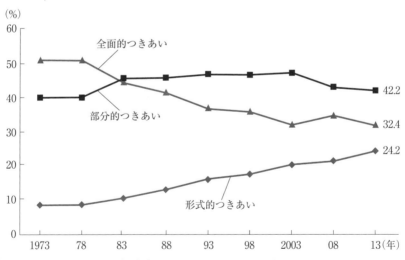

（出所）NHK放送文化研究所「日本人の意識調査」より作成。

図10-1　親戚とのつきあい方

境に,「時々会って食事や会話をするのが良い」がもっとも多くなって,今も増加が続いている。

その一方で,1958年から現在まで,「あなたにとって一番大切と思うものはなんですか」という問いに対して「家族」と答える割合は,上昇を続けて半数に近い状態にある(図10-2)。また,多くの人々が親子間の対話や信頼を高く評価しているにもかかわらず,親子関係の充足度は低下し続けている。日本人の多くは家族や親族とのわずらわしい関係は好まず,ほどほどの距離を取ることを望んでいる一方で,家族の大切さを感じる割合は増加し続けているのである。

では,家族や親族の関係性が相対的に低下するのを補って,その他の社会関係は強化されているのだろうか。OECD加盟の20カ国における

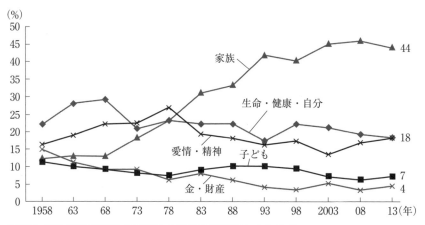

(出所) 統計数理研究所「国民性の研究全国調査」より作成。
(注) 1.「あなたにとって一番大切と思うものはなんですか,一つだけあげてください。」との問に対し自由記入してもらった回答を分類したもの。
2. 回答者は,20歳以上80歳未満の有権者。

図10-2 あなたにとって一番大切なもの

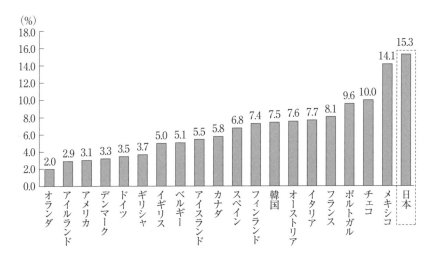

(出所) OECD. *Society at Glance : 2005 edition*. 2005, p.8.
(注) 友人，職場の同僚，その他社会団体の人々（協会，スポーツクラブ，カルチャークラブなど）との交流が，「全くない」あるいは「ほとんどない」と回答した人の割合（合計）。

図10−3　「家族以外の人」と交流のない人の割合

　交流の実態を比較した結果によると，友人，職場の同僚，その他の社会団体の人々との交流が，「全くない」あるいは「ほとんどない」と回答した人の割合をみると，日本は15.3％で圧倒的に多い（図10−3）。つまり，国際的にみて社会関係の広がりのない人の比率が高いのである。また，属している社会団体数，何かの団体において無償で活動している人数の両方で，日本は極めて少ない状態にある。
　以上の結果をまとめると，家族を束縛と感じ自由になりたいと願う人々が増加しているにもかかわらず，家族以外の社会関係は著しく希薄で，いざという時に家族以外に頼ることができる人がいない人々が少なくないという矛盾した状況にある（石田　2011）。

家族以外の社会関係が広がらないのは，高度経済成長期の社会構造・生活構造の特徴と深くかかわっている。この時代に，伝統的な親族共同体や地縁関係が崩れ，それに代わって家族とカイシャ（会社）が現れた。農村から都市へ移住した人々が，「カイシャ」と「(核)家族」という，いわば，"都市の中のムラ社会"を作り，内側にひきこもっていったのである（広井 2006）。家族は，稼ぎ手としての夫・父の賃金と妻・母の家事役割で支えられるようになった。子どもの教育に特化した家族は親族集団や地縁集団との関係性を断ち切り，閉鎖的な家族集団へと向かった。人々の意識は，配偶者と子ども，そして勤務先の人間関係へと集中し，それ以外の社会関係への関心が薄れていった。

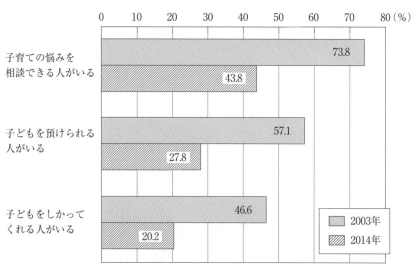

（資料）㈱UFJ総合研究所「子育て支援策等に関する調査研究」（厚生労働省委託）（2003年）　三菱UFJリサーチ＆コンサルティング「子育て支援策等に関する調査2014」（2014年）

図10-4　子育てをめぐる社会関係の衰退

特に一日の大半を会社で過ごす男性たちにとって，家庭も地域も寝に帰るところと化した。地域は子どもを介して女性たちによってかろうじて支えられてきたが，働く女性の増加や高齢化の進行のなかで，地域コミュニティの衰退は著しい。図10 - 4は，「子育ての悩みを相談できる人がいる」「子どもを預けられる人がいる」「子どもをしかってくれる人がいる」など，子育てをめぐる社会関係が約10年の間に急速に希薄化していることを示している。

(3) 伝統的家族が復活すればよいのか？
　では，人々の暮らしに生起する諸問題の解決のために"伝統的家族"を守るべきなのだろうか。ここでいう"伝統的家族"とは，夫が外で働き妻は家庭を守り，夫がリーダーシップをとり，妻や子はそれに従い，夫・妻は仲睦まじく，決して離婚したりはしない家族のことである。たとえ伝統的家族を守るべきだと考えている人が少なからずいるとしても，回帰することができるのだろうか。子どもの50％が血のつながらない親と暮らしている（ステップ・ファミリー）アメリカについて，ステファニー・クーンツは次のように整理している。

＊家庭内での男女の担うべき責任について驚くほどの多様性がみられる今日，これはいい家族形態，これは悪い家族の形，これは正しい親のあり方，これは悪い親のあり方と，単純に決め付けることはできなくなっている。ある家庭がどう機能しているかということの方が，その家族構造や，家族メンバーの役割よりもずっと重要である（クーンツ 2003）。

　つまり，ふたり親の家族，再婚の家族，ひとり親の家族，祖父母と孫の家族など，家族形態が違えば抱えている問題も違う。子育て期にある

親が必要としているのは，さまざまなタイプの家族の個々の状況に合った解決方法であり，そのための具体的な知識や情報や支援である。たとえば，ひとり親や再婚の家族に関していえば，子育て環境としてのマイナス面をあげて批判するよりは，親としてうまく機能できるための支援が得られるような環境を作る総合的な社会政策の推進が望まれる。それに応えられる研究も必要とされている。

　21世紀社会のゆくえは家族のあり方によって決まるといわれるほど，家族変動は社会変動を構成する中核的な要素である。このような現象に対して多くの議論が展開されている。そのなかには，変化する家族生活上の悩みを抱え，家族変動に強い危惧を感じて，その流れを押しとどめようとする動きもある。

　アメリカの家族社会学者のアーリーン・スコールニックは，これらの変化を3つのステップで説明する。第1段階では，個人および個々の家族レベルでストレスが生じる。人々は自分が経験している新しい家族現象が，自分にだけ起きたことであり，がんばれば元通りになると考える。しかしそれができないジレンマから，心理的ストレスの兆候であるパーソナリティ障害，アルコールやドラッグ中毒など個人レベルのストレスが増加する。

　第2段階では，公の場で議論が起こり，社会的対立が起こる。政治的社会的運動が起こり，変化の波を押しとどめようとする運動も現れる。時にはスケープゴートを探し出して，原因はそこにあると非難の嵐を巻き起こす。離婚による母子世帯は道徳的非難の的になりやすい。つまり，家族変動をめぐる社会的葛藤の段階である。

　ところが第3段階に入ると，人々はなぜ変化が起きたのか，それがどの程度不可逆的な変化なのかを理解するようになる。それが再建と安定の段階である。人々は，制度や価値観や文化的規範を現実にあったもの

へと変えていくようになる，というのである（Skolnick 1993）。

　日本においては現代的リスクの発生は，欧米諸国より遅れて始まっている。しかし，21世紀に入ってからの変化は大きい。これから21世紀半ばまで，多少の違いはあるとしてもこれらの国の現実を日本もなぞることになるだろう。

2．希少化する対人ケアと家族

（1）セーフティ・ネットとしての家族

　子どもや高齢者の世話や介護，メンバー間の声かけや気遣いは広義のケアである。今や，人から人への広義のケアサービスは，ますます重要な課題となっている。

　家族は，暮らしのセーフティ・ネットとケアの役割を担ってきた。それが機能したのは，経済役割を果たす男とケア役割を果たす女という性役割分業が正当なものとして人々に押し付ける政治規範構造が強力に機能していたからである。ところが，ケア機能を担保する社会経済構造が急速に変わったにもかかわらず，それに代わってケアを社会的に担保する取り組みが完全に遅れてしまったことが，現在のケアの危機を招いている。

　対人ケアは，家族の重要な機能であるが，それはますます得難いものになりつつある。

　NPO法人介護者サポートネットワークセンター・アラジンとケアラー連盟が4000世帯を対象に，「ケアラー（家族などの無償の介護者）を支えるための実態調査」を2010年に実施した。この調査で用いられたケアの意味は広範囲で，要介護高齢者や身体的・知的・精神的障がい者などの介護，難病患者などの看病，病児や障がい児の療育，依存症やひきこもりなどの家族や知人の世話や気づかいなど，多様なケア役割を担っ

ている人をケアラーと定義している。調査結果によれば，2割の世帯にケアラーがいるほか，1割弱の世帯には気づかいを必要としている身内のいるケアラーがいる。全体として5世帯に1世帯がケアラーのいる世帯である。ケアラーの2人に1人強は「介護」を，4人に1人は「看病」を，8人に1人は「子どもの療育」を，5人に4人は「世話」を，7人に5人は「気づかい」など多様なケアを二重三重に行っている。ケアラーは，健康状態や経済状態において，また，こころの不調・負担感・孤立感などの問題を抱えている（一般社団法人日本ケアラー連盟 2010，堀越 2012）。

　このように，同居であれ別居であれ，ケアの担い手として家族が果たす役割は軽くなっていないばかりか，少子高齢化が進むなかでむしろ重くなっている場合もある。家族はどこまでその負担に耐えることができるのだろうか。この調査によれば，現在ケアをしていない人の84.5％が将来のケアへの不安を抱えている。日本ケアラー連盟（2013）は，ケアをする側とされる側両方の権利擁護の視点が必要だが，特に日本にはケアラーの権利擁護の視点はなく，支援が制度化されていない点で国際的にみても遅れていると指摘し，ケアラーを支援する法制度や社会政策を提起しつつ，各地で取り組みをしている。

　ところで，少子高齢化は現役層の重圧になりつつある。第8章でも触れたが，親の介護の負担をめぐって家族の多様化が進行するなかで，男性が介護の役割を果たさなければならない事例も増えている。しかし，現在のような硬直的な働き方のままでは，家族の介護のために働き盛りの男性の離職者が急増しかねない。また，女性の介護離職者は男性の4倍に達し，その後の経済的脆弱さや老後の年金受給にマイナスの影響を及ぼすであろう。すでに介護が原因となる親子・親族関係の破綻や，生活困窮が顕在化し，介護人の社会的孤立と貧困化を生み出している

(NHK スペシャル取材班 2015, 2016)。しかしこの社会は，戦後の高度経済成長期を支えてきた制度，価値観などをまだ引きずっていて，事態の変化についていけない状態にある。新しい発想，新しいシステムが必要である。樋口恵子氏（高齢社会を良くする女性の会代表）は，つぎのように述べている。

＊今，直面しつつある大介護時代の総力戦は，人間の命を支えるための総力戦である。戦火に多くの人命が失われ，そのうえにやっと平和を築き，経済を成長させた。平和と豊かさの結実である長寿を支える総力戦である。お互いに性の違い・多様な背景をもつ存在であることを認め合い，論争し合い，いろんな方法を競いあう総力戦である。異論同士が反応し合い，より大きな成果を期待できる。人類未踏の長寿社会―人生100年社会のモデルを，世界に先駆けて示すことができる。なんと千載一遇の時代との出会いではないか。平和を尊び，生命をいとおしむ，まことに人間らしい総力戦。老いも若きも，男も女も参画しようではないか（樋口 2012）。

(2) ケアという課題

　高齢者に限らず社会的に孤立する人々は，社会制度があってもそれにつなぐ具体的なケアサービスがなければ，孤立から脱出することは困難である。高齢者はいうに及ばず，若年層から壮年層まで，単身で暮らす人々が増加するなかで，従来家族のなかで調達できた対人ケアは，ますます得難いものになりつつある。解決の方向として，家族機能を商品として購入すること（家族機能の市場化）が強化されれば，それについていける人々には限りがあり，ついていけない人々の問題が深刻になるだろう。しかも，ケアの衰退は単身者にのみ影響を及ぼしているわけでは

ない。

　また，単身者やひとり親世帯，介護責任をもつ男性がさらに増加するのに見合った社会環境を整備しなければならない。育児休暇制度を普及させること，男性の育児休暇取得を広げることは不可欠の条件である。また，高齢化の進行にともなって介護休暇制度の普及もいっそう重要な施策となる。

　さらに，ジェンダー間の役割分業によって担われてきたケア役割を家族外の社会関係へと柔軟に広げていく必要がある。家族の範囲を超えて，ケア機能を担う家族的集団やネットワークを拡大していく必要がある。

　ケアの衰退は男性に大きな影響を及ぼしている。稼ぐ力によってケアラーとしての役割を妻に要求できた男性のなかに，配偶者のいない者が増えている。つまり，ケアを受けることなく孤立した単身者となっているのである。一方，ケア役割によって男性の稼ぎの分配を要求することができた女性は，男性が妻子を養う所得を稼ぐ条件を失ったとき，一気に貧困問題に直面する。

　上野千鶴子は家族というものの役割の変化を次のように表現している。一対の男女の「性の絆」を中軸にして子どもの養育を担う近代家族は，理論的にも実践的にも力尽きているにもかかわらず，その家族に依拠して社会の子育て機能を維持しようと思えば，破綻することは目にみえている。それに代わって期待できるのは，性の絆より，子どもや病人や高齢者をはじめ人へのケア機能に焦点を当てて，家族を再生することである（上野 2009）。それは，ケア責任を専ら家族に負わせることを意味するものではない。家族がもつ潜在的なケアの力が発揮できるような多様な家族支援政策が必要であり，そこからこぼれ落ちる人々に対しては，家族に代わる社会サービスが必要だという意味である（ファインマン 2003）。

3. 人々が助け合う仕組み作り

（1）家族と地域コミュニティの再構築

　高齢人口が増加するにしたがって，食事・洗濯・掃除などくらしに必須のことすべてにおいて，面倒をみたり，世話をしたりするニーズは大幅に増えていくことはまちがいないが，マンパワーが不足する状況に陥る。その意味で，今後は，不安を解消したり，不足を埋め合わせたりするために「不」を抱えた人同士が補い合う仕組みを考えていかなければならない。つまりお互いがケアし合い，少し余剰感があるものはシェアし合う社会が求められる（三浦展 2013）。

　ここで，少子高齢化がもっと進む21世紀半ばの地域社会のニーズを踏まえた構想の例を紹介しよう。公益財団法人生協総合研究所は，「2050研究会」を立ち上げ，2050年の地域コミュニティと生協事業構想を立てた。その中で，2050年の生協事業を展望して，生協の「集いの館」を核とする地域コミュニティを構想している。図10−5は，構想の全体像である。集いの館は，小学校区に住む住民が気楽に集える場であり，生活に必要なモノ・コトにアクセスできる場である。また，健康管理サービス事業者と連携してサービスを提供する。

　「集いの館」はケアとシェアを軸とし，さまざまな生活者ニーズに対応する事業を展開する企業や団体をつなげる拠点である。この構想の特徴のひとつは，高齢者でも元気で余力のある人が，同じ高齢者をケアする点である。ケアをシェアするためには，人と人とのつながり，関係性，コミュニティを再構築することが不可欠の条件となる。家族ではなくても，友人や知人や隣人たちとケアをシェアできるには，地域の仕組みが必要であるが，集いの館がその役割を果たすという構想である。地域コミュニティがゆるやかなネットワークでつながり，家族的機能を果たす

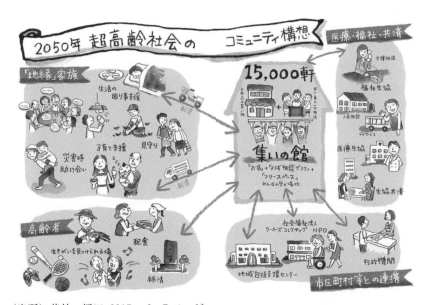

（出所）若林・樋口 2015　6-7ページ
図10-5　2050年超高齢社会のコミュニティ構想

という意味でこの地域ネットワークを〈地縁〉家族と称している。

　民間企業の中にも，変容する地域のニーズに対する新たな取り組みの芽が出ている。コンビニエンスストアは生活者の一番身近で営業をしている。ここでも，高齢化に向けた新たな取り組みが始まっている。地域と連携した見守りサービスや宅配・配食サービス，血糖値やコレステロール値検査，サロンスペース，社会インフラサービスを提供する店舗をめざす例も生まれている（若林・樋口 2015）。

（2）解決すべき課題

　全国で，家族に代わるオールタナティブな住まいの実践が少しずつ広がっている。共同出資をして，共同の住まいを実現するとりくみ（グル

ープリビング）が全国に30か所ある（宮本・岩上 2014，第14章，宮本・奈良 2015，第7章で詳しく紹介している）。

> グループリビングの例
> 　神奈川県藤沢市にあるグループリビング COCO 湘南台は1999年に開設された高齢者住宅である。その後3つのグループリビングが湘南の地にオープンした。この4つは NPO 法人 COCO 湘南のもとにある。これらは，1996年に市内で始まった高齢者バリアフリー研究会から立ち上がった。入居予定者が開設準備の段階から企画に関与し，意思決定に参加したことに特徴がある。COCO 湘南台のコンセプトは，次の5点にまとめられる。
> ①　自立と共生。ふれあう新しい高齢者コミュニティ
> ②　共同出資，共同運営，役割分担
> ③　地域と生き，地域のコミュニティとして役立つ
> ④　健康に暮らすため，地域の保健医療機関とネットワークする
> ⑤　新しい暮らしの発信基地，社会実験の基地となる

　家族と異なる共同生活の実践の中で，家族に代わる親密圏の構築に向けて解決すべき課題がみえてくる。ひとつ目の課題は，親族世帯ではないなかで"他人とうまくやっていく"心構えや知恵を身につける必要があるという点である。半世紀以上にわたり家族のみの暮らしに馴れ親しんできた日本人にとっては，大きな転換が必要とされる。他人と暮らすことに関する教育や体験を幼少時から重視することが必要だろう。また，自らの生活に対するガバナンス（生活ガバナンス）の力量を付けることも必要である。
　ふたつ目の課題は，ジェンダー関係の転換である。オールタナティブ

な住まいは夫・妻関係における性役割分業を前提としない。誰かの無報酬労働を当然のこととして当てにすることはできない。性別にかかわらず共同生活を営むための家事を分担しなければならない。家事ができなければ他者に一方的に負担をかけることになる。ここに，ジェンダーをめぐるシビアな関係が生じる。自助と共助の意味を理解し，実践することが現実的な課題となる。

家族に代わる共同居住では家事を誰がどのように行うのかが問われることになる。お金を払って家事サービスを購入するのはひとつの方法である。しかしそこに無理があるのなら，家事の公平な分担が必要となる。ただしこのことは，弱い居住者に配慮し，必要に応じてお互いに助け合うことの重要性を否定するものではない。2050年にこの問題が解決できているかが重要なポイントであろう。

単身者と夫婦とが共同で住まうことの難しさも指摘されている。単身者でないと入居を認めない例が少なくない。今後，性，年齢，婚姻関係その他で多様な人々の共同居住が実現すれば，単身者か夫婦かの違いは問題にならなくなるかもしれない。

近代社会の成立とともに労働は「有償労働」と「無償労働」に分化し，家族は性役割分業体制のもとで，稼ぎ手としての夫の有償労働と，家事育児の担い手としての妻の無償労働のペアによって営まれるようになった。子育て，介護などケアワークは個々の家族の私的機能として位置づけられ，それが人間の再生産を担うものとして国家秩序に組み込まれてきた。しかしこれからは，高齢者の増加と家族の多様化のなかで，家事というものの変容がもっと進むであろう。家族に代わる共同生活の実践は，「家事」というものの意味と形が変わることを暗示している。

(3) 個人化と新たな生活保障

　今，生活保障改革の過程には2つの「個人化」のベクトルが働いている。その1つは，従来の社会保障制度を解体して自己責任に負わせる個人化のベクトルである。つまり，セーフティ・ネットを取り外して，生活保障を個人の努力と責任に転化する新自由主義の方向で，「社会からの個人化」といえるものである。

　もう1つは，家族の標準モデルを前提とせず，個人の自由と多様性を認めつつ，社会連帯による生活保障を推進する方向である。たとえば，結婚のあり方を柔軟にし，子どもの人権を擁護しつつ，子どもを産み育てやすい環境を整備する方向である。このような施策は，公助や共助による社会的連帯の推進と一体のものである。

　ヨーロッパにおける個人化と比べると，日本における「個人化」には特有の意味合いがある。すでに述べたように，日本の近代化においては，個人化とは伝統的紐帯からの解放という意味だったが，それは人々の夢であり願いでもあった。戦前の生活保障に関しては，家族や近隣の相互扶助が重要な意味を与えられ，ヨーロッパのような福祉国家的な秩序へと高まることは相対的に少なかった。この構図は戦後になっても本質的には変わらず，「家族福祉」，「企業福祉」，「完全雇用（低い失業率）」が公的保障を代替する日本型福祉国家が生まれた。

　経済発展の時代に確立した標準型ライフスタイル，そして標準家族の呪縛は，内実が変わった後も生き続け，非標準型の家族や個人の諸問題が顕在化すると，標準家族へ回帰すべきだという規範の勢いが高まる傾向がみられる。

　このような特徴をもつ日本では，「個人化」というベクトルは，多様性のある人生や家族やジェンダー関係の実現につながる可能性を含んでいる。過去の生活構造へと回帰するのではなく，既存のジェンダー秩序

や家族像や働き方を積極的に組み替え，プラスに転じる動きを作ることが，平等で公正な社会創りにつながるのである。

多くの先進工業国では，グローバル化のもとで企業が柔軟な労働力を強く求めていることに配慮しながら労働者の生活をどのようにして安定させるか，また，失業時の所得喪失を補いながら，いかにして失業者を労働市場に復帰させるかという，両立の難しい課題への模索が続いている。多様化する家族を前提に，女性の就労による経済的自立を推進するための教育，職業訓練，多様で適正な労働時間や休暇制度，保育サービスの拡充が重要な政策の柱になっている。グローバル化による仕事の不安定化や，高齢化による財政圧迫に対抗して，人々が働くことを支える積極的労働市場政策も強化されている。少子高齢化が進む日本においても，このような政策をよりいっそう強化する必要がある。

家族の変容に対応して，暮らしの器である住宅の多様化を進める必要もある。特に，標準世帯を前提にした持ち家政策では，住宅保障からこぼれる人々が増加する（平山 2009）。障がい者や認知症高齢者の共同生活の場であるグループホーム，高齢者などのコレクティブ・ハウスやグループリビング，シェアハウスなど，家族に代わる多様な集団が登場しているが，少子高齢化が進むなかで，このような展開はよりいっそう明確になるであろう。

1. 現代社会におけるリスクの拡大は，家族の変容と関係しているという点を，具体例を用いて説明してみよう。
2. 伝統的家族を守ることが諸問題の解決に有効な方法だという意見に対するあなた自身の見解をまとめてみよう。ただし，賛成・反対のどちらであってもかまわない。
3. 家族に代わるオールタナティブな住まいとして，どのようなものを期待するか，また可能かを構想してみよう。

参考文献

石田光規『孤立の社会学―無縁社会の処方箋』勁草書房，2011年
上野千鶴子「家族の臨界」，牟田和恵編『家族を超える社会学』新曜社，2009年
NHK スペシャル取材班『老後破産：長寿という悪夢』新潮社，2015年
NHK スペシャル取材班『老後親子破産』講談社，2016年
クーンツ，ステファニー（岡村ひとみ訳）『家族に何が起きているのか』筑摩書房，2003年
樋口恵子『大介護時代を生きる―長生きを心から喜べる社会へ』中央法規出版，2012年
平山洋介『住宅政策のどこが問題か―〈持家社会〉の次を展望する』光文社，2009年
広井良典『持続可能な福祉社会―「もうひとつの日本」の構想』筑摩書房，2006年
（社）日本家政学会生活経営学部会編『暮らしをつくりかえる生活経営力』朝倉書店，2010年
堀越栄子「ケアラー支援の必要性と方向性」『家政経済学論叢』第48号，2012年
ファインマン，マーサ・A（上野千鶴子監訳）『家族，積みすぎた方舟―ポスト平等主義のフェミニズム法理論』学陽書房，2003年
三浦展『データでわかる2030年の日本』洋泉社，2013年
宮本みち子・岩上真珠『リスク社会のライフデザイン』放送大学教育振興会，2014年
宮本みち子・奈良由美子『生活ガバナンス研究』放送大学教育振興会，2015年
若林靖永・樋口恵子編『2050年超高齢社会のコミュニティ構想』岩波書店，2015年
Skolnick, Arlene "Changes of Heart: Family Dynamics in Historical Perspective," in Philip, A, Cowan et al. eds., Family, Self, and Society: Toward a New Agenda for Family Research, Lawrence Erlbaum Associates, 1993
一般社団法人日本ケアラー連盟『家族〈世帯〉を中心とした多様な介護者の実態と必要な支援に関する調査研究』2010年
一般社団法人日本ケアラー連盟『ケアラーを地域で支えるツールとしくみ』2013年

11 | 人口減少社会と地域コミュニティ

広井良典

《目標＆ポイント》 人口減少社会において，地域コミュニティというものがどのように変化し，また，そこではどのようなテーマが課題になるかについて，幅広い観点から考え理解を深める。
《キーワード》 人口減少（社会），地域コミュニティ，地域密着人口，ローカル志向，多極集中，都市政策と福祉政策の統合，コミュニティ経済

1. 地域コミュニティが重要となる背景

(1)「地域密着人口」の増加

　人口減少社会の背景には，いうまでもなく高齢化と少子化という人口構造上の変化があるが，こうした変化は地域のあり方にとってどのような意味をもつのだろうか。

　まず重要なポイントとして，"「地域密着人口」の増加"と呼びうる変化について確認してみよう。

　図11－1は，人口全体に占める「子どもプラス高齢者」の割合の変化を示したものだが，1940年から2050年という100年強の長期トレンドでみた場合，それが概ね「U字カーブ」を描いていることがわかる。すなわち，人口全体に占める「子どもプラス高齢者」の割合は，戦後の高度成長期を中心に一貫して低下を続け，それが世紀の変わり目である2000年前後に「谷」を迎えるとともに増加に転じ，今後2050年に向けて今度は一貫して上昇を続ける，という大きなパターンがみて取れる。

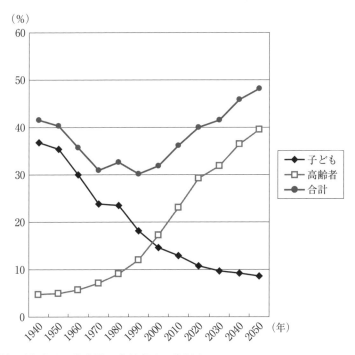

（注）子どもは15歳未満，高齢者は65歳以上。
（出所）2000年までは国勢調査。2010年以降は「日本の将来推計人口」（平成18年12月推計）。

図11-1　「地域密着人口」の増加
人口全体に占める「子ども・高齢者」の割合の推移（1940-2050年）

　ここで「子どもと高齢者」の合計に注目するのは次のような理由による。すなわち，人間のライフサイクルを考えた場合，子どもの時期と高齢の時期は，いずれも地域との関わりあるいは"土着性"が強いという点が特徴的である。こうした意味で，子どもと高齢者は「地域密着人口」と呼べる存在である。これに対し，現役世代は「カイシャ」つまり職場との関わりが圧倒的に強く，地域との関わりは薄くなりがちである。

以上を踏まえると，戦後から高度成長期をへて最近までの時代とは，"「地域」との関わりが強い人々（地域密着人口）"が減り続けた時代であった。しかし今後の人口減少時代においては，逆にそうした人々が一貫して増加する時代になっていく。もちろんその中心になるのは高齢世代である。

　こうした「地域密着人口の増加」という事実に注目すれば，現役世代に比べて圧倒的に"地域で過ごす時間"が多く，おのずと地域の様々なことに関心が向く人々の群が着実かつ急速に増えていくのがこれからの時代である。だとすれば，「地域コミュニティ」というものが今後大きく重要性や存在感を増していくのは，人口構造の面からも半ば必然的な変化であるといえるだろう。

（2）地域コミュニティの重要性

　もちろん，地域密着人口の増加はそれ自体が直ちにプラスの意味をもつとは限らず，そこには様々な課題も存在する。

　たとえば，高齢化と一体になった人口減少社会とは，「ひとり暮らし」世帯が大幅に増える時代でもある。最近の国勢調査をみると65歳以上のひとり暮らしの男性は46万人（1995年）から139万人（2010年）に，女性は同時期に174万人から341万人に急増しており（それぞれ3.0倍，2.0倍の増加），今後この増加がさらに顕著になっていく。逆にいえば，そうした状況であるがゆえに，ここで述べている「地域コミュニティ」あるいは"家族を超えた，人と人とのつながり"が重要になるといえる。

　ちなみに，ある国際比較調査によると，残念なことに現在の日本は先進諸国のなかで，もっとも「社会的孤立度」が高い国になっている（図11-2）。ここでいう「社会的孤立」とは，"家族以外の他者"との交流がどれくらいあるのかについてのものである。日本社会は「ウチ」と「ソ

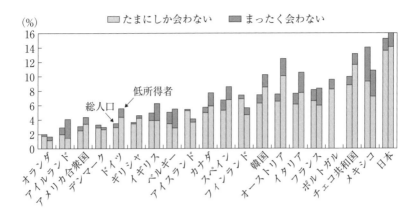

（注）この主観的な孤立の測定は，社交のために友人，同僚または家族以外の者と，まったくあるいはごくたまにしか会わないと示した回答者の割合をいう。図における国の並びは社会的孤立の割合の昇順である。低所得者とは，回答者により報告された，所得分布下位3番目に位置するものである。
（出典）World Values Survey. 2001.

図11-2　先進諸国における社会的孤立の状況（2001年）

ト」の区別が強い傾向をもつため，自分の属する集団を超えたつながりができにくく，その結果，社会的孤立度が強くなるという結果が出ているのである。しかし一方，ひとり暮らし世帯が急速に増えるこれからの時代においては，まさに"家族を超えた地域でのつながり"が大きな意味をもつ。

　振り返れば戦後の日本社会とは，一言でいえば"農村から都市への人口大移動"の歴史であったが，都市に移ってきた日本人は，個人と個人がつながる「都市型コミュニティ」を作っていくというよりは，「カイシャ」と「核家族」という，"都市の中のムラ社会"ともいうべき，やや閉鎖的な性格をもったコミュニティを作っていった。そして，そうしたカイシャや家族が互いに競争しつつ，「成長」を通じて経済全体のパ

イが大きくなることを通じて，各人が豊かさを実現していくという，ある種の好循環が働いていたのが高度成長期を中心とする日本社会だったといえる。

しかしながら，物質的な豊かさが徐々に飽和し，人々の需要がかつてのように拡大を続けるという前提が崩れてきた90年代以降，そのような好循環は機能しなくなり，経済の成熟化とともに，そうした閉鎖的なコミュニティのあり方が人々の社会的孤立を招き，孤独死や自殺といった問題に象徴されるような様々な問題を生み出している。

主に男性にそくしていえば，高度成長期を中心とする人口増加の時代は，「カイシャ人間」という，実はおそらくそれまでの日本の歴史に存在しなかった人々の群が大量に生まれた時代であった。それが今，人口減少社会への移行とともに，また近年の時代が団塊以降の世代の大量退職の時期でもあることから，大きく変容しつつある。

この場合，「カイシャ」から「地域」への移行が様々な困難を伴うことは確かな事実である。しかし若干の希望をこめてみると，次のような意味で，それは必ずしも一概に"全く経験したことのない新たな事態"ではないとも考えられるのではないか。

すなわち，たとえば黒船ショック以前の人口の「定常期」である江戸時代においては，人々は男女も現役世代も隠居世代も皆，地域の中で暮らしていた。彼らは住んでいる場所から遠く離れた勤め先に通勤するということもなく，地域をベースに生活を営んでいた。

このように考えれば，現在進みつつある「地域密着人口」の増加という構造変化は，未知なる新事態への突入というよりは，むしろ"なつかしい未来"への移行ともいえる側面をもっている。そこで問われているのは，「カイシャと家族」にすべてが収斂してしまった高度成長期の日本社会のありようからの，地域コミュニティのあり方，あるいは人と人

との関係性のゆるやかな転換ではないだろうか。

（3）若い世代のローカル志向

以上は主に高齢世代に関するものだったが，一方，地域コミュニティというテーマに関して近年，若い世代においても新たな傾向が生じつつある。

最初に身近な話から始めると，ここ数年，ゼミの学生など若い世代をみていて，「地域」や「ローカル」なものへの関心が確実に強まっているのを感じてきた。

たとえば静岡出身のある学生は，「自分の生まれ育った街を世界一住みやすい街にすること」をゼミの志望理由でのテーマにしていたし，新潟出身の別の学生は，新潟の農業をもっと活性化させることを最大の関心事にしていた。別のある学生は「愛郷心」を卒論のテーマにし，それを軸にした地域コミュニティの再生を掘り下げていた。

最近の印象的な例では，もともとグローバルな問題に関心があり，1年間の予定でスウェーデンに留学していた女子の学生が，やはり自分は地元の活性化に関わっていきたいという理由で，留学期間を半年に短縮して帰国したという例があった。彼女の出身地は茨城県の石岡市で，関東三大祭のひとつともいわれる"石岡の祭り"が盛んな場所であり，この祭りの存在こそが，その学生の地元に対する愛着の大きな部分を占めていたという。

いくつかの身近な例を記したが，似たような話は枚挙に暇がなく，深い問題意識をもっていたり，あるいはもともとは海外やグローバルな話題に関心をもっていた若者の相当部分が，地域再生やローカルなコミュニティに関することに大きな関心を向けるようになっている。

こうした若い世代の「ローカル志向」は，必ずしも筆者自身のまわり

の限られた現象にはとどまらないようだ。たとえばリクルート進学総研の調査では、2013年春に大学に進学した者のうち49％が大学進学にあたり「地元に残りたい」と考えて志望校を選んでおり、この数字は4年前に比べて10ポイントも増えている。また文部科学省の平成14年度調査では高校生の県外就職率は17.9％で、2009年から4.0ポイント下落している。さらに内閣府が2007年に18〜24歳の若者を対象に行った調査では、今住む地域に永住したいと答えた人は43.5％と、98年の調査から10ポイント近く増えたという。

（4）ローカル志向の背景にあるもの――地域からの離陸と着陸

　若い世代のローカル志向ないし地元志向について述べたが、ではそもそもなぜそうした志向が高まっているのだろうか。

　もっとも根本的な背景は、次のような点にあると筆者は考える。すなわち高度成長期を中心に、人口や経済の「拡大・成長」の時代においては、工業化というベクトルを駆動因として世の中が「1つの方向」に向かって進み、その結果、各地域は"進んでいる－遅れている"という時間軸にそって位置づけられることになる（「東京は進んでいる―地方は遅れている」、「アメリカは進んでいる―アジアは遅れている」等々）。

　ところが人口減少ないしポスト成長の時代においては、そもそもそうした一元的な時間座標が背景に退き、逆に各地域のもつ独自の個性や風土的多様性に人々の関心が向かうようになる。単純化していえば、時間軸よりも「空間軸」が前面に出る時代になっていくのである。

　次のような要因もある。すなわち、工業化を中心とする成長の時代においては、鉄道の敷設にしても、道路建設にしても、工場や空港等の配置にしても、ひとつのローカルな地域だけでは到底決められず、ナショナルつまり国レベルのプランニングが重要になる（図11－3）。

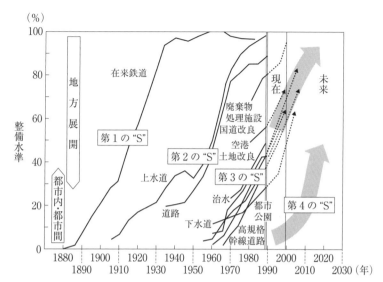

これからの時代の"第4のS"は福祉・環境・文化・まちづくりなど「ローカル」なもの
（出所）通産省『創造的革新の時代』，1993年
図11-3　社会資本整備の4つのS字カーブ

　これは「経済の空間的ユニット」と呼びうる視点であるが，工業化の時代というのはそうした空間的ユニットが"ナショナル（国）"レベルになるため，おのずと「中央集権的」になりやすいし，またそうであることが経済にとっても効率的だったのである。
　しかしながら，現在は既にポスト工業化そして人口減少の時代となり，そこでは福祉や環境，コミュニティ，まちづくりといった分野やテーマが人々の大きな関心事になりつつある。そして，思えばこれらはいずれも「ローカル」な性格のものである。いわば"問題解決の空間的ユニット"の主要な舞台がナショナルからローカルにシフトしているのであり，

こうした点からも若い世代を含めてローカルなものへの関心が高まっていると考えられる。

振り返れば，急激な人口増加の時代は，他でもなく"東京という中心への求心力"がきわめて強力に働いた時代でもあり，吸い寄せられるように人々が農村から「都市」へ，地方から「中央」へと移っていった。

しかし人口減少社会が本格化しつつある現在，明治初期以降百数十年にわたって続いたベクトル，あるいはその中で日本人が思考し生活を営み行動していた社会の方向が，ある意味で180度変わっていく時代の入り口に私たちは立っている。したがってこれまでとは"逆"の流れが様々な形で進んでいくことが予想されるのであり，若い世代のローカル志向や，先ほど指摘した「地域密着人口」の増加はそうした例と考えるべきだろう。

つまり，従来の人口増加あるいは経済の拡大・成長の時代がいわば"地域からの離陸"の時代だったとすれば，人口減少あるいはポスト成長の時代とは"地域への着陸"の時代といえる側面をもっているのである。

2．地域による多様性

（1）地域によって異なる課題

一方，人口減少社会における地域コミュニティと一口にいっても，その状況や課題は地域によって大きく異なっている。

こうした点に関し，筆者は2010年に全国の自治体（都道府県・市町村）に対し，人口減少を踏まえたうえでの「地域再生・活性化に関するアンケート調査」という調査を行った（以下に紹介する市町村分については全国市町村の半数，及び政令市・中核市・特別区で計986団体に送付し返信数597（回収率60.5％）。なお，調査結果の詳細は広井 2011）。この

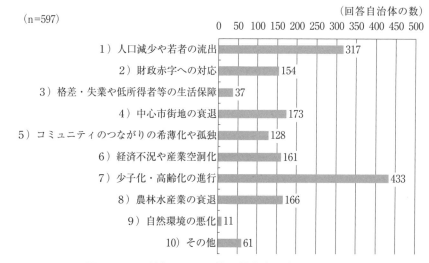

図11-4 地域における特に優先度の高い政策課題

なかで,「貴自治体において現在直面している問題ないし政策課題で,特に優先度が高いと考えられるものは何か」という問いへの回答(3つまで複数回答可)では,市町村の合計では図11-4のような結果が示された。

この全体集計では,「少子化・高齢化の進行」と「人口減少や若者の流出」が特に多くなっている。しかしこれを市町村の規模別でみると,図11-5に示すように自治体の規模によって大きな違いがみられた。

すなわち,優先度の高い政策課題として挙げられたのは,「少子化・高齢化の進行」はあらゆる規模の自治体を通じて共通する一方で,
●「人口減少や若者の流出」は,圧倒的に小規模の市町村(＝地方の中小都市や農村部)において大きな問題となっている。
●中堅の地方都市などでは,「中心市街地の衰退」が特に大きな課題と

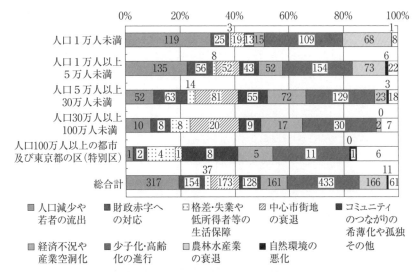

図11-5 地域における特に優先度の高い政策課題（市町村人口規模別）

なっている。
- 大都市圏では「コミュニティのつながりの希薄化や孤独」といった，いわばソフト面の問題が上位の課題であり，また「格差・失業や低所得者等の生活保障」もかなりの多数にのぼっている。

という傾向がみられた。

したがって，ある意味で当然のことでもあるが，人口減少時代における地域コミュニティというテーマを考えていくにあたっては，大都市圏－地方都市－農村部といった，地域の性格による状況の多様性を十分に認識し，それに応じた対応を考えていくことが課題であり，同時にまた，それぞれの地域を切り離してとらえるのではなく，都市と農村の交流など，異なる地域をつないでいくような対応が重要になるだろう。

(2)「多極集中」のビジョン

　一方，こうした地域による多様性を踏まえながら，筆者自身はもっとも大きなビジョンとして，「**多極集中**」とも呼ぶべき国土や地域の姿が今後実現されていくべきものと考えている。

　「多極集中」とは，「一極集中」でも「多極分散」のいずれでもない国土や地域のあり方を指す。思えば「一極集中」と，その対立概念としての「多極分散」は，いずれも高度成長期の産物で，いずれも人口の限りない増加を前提としたうえでの表裏の考えだった。

　今後，東京への一極集中ではない「多極化」という方向が重要であることは確かだが，しかし人口減少時代においては，単純に居住地や人口が分散ないし拡散するだけでは"低密度"になりすぎてかえって街や集落が空洞化し，コミュニティの基盤も失われていく。したがって，むしろ「多極化しつつ集中する」ような地域の姿が重要であり，それぞれの地域ごとの「極」となる都市や町村ないし集落そのものは，集約的で自立循環的なコミュニティ空間になっていく必要があると考えられる。

3. 都市政策と福祉政策の統合

(1)「コミュニティ感覚」とまちづくり

　さて，人口減少時代における地域コミュニティを構想していくにあたっての重要なテーマとして，「都市政策と福祉政策の統合」という視点がある。

　これまで日本では，福祉ないし社会保障政策と，都市計画や交通，土地所有などを含む都市政策とは，互いにあまり関連のない異分野としてとらえられることが多く，概して縦割り的に施策の展開が行われてきた。しかし今後は，都市政策やまちづくりのなかに「福祉」的な視点を，また逆に福祉政策の中に都市あるいは「空間」的な視点を導入することが，

きわめて重要になってくる。

　この場合の「福祉」はかなり広い意味で，①少子・高齢化対応や若者を含む生活保障などの面もあれば，②様々な世代の交流や世代間の人口バランス，③人々がゆっくり歩いて楽しめ，かつ「コミュニティ」としてのつながりを醸成するような空間づくりといった要素を含んでいる。

　たとえば最近様々な形で論じられるようになった，高齢者を中心とする"買い物難民"問題などは，「都市政策と福祉政策の統合」というテーマを考えるうえで典型的なテーマの1つだろう。2010年5月に経済産業省の研究会が出した報告書では，そうした買い物難民ないし買い物弱者が日本全体で600万人程度にのぼるという推計が示された。買い物というのはいうまでもなく日常生活の基盤であるから，"買い物難民"問題は，一方で高齢者などの福祉に関わることであり，しかも同時に，公共交通のあり方や，住宅・福祉施設と商店街など買い物をする場所との空間的関係など，都市政策そのものに関わる内容である。

　こうしたテーマについて具体的なイメージを持つために，ここでヨーロッパに関する事例をいくつか紹介してみたい。

　都市の中心部において大胆に自動車交通を抑制し，歩行者が"歩いて楽しめる"空間をつくっていくという方向は，ヨーロッパ（特にドイツ以北）の各都市において1980年代前後から明確になり，現在では広く浸透している。

　写真11-1はドイツのニュルンベルク郊外にあるエアランゲンという地方都市の中心部の様子である。印象的なこととして，ドイツの多くの都市がそうであるように，中心部から自動車を完全に排除して歩行者だけの空間にし，上記のように人々が「歩いて楽しめ」，しかもゆるやかなコミュニティ的なつながりが感じられるような街になっている。

　加えて，人口10万人という中規模の都市でありながら，中心部が活気

写真11-1　中心部からの自動車排除と「歩いて楽しめる街」（エアランゲン）

あるにぎわいをみせているというのが印象深い。これはここエアランゲンに限らずドイツの都市すべてにいえることで，残念ながら日本の同様の規模の地方都市が，いわゆるシャッター通りを含めて閑散とし空洞化しているのとはかなり異なっている。

　同時に，そこは高齢者などもゆっくり過ごせる空間で，市場やカフェで高齢者なども自然にくつろいで過ごしている姿が印象的である（写真11-2。シュトゥットガルト）。重要な点だが，街がそうした空間であることは，高齢者の主な行き場所が病院の待合室となりがちな日本に比べ，それ自体が「福祉的」であると思えてくる。

写真11-2　高齢者もゆっくり楽しめる市場や空間（シュトゥットガルト）

　写真11-3は比較的大都市の例（スイスのチューリッヒ）だが，中心部から自動車が排除されるとともに（代わりに路面電車が整備），座ってゆっくり過ごせるような場所が街中に広がっている様子である。ある意味で単純なことだが，街の中に「座れる場所」が多くあるということは，街が単なる"通過するだけの空間"ではなく，そこで何をするともなくゆっくり過ごせるような場所であることを意味している。街あるいは都市が，そうしたいわば「コミュニティ空間」として存在することが重要だ。
　以上のようなヨーロッパの事例から示唆される点として，"「コミュニティ感覚」と空間構造"という視点の重要性を挙げたい。

写真11-3　歩行者空間と「座れる場所」の存在（チューリッヒ）

　ここでの「コミュニティ感覚」とは，その都市や地域における，人々の（ゆるやかな）「つながり」の意識をいう。そして，そうした人々の「コミュニティ感覚」（ソフト面）と，都市や地域の空間構造（ハード面）は，相互に深い影響を及ぼし合っているのではないだろうか。
　単純な例を挙げると，道路で分断され，完全に自動車中心になっているような街では，人々の「つながり」の感覚は大きく阻害される。また，（日本の大都市圏がそうであるように）職場と住宅があまりにも離れている場合にも，そうしたコミュニティ感覚は生まれにくくなるだろう。様々な年齢の人々が自然に集まる場としての商店街――これは単なる経済的意味を超えた「コミュニティ空間」として非常に重要な意味を持つ

――この空洞化といった現象も，コミュニティ感覚の希薄化につながると思われる。

　これまでの日本の都市・地域政策では，そうした「コミュニティ感覚」といった視点はあまり考慮されることがなかった面が大きい。しかし今後は，いわば"コミュニティ醸成型の空間構造"という，ソフトとハードを融合した視点がまちづくりや都市・地域政策において非常に重要になる。

（2）「居場所」の重要性

　ちなみに本章の1節で，1人暮らし世帯の増加や「社会的孤立」をめぐる課題について述べたが，いま述べている「福祉政策と都市政策の統合」との関連で1つのポイントになるのは「居場所」という視点だろう。

　ここで「居場所」とは，単なる空間面のみならず，"そこで安心できる，自分の存在が確認できる場所"といった精神的な面を含んでいる。こうした点に関し，日本経済新聞社の産業地域研究所が首都圏に住む高齢層を対象に最近行ったアンケート調査（2014年）では，重要な居場所として挙げられた回答の上位は「図書館」「スポーツクラブ」などで，女性は「親戚・友人の家」，男性は「公園」も多かったが，全体として，現在の日本の都市や地域においては安心できる居場所が概して少ないという傾向が示されていた（日本経済新聞社・産業地域研究所 2014）。

　先ほど戦後の日本社会において，農村から都市に移ってきた人々は「カイシャ」と「核家族」というコミュニティを作ったという点を指摘したが，思えば高度成長期以降の日本では，特に男性にとっての最大の居場所は他でもなく「カイシャ」であった。しかし現在では，団塊世代の退職も進む中で，「居場所」づくりということが日本社会全体の課題となっているのではないか。子どもや現役世代を含め，いわば社会全体

として新たな「居場所」を模索しているのが現在の日本であり，こうした点が人口減少社会における地域コミュニティにとって大きな課題であると考えられるのである。

(3) 鎮守の森と地域コミュニティ

最後に，付論的になるが，日本における地域コミュニティというものを考えるにあたって，重要な意味をもつ「鎮守の森」について考えてみたい。

ヨーロッパの国々，たとえばドイツの地方を車や列車で旅すると，小麦畑のあいだに時々あらわれる村の集落の中心に，必ず教会が建っているのが印象に残る。

こうしたことは，あくまでヨーロッパの話で，日本ではまったく文化的背景が違うと筆者は思っていたが，ある時から決してそうではないと考えるようになった。

思えば，祭りや様々な年中行事からもわかるように，日本では地域コミュニティの明らかな中心として神社やお寺があった。最初に知ったときずいぶん驚いた事実だが，全国に存在する神社・お寺の数はそれぞれ約8万1千，約8万6千にのぼる。中学校の数は全国で約1万，あれほど多いと思われるコンビニの数は5万弱なので，これは大変な数である。これらの場所は狭い意味での宗教施設といった性格を超えて，「市」や「祭り」を含め，世代間の継承性を含む地域コミュニティの中心としての役割を担っていた。

もう1つ付け加えると，神社の数は明治初期には約18万余であり，実はこれは当時の日本における"自然村"つまり自然発生的な「地域コミュニティ」の数とほぼ同じであったと考えられるが，やがて市町村の合併とパラレルに，これらの神社は順次"合祀"されていった（正確にい

うと，神社合祀を追いかける形で進んでいったのが市町村の合併だったといえる。広井 2009)。こうした神社合祀に対し，それが自然信仰と一体となった地域コミュニティをこわしてしまうという理由で強力に反対したのが生物学者・民俗学者の南方熊楠であったことは比較的よく知られた話である（神社合祀反対運動と呼ばれる。鶴見 1981)。

いずれにしても，こうした鎮守の森は，戦後，急速な都市への人口移動と，コミュニティの希薄化そして経済成長へのまい進の中で，人々の意識の中心からはずれていったことになる。

筆者自身は近年，「3.11」以降の大きな課題である自然エネルギー拠点のローカルな整備と，元来地域コミュニティの拠点であった鎮守の森を結びつけた「鎮守の森・自然エネルギーコミュニティ構想」というプロジェクトを進めているが（広井 2013)，先述のように"地域への着陸"の時代である人口減少社会においては，鎮守の森を含めて各地域の伝統文化や歴史性に根差した固有の価値を再発見していくことが課題になると思われる。

1. 地域コミュニティでのつながりを活性化していくには，どのような活動や行動が重要となるか，考えてみよう。
2. あなたの住む地域はどのような特性や課題をもっているか，整理してみよう。
3. あなたの住む地域のまちづくりのあり方を，改善していくためのアイディアについて，「居場所」という点も含めて考えてみよう。

参考文献

宇都宮浄人『地域再生の戦略――「交通まちづくり」という戦略』ちくま新書，2015年

鶴見和子『南方熊楠――地球志向の比較学』講談社学術文庫，1981年

日本経済新聞社・産業地域研究所『超高齢社会の実像』調査報告書，2014年

広井良典『コミュニティを問いなおす――つながり・都市・日本社会の未来』ちくま新書，2009年

広井良典『創造的福祉社会――「成長」後の社会構想と人間・地域・価値』ちくま新書，2011年

広井良典『人口減少社会という希望――コミュニティ経済の生成と地球倫理』朝日選書，2013年

12 | 人口減少の適応策と緩和策

岡部明子

《目標&ポイント》 人口減少に歯止めをかけようとするのが〈緩和策〉であり，人口が減少しても困らないようにするのが〈適応策〉である。人口減少への関心は〈緩和策〉にもっぱら集中しているが，仮に出生率が大幅に回復しても数十年は人口減少傾向が続くため，いずれにせよ〈適応策〉は欠かせない。都市計画的アプローチの人口減少対策として取り組まれているのが，都市のコンパクト化であり，〈適応策〉と〈緩和策〉の両面を持ち合わせている。しかし，〈適応策〉としては，逆市街化するエリアに対する展望が必須であるのに，それが副次的で，市街地を維持するエリアに対する施策が中心に据えられている点が課題である。
《キーワード》 緩和と適応，コンパクト化（集約化），立地適正化計画，逆市街化，既成市街地

1. 人口減少と向き合う枠組み・その前提

　本章および次章では，物的空間に働きかける側面から，人口減少について考えてみたい。具体的には都市計画的アプローチ（本章）と建築的アプローチ（次章）である。

　まず，人口減少に対する基本的な共通理解を確認しておこう。第1に人口減少は自明な問題として扱ってよいのか。第2にグローバルな人口動態の文脈で日本の人口減少はどう位置づけられるのか。第3に出生率が回復しても数十年間は人口減少局面が予想されているのはなぜか。上述の3点について，順を追ってみていこう。

上述共通理解の上，人口減少と向き合う姿勢として〈緩和〉と〈適応〉を区別することの重要性を示す。

（1）人口減少は問題か

わが国の総人口は2008年の約1億2,800万人を頂点として減少を始め，国立社会保障・人口問題研究所の中位推計によると，2025年には約1億2,100万人，2050年には約9,700万人になると見込まれている。これに対して，2014年に政府は『まち・ひと・しごと創生長期ビジョン』を閣議決定し，将来にわたって活力のある日本社会を維持するためには，2060年までに1億人程度の人口が安定的に確保されることを目指すべきだとした。つまり，1億人を割り込んでも人口減少が続く事態となったとしたら社会を維持できなくなるため，人口減少は解決しなければならない問題だという基本認識である（瀬田編，2015）。

内閣府が2014年に行った『人口，経済社会等の日本の将来像に関する世論調査』によると，「政府は総人口に関する数値目標を立てて人口減少の歯止めに取り組んで行くべきだという考え方に対してどう思うか？」という設問に，41.1％が「大いに取り組むべき」と回答し，「個人の出産などの選択は尊重することを条件に取り組むべき」と答えた人を含めると75％以上の人が人口の数値目標設定を支持している。大多数の国民が，人口減少は深刻な問題だと捉えていることの表れといえる。

2005年前後に，人口減少社会の入口で不安を抱く人びとに対して，未知の人口減少社会の青写真を示そうとする本が複数刊行された。松谷明彦著『人口減少社会の設計』（2002年）はそのさきがけである。松谷は，「人口減少は本当に憂慮すべき問題なのだろうか。むしろ居住空間や余暇など質的に充実した社会を確立する好機である」と明るい未来を提示しようとしている。また，大都市はまだ生き残れるが地方都市は危うい

という大方の観測に反して，数値データを駆使して人口減少ではむしろ地方都市のほうで豊かさが高まるという予測を示した。趨勢予測で数値データを純粋にみると，1人当たりの居住面積など，1人当たり指標は，量／人口であるから，分母である人口が小さくなることは指標の改善につながりやすい。人口が減少して国総体としてはマイナス成長でも，1人当たりの豊かさは向上し続けることは可能である。

1人当たりのエネルギー消費量が変わらなければ，人口減少に連動して国全体の総エネルギー消費は抑制される。仮に，1人当たりのCO_2排出量など環境負荷が維持できたとしよう。特段の環境技術イノベーションなしでも，人口が2050年に2005年比で25.5％減れば，日本のCO_2総排出量も同等程度減ることになる。これに再生可能エネルギーを5％程度増やすことはそれほど難しくないだろうから，国全体としてCO_2排出量30％削減目標はかなり現実的になる。

国が人口規模維持を志向するのは，日本全体の経済規模を縮めないためであるが，日本に暮らす人たち個人にとってみれば，国総体の豊かさより1人ひとりの豊かさのほうが問題のはずである。つまり，国単位で人口が減少すること自体は，必ずしも人びとにとって問題ではない。もっとも，よく指摘されているように，高齢者が極端に多い年齢別人口構成比に問題があることはいうまでもない。また，国民全体で分担しなければならない費用については負担増の問題が残ろうが，1人ひとりの生活の質を軸に考え，人口の増減に合わせて伸縮自在な，しなやかな経済を目指す気になれば，人口減少はそもそも本質的な問題にはならないといえる。

人口が減少しても安心して豊かに暮らせる社会のイメージが提示されるなら，人口減少は問題だとする国民の意識が変わることも考えられる。

（2）グローバルな人口問題

　日本の人口減少という現象は，グローバルな視野ではどのように捉えることができるのだろうか。2016年10月には20年に一度の国連ハビタット会合が開催されたが，人口問題に関するグローバルな関心事は依然として人口増加にある。地球規模でみると，人口増加の勢いは止まらず，都市化が加速し，特に人口急増に起因する深刻な社会問題を抱える大都市が焦眉の問題となっている。気候変動が進行し，農村部での暮らしが困難になる一方，豊さの眩しい都市に引きつけられて都市化が止まらない。結果的に，人間的な暮らしの叶わないスラムが都市部に増殖している。このような潮流にあって，日本が人口減少問題の深刻さを訴えても，ほとんど相手にされない。贅沢な悩みとみなされ，グローバルな人口増加を吸収するスポンジとして期待されるだけである。

　他方，アジア諸国では，近年急速に出生率が低下しており，国によっては日本より出生率の低いところもある。人口減少先進国として，日本が注目されるようになってきた。

　経済開発により豊かになると社会の将来展望が明るくなり安心して家庭を築く人が増え，人口が安定的に維持され，それが基盤となって経済的に豊かな社会が持続するというのが，近代の描く理想の姿だった。しかし，現実のグローバル化した社会では，経済成長を遂げた日本のような国で人口減少が止まらず，経済が成長している地域では格差が拡大する一途で，都市の底辺で不安定な暮らしを強いられている人々が増えている。地球規模でみて，人口減少と人口増加の両極において社会不安が高まっている事態は，近代の思い描いてきたあるべき将来展望がすでに破綻していることを示しているといっていい。わが国の直面している人口減少という事態は，地球規模でみると，減少と増加の両極を抱える現代の人口問題の一方の極であると捉えることができる。

（3）数十年は人口減少が不可避

　人口が増加したり，減少したりするメカニズムを確認しておこう。人口動態を左右するのに，社会増減と自然増減がある。社会増減は社会情勢の変化で不連続に動き，人為的に操作可能であり，したがって予測は難しい。他方，自然増減は，現在人口の年齢構成と寿命，出生率により，かなりの精度で将来予測が可能である。すなわち，人為的にコントロールしにくい。わが国で現在，人口減少を引き起こしているのは，主に自然増減である。

　人口の自然減に歯止めをかけるために，出生率の回復が常に課題とされてきた。人口が安定的に維持される人口置換水準は，出生率2.07である。日本では，合計特殊出生率が，2006年に1.26まで低下し，その後回復傾向にあり，2014年には1.42まで上がったものの，2.07とは大きく隔たっている。現在日本では，若い世代の意識から推すと1.8程度の潜在的出生率があるため，結婚・子育てしやすい条件や環境が整えば，2.07の達成は不可能ではないと考えられている。出生率が2.07付近で維持されれば，現在歪な年齢別人口構成比もいずれは定常化に向かうことになる。

　しかし，仮に直ちに出生率が人口置換水準に回復し以後維持されたとしても，人口減少はすぐに歯止めがかかるものではない。第1に，出生数は，出産可能な女性の母数に影響される。「896の消滅可能都市」を提示した増田レポート（増田，2014）の根拠は，20-39歳の女性人口が現在の5割以下に減少する自治体の数である。出生可能な女性の数に着目して警告を発したのが増田レポートだった。出産可能な女性の数が数十年にわたって減り続けるために，仮に出生率が目標とする2.07に改善しても人口減少は続く。加えて，総人口は減っても高齢者が当面増え続けるために死亡数は高止まりしたままである。

つまり，自然増減が人口動態の主な規定要因であるわが国において，現行政策のように国総体としての経済規模維持のために人口減少に歯止めをかけて総人口1億の維持を目標とするか，人口減少自体を問題とするよりは1人当たりの豊かさの維持向上を目指すかを問わず，少なくとも今後数十年の間に2,000～3,000万人減ることはほぼ確実である。

（4）緩和と適応という考え方

以上から，
1）人口減少自体が必ずしも問題ではない
2）減少と増加の両極を抱えるグローバルな人口問題の一方の極である
3）人口減少は数十年ほぼ確実に続く
の3点を共通認識としよう。

ここで，人口減少対策として，人口の減少を食い止める〈緩和策〉と人口が減少しても困らないようにする〈適応策〉を分ける発想を導入して，改めて先の3つの共通認識を考察してみよう。

まず，人口減少自体がもし問題でないとすれば，〈緩和策〉の必要性は不確かである。他方，人口減少は当面不可避なのだから，〈適応策〉は必要である。人口減少自体を問題視するか否かを問わず，〈適応策〉は絶対必要である。

本来〈適応策〉と〈緩和策〉は次元の異なる議論であるはずである。人口減少への関心は，どうすれば人口規模を維持できるか，〈緩和策〉にもっぱら集中している。木下斉は，「問題なのは人口減少そのものではなく，減少することがわかっているのにそれに対応しようとしないこと」と述べている（木下斉『稼ぐまちが地方を変える』，2015年）。必要性が自明ではない〈緩和策〉の陰に，絶対必要な〈適応策〉が隠れてしまっている。

緩和と適応という考え方は，そもそも，気候変動対策で提起されたものである。CO_2排出量削減など気候変動を緩和する対策をとる一方で，不可避な気候変動による海面上昇や自然災害の激甚化に対して適応できる対策を同時に講じることが求められている。日本のように自然減に規定された人口減少は，当面不可避な変化に適応を強いられている点で共通しており，気候変動同様，緩和と適応を峻別して異なる視点で取り組む必要がある（大西隆　2014年9月25日付経済教室　日経新聞）。

2. 都市計画で試みられていること

　データ上，1人当たりの豊かさが向上するバラ色の人口減少社会を描くことができるとしても，数十年続く人口減少への適応策は依然として求められている。地方都市では，歯がこぼれるように空き家が増えていく光景のなかで暮らすことを強いられ，荒んだ風景が人びとの生活の質を低下させている。地域に暮らす人の数が減るにしたがって，日常的に当てにしていた商店が姿を消し，公共サービスが削られ，生活インフラ全般が先細っていき，人びとの不安は増している。高齢化が進行するなか，移動手段としてマイカーを持たない高齢者にとってはとくに深刻である。

　これが都市計画分野で対応を迫られている人口減少過程の現実である。

(1) 富山市のコンパクト化

　そこで試みられているのが，都市のコンパクト化である。その先進事例として知られるのが富山市の「串とお団子」の政策である（図12-1）。人口約42万人の富山市は，市街地が低密度化し広がり続け，マイカー依存を強める傾向が顕著なことに危機感を募らせた。そこで，車を自由に

第12章　人口減少の適応策と緩和策　| 227

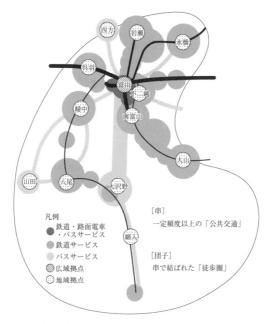

出所：富山市
図12-1　串とお団子（富山市）

使えない市民にとっても安心して暮らせるように，公共交通を維持し，徒歩圏に日常に必要な機能が揃っている地域構造を目指した。公共交通が〈串〉であり，鉄道駅から500m圏および主要バス路線のバス停から300m圏が〈お団子〉である。公共交通沿線居住推進地区を定め，公共交通の便利なエリアに住む人口割合を現状の3割から4割に増やすことが可能との試算に基づき，多様な政策を講じている。

　こうした都市集約化の先例をヒントにして，平成26年8月都市再生特別措置法が施行され，コンパクト化の施策として市町村は立地適正化計画を作成することにより予算措置などが受けられるしくみができた。立地適正化計画の主眼は，都市機能誘導区域と居住誘導区域を定め，区域

内，つまり先の富山の例でいえば〈お団子〉に都市機能および住居を集める考え方である。

　コンパクト化は，第1に人口減少過程でも暮らしが立ち行かなくならないための〈適応策〉であるといえる。加えて，コンパクト化によって魅力的な都市が実現すれば人口減少に歯止めがかかり，人口減少の〈緩和策〉としても効果があると希望的に理解されている。つまり，コンパクト化は，適応と緩和の一石二鳥の人口減少対策として提示されてきたといっていい。

（2）現行のコンパクト化は有効か

　コンパクトな都市のほうが人口減少に対する耐性が強いのは事実である。長崎市のように地形的制約からコンパクトな都市を形成しているところでは，公共交通利用率が他都市に比べて高い。しかし，コンパクト化すれば，人口減少に適応できるかどうかは未知数である。そもそも，コンパクト化が実現可能かどうかかなり疑わしい。比較的コンパクトな市街地を形成しているといわれている欧州都市においてほぼ例外なく，戸建てマイホームへの需要は高く，市街地が薄く広くなる傾向にある。

　人口減少過程で生活の質を下げる切実な問題となっているのは，周りに空き地や空き家が増えることによるネガティブな物的空間のインパクトである。したがって，仮にコンパクト化が可能だったとしても，その帰結として出てくる削られる市街地の行く末を示すことが〈適応策〉の要であるはずだ。それが，人口減少をどのようにとらえたとしても不可欠となる〈適応策〉である。

　立地適正化計画では，都市機能誘導区域に公共施設主導で都市機能を集め，これが磁石となって市街地を吸い寄せるイメージがもっぱら強く前面に押し出されている。先の富山市の事例のフォローアップ調査結果

（2015年）によると，漸減傾向にあった〈お団子〉エリアの居住人口を増やす成果が出ている。

　他方，高齢者は全般的に今の場所に住み続けたい意志が強く，〈お団子〉の外の集約化に対する施策に乏しく，成果も上がっていない。立地適正化計画においては，区域外について，居住調整地域や跡地等管理区域を定めることができるようになっている。しかしながら，集約化にともなって居住しなくなる地域についての施策は副次的なものにとどまっている。〈適応策〉の要である，市街地から外すエリアの展望は示されていない。

　コンパクト化については，先の内閣府の世論調査によると，「どちらかといえば賛成」を含め賛成と答えた人が30％足らずに留まっているのに対して，「どちらかといえば反対」を含め反対と答えた人は倍以上の60％以上となっており，市民の支持を得ている政策とはいいがたい。

（3）若い女性の移住を誘導して出生率向上？

　コンパクト化の一方で，自治体レベルでは，人口減少に歯止めをかけるべく，新規住宅を購入しやすくするなど定住促進策に尽力している。市街化促進による定住人口の増加策が，自治体レベルの人口減少の〈緩和策〉である。人口減少を食い止めるという目的のために，人口が増加していた時代の市街化を計画的に進める政策が引き続き正当化されているといえる。人口が微増に転じるという甘い希望的観測の下，政策がとられているものの，新規の市街化見込みの土地は優遇策を講じても容易に埋まらない。

　2060年には日本の総人口1億人程度で，人口動態が定常化するという楽観的な仮説の上，コンパクト化と定住人口増加のための市街化促進の双方が推進されているが，現場で人口動態が定常化する兆しがなく，地

方の現場では，物的空間は，結果的に〈緩和策〉と〈適応策〉の股割き状態に陥っている。このまま定常化することなく人口減少が続くとしたら，どこまで，いつまで，コンパクト化を続けていかなければならないのか，極論すれば都市が消滅するまでなのか，悲壮感が漂っている。

先の増田レポートが出生率向上の切り札として提案したのが，20〜30代女性の地方移住である（増田，2014）。出生率は大都市で低く地方圏のほうが高い点に目を付けた提案である。出生率は場所に従属すると仮定した上で，出産適齢期の女性が出生率の高い地方圏に移動したとすれば，数値上，全国平均の出生率は大幅に上がる。データ上は画期的な人口減少の〈緩和策〉である。

しかし，日本の人口減少が，グローバルな人口偏在の問題の一端だという認識に立つと，日本という国に閉じた鎖国的な人口対策がどこまで現実的であるかは疑問といわざるをえない。いわば国内移民を誘導する政策に踏み込みながら，国外からの移民を厳しくコントロールし続けることがどこまで可能なのだろうか。

欧米先進国をみると，労働力不足を補うためや活力維持のために，量的に移民を受け入れる選択をしてきた。文化的背景や慣習・宗教の異なる移民を受け入れることで社会的な軋轢に対処せざるをえなくなっている半面，移民の出生率が高いために，日本ほど極端な人口減少の事態に陥っていない。欧米では移民が担うことで凌いでいる条件が悪くきつい仕事を，日本では高齢者が不本意に担わなければならない事態になっている。体力・判断力とも低下した高齢者が働かざるをえないことの弊害が出始めている。グローバル化の時代にあって，人口減少〈緩和策〉としての移民受入れは，日本の国としての，あるいは国民総意の意思とは無関係に，グローバルな要請から現実のものとなる可能性は高いのではないか。

3. 市街地から外すエリアへの対策

　適応と緩和を曖昧にしたまま一石二鳥を狙う日本の人口減少対策とは異なり，大幅な人口減少を所与のものと覚悟して受け入れ，市街地から外れる部分に対して大胆な適応策を示し，これに賭けた欧米の都市事例がある。最も顕著でよく知られている事例として，アメリカのデトロイトとドイツのライプツィヒがある。

　両都市とも，社会経済情勢の変化による人口の社会減であって，自然減を主要因とする日本の都市における人口減少とは状況が大きく異なる点を留意しつつ，学ぶべき点をみていきたい。

(1) 事例：デトロイト（アメリカ）

　デトロイトは，アメリカミシガン州に位置する都市で，かつて自動車産業で繁栄した。1950年に185万人にのぼった人口は，2010年に71万人にまで落ち込んでいる（矢作編，2012）。50万ほどにのぼる宅地のうち，12.5万の宅地が空き地，5万戸を超える空き家があると推測される。24時間に17人が撃たれ，7人が死亡するという治安の悪い都市である。

　これまでも再生の試みは度々あったが，衰退の勢いを弱めるに至らなかった。2005年ごろから再生のラストチャンスに向けた動きが本格化し，2012年末にDetroit Future City戦略フレームワークがまとめられた（DWP, 2012）。2013年末に市は財政破綻し，治安維持，インフラ維持に困難な状況が続いているが，再生プロジェクトは民間財団の支援を受けて非営利団体が引き続き推進している。

　2011年時点で，数百枚におよぶ分野別の詳細な現状データ・マッピングが取りまとめられ，これを基礎情報にして戦略フレームワークがスピーディーに作成された。例えば，土地利用に関しては，住宅地の現状を

空き率にしたがって3段階に分けている。高（空き家30％，空き地56％）・中（空き家22％，空き地26％）・低（空き家16％，空き地7％）である。こうした徹底した現状空間データ分析から，2050年に向けてそれぞれの具体的な場所に即した土地利用の転換の方向性を提案している。結果的に，現状の土地利用では住宅地が58％を占めるのに対して，2050年では現状の戸建て住宅地密度を維持する部分を22％まで落とし，22％を緑地の多い低密度な宅地とし，29％を生産緑地や生態緑地に塗り分けられたプランを示している。空き率の高い市街地は積極的に生産緑地へ転換して再編する一方，空き率の低い市街地は維持する展望となっている（図12-2）。これらは2050年目標年次とする青写真ではなく，市民・企業家・非営利団体など多様な主体が方向性のイメージを共有し，次の

出所：DWP, 2012

図12-2　デトロイト市空き率別に示された現状と50年後の姿

一手を打つヒントとするものと位置づけられている。

　市街地を生産緑地に再編するエリアがかなりみられることから，都市農業が縮小都市の次世代産業として期待されていることが読み取れる。実際，デトロイトは多様な農業のフロンティアになっている。市内で80km^{2}にのぼる空き地や空き家を農地に転換してクリスマスツリー用の樅の木を栽培するなど巨大都市農業の野望を募らせる実業家がいる。麻薬常習者などの社会復帰の場として農場をはじめ，高層ビルの廃屋を野菜工場にリノベーションして雇用機会を創出するなど，社会事業としての都市農に力点を置いている団体もある。あるいは，安全で健康的な食を実現するために小規模多品種の有機栽培を推進している団体，消費地に近い利点を活かしてCSA（Community Supported Agriculture）を基盤とした都市農ビジネスを起業する若者も現れている。このように，市街地から削られる部分の将来の展望を，個々の場所に応じて具体的に示すことにより，多様な規模の多様なかたちの都市農業を誘発している。

（2）事例：ライプツィヒ（ドイツ）

　ライプツィヒは，印刷業はじめ製造業を基盤として栄え，第二次大戦前の1940年代には人口が70万人を超え，ハンブルクと並んでドイツ第2の都市の座を占めていた。しかし，戦後社会主義時代に産業立地分散化政策で衰退し始め，ドイツ再統合による体制転換後，産業競争力を失って，2000年には50万人の大台を割り込んだ。とくに1990年から2000年までの10年間で人口を15％減らし，全31.5万戸のうち20％が空き家となった。東側都市に典型的な大規模団地グリュナウでは，8万人いた人口が半減した（岡部，2007．服部，2016）。

　ライプツィヒ市は，2000年，人口急減に存続の危機を感じ，現状を正確に把握することから始めた。人口減少率，空き家率，失業率を主な指

標に,地区別のモニタリングを実施し,毎年データを集約して,指標別および総合評価で緊急度合いの高いほうから1～3に地区をラベリングして診断した。緊急度の高いエリアとなったのが,戦前最盛期に製造業が立地し,住工が混在する東西の両インナー地区だった。東インナー地区は,伝統の印刷業が多く立地していた界隈であるが,1990年から10年間で30％人口を減らし,2000年時点で2.7万人が居住していた。空き家率は40％にものぼり,地区全体が消失寸前にあった。

市当局は,人口減少に適応した都市の方向性を示すために,2000年都市開発計画STEPS＋Wを作成し,東インナー地区はじめ緊急度の高いエリアについては詳細計画Pass(図12-3)を作成した。

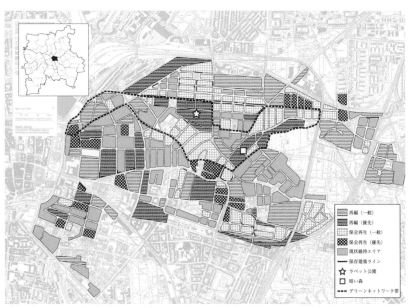

(ライプツィヒ市資料を元に作成)

図12-3　ライプツィヒ市東インナー地区 Pass

東インナー地区 Pass では，市街地全域を現状維持・保全再生・再編の 3 種にゾーニングしている。市街地が維持できているところは〈現状維持〉，〈保全再生〉は，空き家が目立つがメインストリート沿いなど街並みを形成する建物を維持すべきエリアで，〈再編〉は緑地に優先的に還元していくエリアである。〈保全再生〉対象ゾーンでは，既存建物を維持するための対策として，改修費用を補助したり，すでに廃墟化している建物については，改修する意志のある人が優先的に入居できるしくみをつくった。他方，〈再編〉対象ゾーンでは，建物を撤去して暫定緑地として近隣住民に開放することを条件に撤去費用を補助した。〈再編〉対象ゾーンは，30％にものぼった。〈保全再生〉と〈再編〉の両ゾーンについては優先エリアと一般エリアに分かれていた。2005年までに，東西インナー地区合わせて13.8haの緑地が創出された。他方，〈現状維持〉については特段の対策はない。

　その後，ライプツィヒ市の人口は増加に転じた。東インナー地区では人口が戻ってきたために，〈再編〉対象ゾーンの建物撤去・暫定緑地化は行われなくなり，暫定緑地として利用する期限の切れた土地では再び建物が建つところも出てきている。人口減少への適応策として行われた建物撤去により，19世紀末から20世紀初めに建てられた歴史的建造物が壊されたことへの批判が強まっている。人口は戻ってきつつあるものの，トルコ系移民が多く，沿道の商店もほとんどが移民の経営で，地区イメージはあまりよくない。

（3）市街地を削る提案へ，まず実態把握から

　デトロイトもライプツィヒも，人口減少への適応策で共通しているのは，人口減少にともなってかつて市街地だったが市街地から外す部分，すなわち逆市街化する部分への施策が主眼にある点である。それを可能

にしているのが，人口が減少している地区の実態の詳細把握である。人口急減過程では，地区全体がまんべんなく減少することはまれで，ランダムに局所的に空き家が急速に増える。現状分析からみえてくる一回り規模の小さくなったまちのイメージに忠実に，緑地に戻していく市街地と維持していくべき市街地を特定している。

また，どちらの都市でも，人口減少をしっかり受け止めている。詳細な現状分析から，それぞれの具体的な場所について検討し，結果的に3割程度市街地を削ったまちの姿を描いている。3割の市街地を緑地に戻すことで落ち着いている。

国土交通省は，日本全国を1kmメッシュに区切って，メッシュ毎の2050年の人口推計を行っている。この結果によると，2010年に人が住んでいるメッシュのうち，約63％のメッシュでは，2050年に人口が半分以下になると見込まれている。政策の効果が上がれば趨勢どおりにはならないかもしれないが，少なくとも人口も財政も経済規模も半分になる半分社会を受け入れる覚悟をしておく必要があるのではないか。国をはじめ行政の役割は，最も人口が少なくなって半減しても存続できる国土の姿とまちのかたちを示すことにあるのではないか。そのためには，市街地から削られる部分がどうなっていくのかがカギを握る。

半減シナリオに基づき，人の住まなくなる部分の即地的な再編後の姿を具体的に示すには，当事者以上に場所の個別事情に精通した人口減少の実態把握が不可欠である。わが国の都市計画分野では，人口減少プロセスで市街地が縮むように一回り小さくなることを大前提としている。つまり，都市がスプロール的に拡大するプロセスの逆回しである。これに対して，饗庭伸は，縮小するときは，逆スプロール的にはならず，気泡が増えるようにスポンジ的だととらえている（図12-4）（饗庭，2015）。都市を動態的に注意深く観察し続けずして，いつどこに気泡が

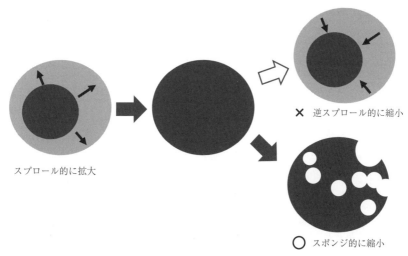

図12-4　都市の拡大と縮小のかたち

できるのかは見極められず，市街地から外れるエリアに対する有効な施策は講じられない。

(4) 最減シナリオの提示，フレキシブルな運用

　ライプツィヒの場合は，市街地をそこまで削ぎ落とす前に人口が戻ってきた。市当局がまずは最も人口が減った場合でもまちを存続させる方向性を示し，人口が戻ってきたときにはフレキシブルに対応できるしくみとなっていた。

　半減シナリオは数十年後の地域の目標像ではなく人口が最も減った場合のシナリオである。さまざまな政策努力や状況の変化によって，ライプツィヒの東インナー地区のように，人口が回復した場合には，市街地を緑地に戻す計画をフレキシブルに変更できるようになっていればいい。わが国の道路整備のように一度計画すると止めるのが難しい硬直化

したしくみを改める必要がある。先の饗庭は，人口減少下で都市をデザインするにあたり「都市をたたむ」という独自の概念を導入しているが，「たたむ」という言葉に，「いずれ開くかもしれない」という含意を込めているという。

　ライプツィヒ東インナー地区の場合，人口減少の現実を直視して市当局が一度思い切って市街地のスリム化を強行しなかったとしたらどうなっただろうか。廃屋が多く残るエリアに移民系住民が流入して，空き家に勝手に住み着き，治安が手の付けられないほど悪化し，市当局は状況把握のできない事態に陥っていたかもしれない。

　日本の地方都市においても，人口減少に適応した市街地の思い切った再編に今着手し，一度はたたむべきところをたたんでおき，逆市街化する部分を適正に管理できていれば，仮に不可抗力で移民が流入する事態になったときに社会不安を回避しやすくなると考えられる。

（5）人口増加・減少の双方を想定した都市計画制度へ

　破綻目前のデトロイト市都市計画局で，再生戦略立案に奮闘したM.ウィンターズ副局長は「住民に悪評の方策かもしれないが，それでも住民に理解される方策」であるとして怯まず，各地の地元会合に出向き罵声に耐えていた。市街地を縮めるイメージが即地的で具体的であればあるほど，住民に歓迎されるはずがない。しかし，住民の賛否以前の問題として，住民が関心を示し理解される方策提示には努力しなければならない。強い反対は，強い関心の証である。その点，わが国の立地適正化計画として制度化された集約化方策は，住民に理解されているとはいいがたい。

　集約化方策が理解されにくい背景には，わが国の都市計画法制の基本的な考え方があるのではないか。わが国現行の都市計画システムでは，

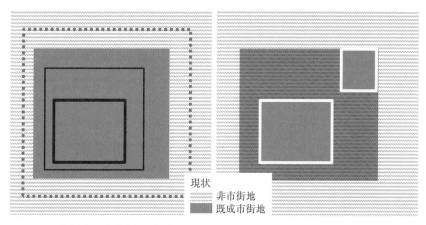

図12−5　立地適正化計画の考え方および既成市街地を再編していく考え方

都市計画区域内に市街化区域と市街化調整区域を定めている（図12−5左）。

市街化区域とは「すでに市街地を形成している区域及びおおむね10年以内に優先的かつ計画的に市街化を図るべき区域（都市計画法第7条）」である。「すでに市街地を形成している区域」と「これから市街化を図るべき区域」を区別していないところが，日本の都市計画制度が欧州都市と大きく異なる点である。欧州では国によって都市計画制度が多様であるが，市街化が爆発的に進む都市は例外的であるから，都市計画の主軸は既成市街地にあり，形成された当初からのルールの継続性を重視した規制体系となっている。既成市街地では，現状を把握することから次にとるべき方策が提示されることになる。このため，詳細な規模縮小の

実態分析から市街地縮小の方向性が必然的に提示されている。

　他方，日本では，既成市街地はこれから市街化する区域に含まれている。都市計画システムの根幹において，人口増加にともない「市街化」が進むことへの対処しか念頭にないことを示している。

　現行の立地適正化計画では，市街化区域（市街化区域が設定されていない市町村では用途地域が設定されている区域）の内側にひとまわり小さい居住誘導区域が設定され，その内側に都市機能誘導区域が設定される（図12-5左）。すると，居住誘導区域外の市街化区域はどうなるのか，市街化区域外と何が違うのか。人口増加，市街地拡張が続くことを前提とした都市計画制度に依拠し続けながら，一般論として人口減少への適応策としての市街地縮小に向けて再編するといわれても，自分の家はどうなるのか，その界隈はこれからどうなっていくのか，理解しようがない。

　人口増加・市街地拡大を想定した市街化区域という概念を温存し，人口減少への適応策としてのコンパクト化による市街地再編を進めようとするから難解なのである。従来の市街化区域という概念を捨てると格段に理解しやすいものになる。改めて既成市街地を原点にして，市街地を維持していく区域と市街地から外される区域に分け，既成市街地を再編していくシナリオを示し，それをベースにし，人口減少の適応策として，市街地から削られ逆市街化する部分についてそれぞれのエリアに即した方向性を示すことが求められている（図12-5右）。

1．人口が減少する事態に対して，なぜ緩和と適応を分けて考える必要があるのだろうか，考えてみよう。
2．今日の日本で取り組まれている都市のコンパクト化の概要と課題を整理しておこう。
3．逆市街化することを含めた市街地再編が当事者に理解されにくいのはなぜか，考えてみよう。

参考文献

DWP/Detroit Works Project Long-term Planning Steering Committee, *Detroit Future City : Strategic Framework Plan*, Detroit: 2012.
饗庭伸『都市をたたむ：人口減少時代をデザインする都市計画』花伝社，2015年
岡部明子「ドイツ縮小都市対策としての〈perforation 穿穴〉」『松山大学地域研究ジャーナル』n17 30-57頁，2007年
瀬田史彦 編「特集：国は人口減少局面のグランドデザインを示せるか？」『地域開発』609巻，2015年
服部圭郎『ドイツ・縮小時代の都市デザイン』学芸出版社，2016年
増田寛也『地方消滅：東京一極集中が招く人口急減』中公新書，2014年
矢作弘 編「特集：縮小都市デトロイトの諸相」『地域開発』569巻，2012年

13 | 規模縮小下のまちづくり

岡部明子

《目標＆ポイント》 人口減少に歯止めをかけることはできなくても，規模を縮めながら魅力的なまちを維持することは十分可能である。そのためには，空き地や空き家の効果的な活用が重要だが，権利が細分化された状態で規模が縮小することで「アンチコモンズの悲劇」に陥り，〈空き〉の活用を阻害している。インフォーマルなシェアと現代入会権のしくみにより，人口減少の適応策としての〈空き〉活用によるまちづくりの方向性を示す。
《キーワード》 空き地，空き家，コモンズ，入会権，シェア，インフォーマル

1. 規模縮小下の〈空き〉活用の課題

(1)〈空き〉は空いていない

　前章でみたように，人口減少社会を否応なしに実感させられるのが，空き家・空き地の増加である。そこで，国をはじめどこの地域も，〈空き〉活用を強化している。
　〈空き〉の再生活用にあたっては，以下2つの課題がある。
1)〈空き〉は空いていない
2)〈適応策〉か〈緩和策〉か，はっきりしない
　第1に，空き家・空き地にみえても，「空いていない」物件が多い（岡部，2013）。第3者が，使おうと思い，買ったり借りたりしようとしてもできない場合が多い。山形市の『ミサワクラス』（写真13-1，13-2）

山形市の一等地に建つ元旅館がシェアハウスになった。
写真提供：Open A

写真13−1　『ミサワクラス』外観

旅館の元厨房が共用スペースになっている。
写真提供：Open A

写真13−2　『ミサワクラス』共用ダイニングキッチン

は，中心市街地の一等地にある元旅館を，学生やアーティストのシェアハウスに転用し再び使われるようになった事例である。元三沢旅館だった建物の所有者は，旅館を主に経営していた妻が亡くなりとりあえず休業せざるをえず，再開の見込みが立たないまま，結果的に長年休業中となっていた。空き物件として売りに出ていたわけでも借り主を求めていたわけでもない。これに目を付けたのは，ユニークな中古物件の紹介で知られるR不動産だった。地元大学と連携してR不動産の山形版が立ち上げられ，山形市で要の建物を発掘するプロジェクトから着手した。三沢旅館はそうして見出された物件のうち，〈空き〉活用に成功したケースである。

〈空き〉活用が注目されるようになったのを受けて，北九州市発のリノベーションスクールが全国の地方都市に広がりをみせている（嶋田，2015）。地方都市の中心商店街の〈空き〉を教材にオーナーにリノベーションを提案する短期の実践型学習プロジェクトである。ここで提案されたものが端緒となって実際に動き出した活用事例も複数出ている。各地のリノベーションスクールで候補にあがる物件のほとんどが，空き物件として不動産市場に上がっているものではない。

佐賀市の『わいわい!!コンテナ』（写真13-3，13-4）は，空き地活用の波及効果が高く評価されている事例である。昔からの市街地にあって「この空き地を成り行きまかせで時間貸し駐車場にしてはいけない」という強い思いから始まっている。みんなが入ることのできる積極的な「空き地にする」ことだった。

このように，成功事例のほとんどの場合，活用しようとする側が，「この場所を何とかしなければいけない」「この物件ならイケる」とまずピンときている。建物や土地の所有者を見つけ出し，説得するところから始まっている。

第13章　規模縮小下のまちづくり　｜　245

空き地を戦略的に選んでいる。
写真提供：ワークヴィジョンズ

写真13-3　『わいわい！！コンテナ2』（佐賀市）が整備される前の空き地

ただの空き地が活用される空き地になった。
写真提供：ワークヴィジョンズ

写真13-4　『わいわい！！コンテナ2』（佐賀市）

(2)〈適応策〉なのか〈緩和策〉なのか

　前章でみたように，人口減少社会の対策には，人口減少に歯止めをかける〈緩和策〉と，人口減少しても困らないようにする〈適応策〉がある。では，〈空き〉の活用対策は，人口減少の緩和を狙っているのか，それとも適応策なのか。

　空き地や空き家を活用して何かしたいというニーズはあるのに，活用できる空き物件としてどんなものがどこにあるかわからないという指摘に応えようと，行政主導で空き家バンクが各地に設けられている。買い手・借り手側が，中古物件の住宅としての性能のよしあしを評価できることに加えて，中古にしかない魅力の伝わる空き家バンクを整備することで，〈空き〉を量的に最小化することを明らかに目的としている。実際，若者たちが手探りで始めた古民家を活用したシェアハウスや商店街の空き店舗を活用したシェアオフィスは，〈空き〉の増加に頭をかかえている地方にとっては救世主にみえる。若者のシェア志向と相まって，シェアはさらに気の合う仲間を呼び寄せる。若年層を地方に呼び込み，人口減少に歯止めをかけてくれるのではないか。行政は，藁にもすがる思いで，人口減少に歯止めをかける〈緩和策〉を期待している。

　2014年3月に公表された移住・交流促進事業に関する自治体調査結果によると，回答した全595自治体のうち374自治体（62.9％）が空き家バンクを実施していた。そのうち70％が2005年以降に対策をとるようになったと回答している。4年前に比べると登録件数も成約件数も伸びているとはいえ，登録件数10件未満が過半で成約0件が3割だ。残念ながら，平均13.5％の空き家率からすると，空き家バンク事業では，空き家活用の量的効果が上がっているとはいえない。

　他方，人口減少を不可避ととらえるなら，確実に〈空き〉は出るわけで，過当競争は免れない。仮に，人口がいずれは半減するときが来ると

し、1人当たりが使う空間が変わらないとすれば、今ある空間のうち半分はいずれ〈空き〉になる。〈空き〉が増えている半面、新規開発や建設が並行している現状が続くなら、もっと〈空き〉が増える。マクロ的にみれば〈空き〉空間が出ることは不可抗力である。ただ、人口は減少していても、空き建物や空き地が目立たないまちであれば問題ない。サイズを縮めながら、魅力的なまちであり続けることができれば、人口減少の〈適応策〉に成功したということになる。

〈適応策〉は、「この場所のこの〈空き〉空間さえなんとかすれば、このまちも捨てたものではない」という気づきから始まる。しかし、多くの賃貸物件や売り物件があるのに、肝心の要となる物件は、市場に出ていない場合が多い。所有者が、〈空き〉だと認識し、賃貸にせよ売却にせよ、他人に利用する権利を全面的に譲りたいと思い、不動産市場や空き家バンクなどに出さない限り、市場には出てこない。〈適応策〉としての〈空き〉活用の効果を上げるためには、まちの魅力を維持するにあたり、要となる建物を利用できるようにする戦略が重要になってくる。先のミサワクラスやリノベーションスクールでみた通り、フォーマルには空いていない〈空き〉を活用できるようにすることである。

〈緩和策〉は好条件の整ったまちにおいてごくまれに例外的に功を奏するかもしれないが、ここでは、人口減少社会の日本にあって普遍的な方向となりうる〈適応策〉としての〈空き〉活用についてさらに考えていこう。

2. 規模縮小下のコモンズ論

(1) コモンズ論の源流と射程

成り行きまかせだと、空き家や空き地が散発的に増えていくまちにあって、人口減少を受け入れた上での適応策として効果的な〈空き〉活用

が進みやすくするために，求められているものは何か。コモンズ論に探ってみようと思う。

　ただ，コモンズというと，前近代的な農漁村集落における草地・森林・漁場などの入会地が原風景である。しかも，コモンズ論で問題とされてきたのは，これら稀少な自然資源をみんなで利用することにより枯渇することであった。G．ハーディンは，複数の牧畜者が牛を放牧する牧草地においては，各人が自らの利益を追求し，結果的に牧草地が使いものにならなくなってしまうことを指摘し，「コモンズの悲劇」と名づけた。コモンズは原則的に誰にでも開かれているものだった。しかし，近代化が進むなか「コモンズの悲劇」を回避するためには，私的所有権を確立して市場に委ねるか，政府がルールを設定して統治するかいずれしかないという認識のもと，前近代的慣習に基づくコモンズは解体の一途を辿っていった。

　これに対して，E．オストロムは『コモンズを統治する』を著し，「コモンズの悲劇」は必ずしも起こらないことをゲーム理論で論証してみせた。豊富な事例の分析を行い，コモンズを地域自治で共同管理可能にする8つの条件を示した。

　ライフスタイルが都市化し，メタ次元で都市化の進んだポスト近代における空き地や空き家のように空間資源の余る問題は，「コモンズの悲劇」の対極にあって的外れのように一見思える。ここでは，地域コミュニティが頼りになる農村部の稀少な自然共同資源の過剰利用問題と，構成員の流動性の高い都市的利用の土地の過少利用問題の双方を，あえてコモンズ論のひとつの枠組みで考えることで，空き家・空き地活用の意義をとらえ直そうと思う。

（2）都市空間とコモンズ論

　第1に，都市化した状況において，コモンズとは何を指すのか。
　本章では前章に引き続き，都市計画・建築的視点から，物的空間を軸に論じるスタンスに立っている。牧草地や里山などのコモンズが誰にでも開かれているという場合，念頭に置いているのは，人びとの流動性が低く互いに顔見知りの農漁村である。自然資源を共同管理する発想の延長で，街並み保存など景観マネジメントを論じることには無理はないが，流動性も匿名性も高い近代都市的文脈は，コモンズ論の想定から一見かけ離れているようにうつる。
　「コモンズ＝前近代的な牧草地」という先入観を覆し，D．ハーヴェイは著書『反乱する都市』（ハーヴェイ，2013）で，〈都市コモンズ〉の概念を前面に出した。彼は，「都市という多様な諸空間におけるわれわれ（市民）の諸実践から生じる」ものとして〈都市コモンズ〉をとらえる。物的空間についていうなら，都市を都市たらしめる多様性の現れの空間としての広場や街路などは，都市コモンズ創出に寄与したあらゆる人たちにその利用は開かれていなければならない。しかしながら，それらが市場に回収され，一部の人たち（とくに富裕層）だけが便益を享受している状況が生まれているとし，「都市コモンズの悲劇」と呼んだ。富裕層のゲートコミュニティ化が，格差の拡大する一方の途上国都市で顕著である。「あらゆる種類，あらゆる階級の人々が――いやいやであれ敵対的であれ――混じりあって生活しながら，コモン（共同的なもの）を生産する場」である都市において，「都市コモンズの悲劇」に陥ってはならないと警告を発している。
　また，高村学人は，「都市においても皆が共同生活を営むゆえ，皆にとって不可欠な資源であるところのコモンズは存在する」とする（高村，2012）。その上で，とくに物的空間としては，近隣公園やローカルな小

地域を単位として利用される公共的な施設に着目し,「都市においても居住の場や事業の場がそれぞれ共同する以上,コモンズとしての住民たちによる共同管理は可能」と主張している。

(3) コモンズの過剰利用と過少利用

　第2に,コモンズ論では,そもそも稀少資源の過剰利用を問題にしてきたが,空き家・空き地といった物的空間資源の過少利用状態にはどのような問題があるのだろうか。

　コモンズの過少利用問題を提起したのが,M. ヘラーである (Heller, 1998)。「あまりにも多くの所有者が,他者の利用を拒絶する権利を持っている場合には,資源は必然的に過少利用となる」ことを論証し,「アンチコモンズの悲劇」と名付けた。

　要するに,誰でも利用できる資源は,短期的には各人がもっぱら自己利益のために利用する人が得をし,みんなのことを考えて行動する人が損をすることが明らかなため,利己的に利用する。「コモンズの悲劇」が待っている。例えば資源を土地としよう。近代においてはコモンズの悲劇を回避するために,土地を細分化して各人が排他的な利用ができるようにしてきた。そこに人口減少がやってくると,細分化した土地は,そこを排他的に利用できる人が利用せず放置しても,他者の利用は排除されたままである。「アンチコモンズの悲劇」である。

　一例を上げれば,2011年の震災で津波の被害を受けた宮城県石巻市雄勝町では,大切な人を失った祈りをこめて花を植え始めた1人の土地所有者と被災地支援の活動が結びついて,ローズファクトリーガーデンへと発展していった。規模を拡大するにあたり,移転先の土地を探したが,一面が荒地のように見える場所でも土地の所有は細分化されていて,個々の土地所有者の思惑はいろいろで,所有者の了解がまとまって得ら

れる場所はなかった。結局,不整形で飛び地を含む敷地を検討せざるをえなかった。細分化した土地の過少利用によるアンチコモンズの悲劇が,大津波というアクシデントによってあらわになったケースである。

(4) 私有財産という壁—排他的所有権の功罪—

　近代制度の下では,所有者が所有する土地や建物を自由にすることのできる強い財産権が保証されている。このように,排他的な所有権が確立し,あいまいで慣習的,インフォーマルな占有,利用がほぼ排除されたことは,人口増加を基調とした近代の経済発展や都市開発を順調に進める基盤となった。

　しかし,人口減少に転じた今,強い私有財産権が〈空き〉空間の効果的な活用の障害となっている現実がある。周辺に迷惑を与えない範囲で適正に管理されていれば「空いたままにしておく」を含めて,所有者の自由である。細分化された土地の過少利用が引き起こすアンチコモンズ状態である。

　では,これを回避するにはどうしたらよいのか。法制度改革で所有や利用の権利のあり方自体を見直す方法と,インフォーマルなまちづくりの取組みを強める方法の2つが考えられる。

　法制度を見直すアプローチに対して示唆的なのが,高松市の丸亀商店街再開発の事例である。細分化した商店街の所有をまちづくり会社がまとめて引き受け,利用権を分離した。絶対的な所有権のせいでアンチコモンズの悲劇に陥ることを回避できた例である。法制度改革としては,五十嵐敬喜が,「現代総有」を提案している（五十嵐,2014）。これは,商店街のように,細分化された土地をまとめて使えばじょうずに活用できることが自明なのに,利用できない土地がその中に含まれているために実現できない状況を解決する土地所有のあり方である。現代総有は,

マンションの区分所有のような共有と異なり，利用権を一括して持っている主体があるため，マンションのように自分の持ち分だけを売ることはできない。

　第2のインフォーマルなまちづくりの取組みのヒントとなるのが，所有権が必ずしも排他的な利用権と対応していない慣習的な土地の使い方である。資源が比較的潤沢で豊かな里山では，明治以降，土地所有を名義上は排他的に明確化したものの，個人所有の山であっても薪を採るなど資源の利用については，持ち主は比較的寛容だったという。実質的にはゆるい暗黙の入会権があったといえる。私有地を，利用に関しては地域に開いたかたちである。

　先の津波被災地のコミュニティガーデン利用の事例は，今日の所有権の下でのアンチコモンズの悲劇を示している半面，暫定的でインフォーマルな土地の利用が，細分化してアンチコモンズ状態に陥っている土地をみんなの利益になるように活用できる可能性を示しているともいえる。

3. 現代入会権というかたち

（1）建築家たちの〈シェア〉の模索

　わが国では最近，若手建築家たちが〈シェア〉を中核コンセプトにした建築作品を多く生み出している。シェアハウスやシェアオフィスは空間や場のシェアである。今日，住空間をシェアする動機は多様で，欧米の学生たちで一般的なルームシェアにみられるように都会で住居費を節約するためだけではない。ひとり暮らしに不安を感じる若い女性など，安心感のために集まって住むスタイルを選ぶ人や，ひとり暮らしでもゆったりリビングでくつろぎたいから，リビングが共用のシェアハウスに暮らす人もいる。趣味や嗜好が同じ人たちと暮らすことを好む人もいる。

仕事の空間のシェアについては，若いクリエーターやアーティスト，ベンチャーを起業した人などが，打合せスペースやデザイン・製作に必要な設備を共用するメリットや多くの人と知り合いになれる機会を期待してシェアオフィスに入居する。

若手建築家たちが，現代における新たな空間の可能性を求めて手がけているのは，単に経済的にシェアせざるをえないケースと異なり，シェアに新たな価値を見出せるものである。

そもそも村落共同体では〈シェア〉は当たり前であり，逃れることのできない必然だった。他方，若者たちの最近のシェアは，気の合う仲間と親密なコミュニティを好んで形成する。ひとり暮らしより寂しくなく割安なら一石二鳥と考え，気楽に住まいをシェアする。短期間で崩壊する場合も少なくない。シェアが好きな特殊な人種の行動で，代替家族を求める稚拙なコミュニティ幻想でしかないのではないかという冷ややかな見方も少なくない。

(2) 〈空き〉をシェアする

ここで注目したいのは，〈シェア〉空間が空き家や空き地を器に多く出現している点である。〈シェア〉はコモンズと全く同じではないが共通する部分の多い問題関心である。どちらかといえば，コモンズが，先にみた現代総有論のように，所有を主眼に利用を含めた共同所有のかたちとして論じられてきたのに対して，現代におけるシェアの議論は，共同利用の側面が強い。日本で入会地はコモンズ研究の対象であり，近代以降所有のかたちと包括的に解決策を求めてきた経緯から総有論にみられるように所有と一体的に議論される場合が多いが，入会権は主に利用権であり，私有地でも共有地でも所有権が明示的に設定されていない土地でもいい。入会権は，利用に関するシェアの権利である。

空間のシェアは，ニーズに比して十分に供給されていない場合にやむなく空間を共同利用する知恵のはずである。各人が自己利益のために利用したときに見舞われるコモンズの悲劇を回避しようとして共同管理が生まれたように，シェアは過剰利用問題から発している。もっともカーシェアリングなど物のシェアについては，地球環境問題と接合しており，有限な自然資源の過剰利用問題と無関係ではないとはいえ，なぜ，空き家や空き地の活用つまり過少利用問題と〈シェア〉に親和性があるのか。シェアの思想もコモンズ論同様，過剰利用と過少利用両極の問題を射程に入れる枠組みとなりうるといえる。

　現代〈シェア〉は，恵まれすぎた若者たちの夢想として切り捨てることのできないものを含んでいる。気の合う仲よしコミュニティを求める浅薄なシェアとは異なる，深淵なシェアとでも呼びうる志向があるのではないか。シェアの思想を探ってみよう。

（3）浅薄なシェア，深淵なシェア

　建築家の門脇耕三は，シェアによって形成される共同体には2つの型があるという（門脇ほか，2015）。閉鎖的シェア・コミュニティと開放的シェア・コミュニティである。前者は同質性が支配し，共同体の内と外で断絶があるのに対して，後者は異質性のまとまりであり，共同体の内と外に連続性がある。そして，空き地・空き家・空き店舗など，〈空き〉のシェアは，後者の開放的コミュニティ生成への関心が強いという。三浦展が〈共同体〉と〈共異体〉と呼んでいるものと符合する（三浦，2011）。ハーヴェイの，〈排他的コモンズ〉と〈都市コモンズ〉ともいえる。また，公共空間論の文脈でいうなら，前者が〈共〉の空間であり，後者が〈公〉の空間に相当する。例えば，『スタイリオヴィス上池台』は元社員寮を活用したシェアハウスである。共用スペースにプロ仕様の

キッチンを備えている。ここでは，マルシェや料理教室など地域に開かれたイベントを行ない，外とつながる機会を積極的につくっている。

なぜ，〈空き〉のシェアは，他者を招き入れ，外に開かれたコミュニティを生成するのか。門脇によれば，近代計画に基づいた同質性が支配原理の空間にあって，〈空き〉はそうした支配的原理から逃れられる一種の隙間であり，異質性に居場所を与えるからである。近代の合理的・効率主義的な土地利用がゾーン別に用途を定め，各ゾーンは均質化された。建築の内部空間においても利用の排他的で自己完結的な個室を多くつくった。そこでは異質な他者と出会える機会が奪われている。

こうした近代計画的秩序に覆われた空間のほころびが〈空き〉であり，そこに生起するシェアは，「共同体の「外」にある存在へと意識を呼び覚ますもの」だという。建築家のR.コールハースは，巨大で均質な現代都市に「空隙を穿つ」建築的介入により，固有性や公共性を取り戻そうと試みているが，規模縮小下で発生している〈空き〉は均質化に抗う格好の隙を与えているといえる。

コモンズ研究の文脈でいえば，細分化された排他的利用権が近代計画のもたらした同質性の支配する秩序の帰結であり，これと人口が減ることとが相まって空間や場所の過少利用がまちを寂しくしている。〈アンチコモンズの悲劇〉的状況である。こうして出現した多くの〈空き〉をシェアする，開放的で異質性のコミュニティが，若者たちによって模索され始めたと解釈できる。

仲よしコミュニティが浅薄なシェアによってまとまるとするなら，〈空き〉に生成するコミュニティは深淵なシェアの帰結といえよう。そして，門脇は，「〈シェア〉は出会い方をデザインすること」だという。〈空き〉に生成するシェア・コミュニティは，近代思想のつくりだした人の暮らし方への強い批判を体現している。右肩上がりの人口増加でし

か立ち行かない地域を脱し，人口が量的に減っても豊かさを維持し質を高められる模索が，〈空き〉を活用したシェアオフィスやシェアハウスにおいて始まっている。内向的なシェアではなく，外へと関心を向け招き入れる深淵なシェアの挑戦である。

（4）インフォーマルな利用によるまちづくり

既存商店街の空き店舗や伝統的コミュニティの残っている集落の空き民家の場合，〈空き〉をシェアしようとしかける主体は，必ずしも貸借権により排他的な利用権を求めているわけではない。むしろ，そもそもの所有者を含めたシェアを志向している。

塩尻市商店街で空き店舗を活用したnanodaの取組みは，閉まったままになって久しいお店にみんなで押しかけて掃除させてもらうインフォーマルな活動から着手している。他者を招き入れる空間にするためのシェアであって，所有者からフォーマルに排他的な権利を付与されるより，誰でも利用できるインフォーマルな権利のほうが実態に合っている。

例えば，岡部が取り組んでいる古民家ゴンジロウの試みでは，古民家をインフォーマルに使わせてもらっている（岡部，2014）。ゴンジロウ（写真13-5，13-6）は，館山市の60戸ほどからなる山が海に迫った海辺の集落にある旧家の茅葺き民家である。傷んでいた茅葺き屋根を毎年部分的に5年間かけて葺き直した。毎年10日間程度の葺き替え期間中，学生たちはじめ都会の若者が民家に泊まり込み，彼らが主体になって作業をしていると，地域の人たちがしばしば立ち寄ってくれる。庭木の手入れなどは，手慣れた地元の人たちがむしろリーダーで若者たちが手伝っている。ゴンジロウを訪れた留学生たちが，近所の畑で地元の女性たちといっしょに作業をしていたりする。廃屋となっていた炊き場に新しいキッチンを挿入したり，一度は失われていた土間を再生しさらに外に

家主をそのままに，〈空き〉を大学の研究室がインフォーマルに使わせてもらうことで，地元にも都会にも開かれた異質性のコミュニティが育ってきた。
写真13−5　『古民家ゴンジロウ』外観

毎年多くの学生が参加して，茅葺き屋根を部分的に葺き替えることで，空き家を地域に開いていった。
写真13−6　『古民家ゴンジロウ』屋根の葺替え作業

大きく開くように改修したりすることによって，異なった価値観を持った人たちが折に触れて集える空間になっていった。古民家ゴンジロウという〈空き〉のシェアによって開放的で異質性のコミュニティがいつのまにか育ってきているのを感じている。

(5) 持ち主とともに建物を外に開く

　ゴンジロウの持ち主は，道を挟んでもうひとつの家に住んでおり，民家の主であり続けている。彼は集落の区長さんでもあるために，古民家ゴンジロウは，都会の若者たちにも伝統的なコミュニティである地元集落みんなにも開かれた空間としてシェアされている。

　古民家ゴンジロウは，家主としては愛着のある先祖の家であり，集落にとっても昔の面影をとどめる唯一の古民家であり，由緒ある地元の一族の家でもある。現実的には，雨漏りのする廃屋同然の家で，責任を持って人に住居として貸すことのできる状態にはない。当面経済的に困っているわけでもないから，建物を除却して土地を売る気にもなれない。かといって，年金暮らしの身だし，お金をかけてまで再生しようと思うほど積極的ではない。一方で，ただ老朽化していく茅葺き民家の姿は不本意だった。排他的利用権をともなった所有権が生むアンチコモンズの悲劇に陥っていた。

　その膠着状態を動かす契機となったのが，所有権を保ったまま，オープンアクセスの空間にしていくインフォーマルな活動だった。他者の利用を排除しない現代版の都市的入会権の試みといっていい。

　集落の要である古民家であるから，ここが息吹を取り戻せば，集落のイメージは大きく変わる。実際，私たちが活動しているうちに，知り合いになった子連れの若夫婦がこの集落に越してきてレストラン兼住居を新築したり，地元の方の子世帯が戻ってくる動きが連動したりしてい

る。

　人口が減少していく過程でも，こうして地域に新しいコトが起これば地域は維持できる。人口減少の〈適応策〉としては，ささやかながらも間違っていない。

（6）人口爆発と人口減少の両極を抱える現代社会の構想

　近代主義の計画の想定を越えた過少利用状態で，インフォーマルな現代版入会権によるシェアが力を発揮しうることをみてきた。他方の極である，人口が急増する途上国都市では，スラムの増殖が焦眉の問題になっている。現在，多くの国で，自助によるスラム改善を期待して，土地所有権など近代的で排他的な個人の権利をはっきりさせる方策がとられている。しかし，とくに都市中心部の超高密度なスラムでは，個人の権利が確立していないおかげで，水回りの寛容でフレキシブルなシェアが機能しており，辛うじて生活が成り立っているところも少なくない。現代都市にあって極限の過剰利用状態においてインフォーマルな調整がぎりぎり機能している例である。排他的な個人の権利をはっきりさせたとすると，この密度では生活が立ち行かない。このように，人口爆発と人口減少の両極を抱える問題として捉え直すことで，現代社会におけるインフォーマルな取組みの真価がみえてくる。

　もちろんインフォーマルな調整が万能ではない。土地の過剰利用問題を抱える現代過密スラムと都市化は不可分であり，都市中心部のスラムでシェアが機能するとしたら異質性に依拠し開かれた共同体でなければならない。また，先にみたように，〈空き〉のシェアは外と連続した開放的なコミュニティを指向する。先の門脇は，同質性のコミュニティでは成員の価値観がコミュニティ全体の価値観に従属するためにコミュニティをマネジメントするための規範は暗黙的でありうるのに対して，異

質性のコミュニティでは明示的な規範が必要である点を指摘している。しかし，インフォーマルな調整と明示的な規範は相入れない。また，高村学人は今日の人口減少下の日本における空き家・空き地問題では法制度改革が重要であると指摘している（高村，2014）。その理由として主に過少利用状態であることを挙げているが，加えて，ライフスタイルの都市化が背景にあるのではないか。物的環境が都市的であろうが農村的であろうがメタ次元で都市化しているために，異質性を前提とした共同管理が求められる。すなわち，現代社会の抱える人口減少と人口増加の両極の問題はいずれも，ハーヴェイの見方をすれば，都市コモンズの問題になる。異質性に依拠するコミュニティにおいて他者の利用を排除しないシェアをどう担保するかという課題である。

　インフォーマルな開かれた暫定利用を戦略的に可能にすることで小さな成功体験を実感できるようにする一方，排他的私有権に抗い相対化しうる総有や，現代版入会権など所有のあり方に及ぶ法制度の見直しを巡る積極的な議論が求められる。

学習のヒント
1. 人口減少の緩和と人口減少への適応を峻別して，〈空き〉を活用する意味を考えてみよう。
2. コモンズ論の枠組みで，空き地・空き家の活用が効果的に進まない理由を考えてみよう。
3. 人口減少で空間が余るはずなのに，なぜ空間のシェアが起こるのか，考えてみよう。

参考文献

五十嵐敬喜 編著『現代総有論序説』ブックエンド，2014年
岡部明子「茅葺き民家を核にしたケアの連環」(特集1：公共研究の成果と展望)『公共研究』10 (1) 55-68頁，2014年
岡部明子「空き地・空き家を，ホンモノの「空き」にする」『都市計画』303号 52-55頁，2013年
門脇耕三ほか『「シェア」の思想／または愛と制度と空間の関係』LIXIL 出版，2015年
嶋田洋平『ほしい暮らしは自分でつくる　ぼくらのリノベーションまちづくり』日経BP社，2015年
高村学人『コモンズからの都市再生』ミネルヴァ書房，2012年
高村学人「現代総有論の歴史的位相とその今日的意義」五十嵐 編著，60-83頁，2014年
三浦展『これからの日本のために「シェア」の話をしよう』NHK出版，2011年
ハーヴェイ，D. *Rebel Cities* (2012) 森田成也ほか 訳『反乱する都市：資本のアーバナイゼーションと都市の再創造』作品社，2013年
Heller, Michael A. "The Tragedy of the Anticommons: Property in the Transition from Marx to Markets." *Harv. L. Rev.* 111 (3)：621-88 (1998)

14 | 人口減少社会の社会保障

広井良典

《目標&ポイント》 人口減少社会において重要な意味をもつ社会保障について考えを深める。国際比較の中での日本の社会保障の特徴を確認した上で，今後の社会保障の方向性，世代間配分ないし世代間公平，財源やコミュニティとの関わりについて吟味する。
《キーワード》 社会保障の国際比較，予防的な社会保障，人生前半の社会保障，世代間配分，社会保障の財源

1. 社会保障の現状と改革の方向性

（1）日本の社会保障をめぐる現状

まず基本的な確認となるが，図14－1は先進主要諸国の社会保障の規模と内訳を比較したものである。

ここからみて取れる点として，第1に，全体的にヨーロッパにおいて社会保障は手厚く，日本はイギリスと同程度の規模であるが，高齢化率がもっとも高いことも考慮すると，実質的にはアメリカと並んでもっとも低い水準にあるといえる。第2に，日本は社会保障のうち高齢者関係（ここでは年金に相当）の占める比重が大きく，「福祉」関係（家族，失業，住宅など）の割合が小さいことである。

しばらく前まで，日本がこうした相対的に低い社会保障給付でそれなりに「やってこれた」のは，次のような背景に由来するものであった。それは第1に（終身雇用の）「カイシャ」や家族が"みえない社会保障"

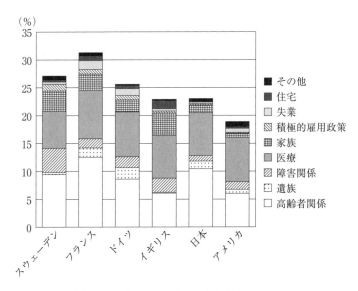

（出所）OECD, Social Expenditure Database より作成。
図14-1　社会保障給付費（社会支出）の国際比較（対 GDP 比）2011年

としての機能を果たしてきたこと，第2に公共事業を含めた「生産部門における再分配」システム（農業補助金や地方交付税交付金による都市・農村ないし中央・地方の再分配などを含む）が存在していたことである。しかしこうした条件がいずれも失われている現在，社会保障の役割，とりわけその再分配機能が重要となっている。

いま述べた点と関係してくるが，図14-2は，経済格差をめぐるいわゆるジニ係数の国際比較である。ジニ係数は値が大きいほど格差が大きいことを示す係数だが，これをみると，デンマークなど北欧諸国がもっとも経済格差が小さく（つまり平等度が高く），次いでオランダ，オーストリア，ドイツ，フランスなど大陸ヨーロッパ諸国が比較的平等であり，ギリシャ，スペインなど南欧諸国になると経済格差が次第に大きく

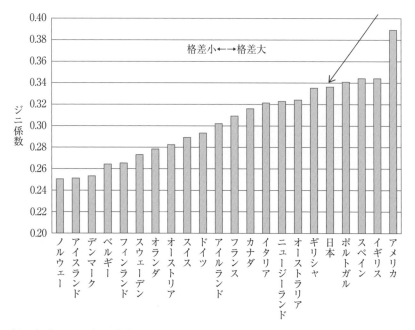

(注1) 主に2011年の数値。
(注2) ここでの所得は再分配後の家計当たりの可処分所得（家計人数に応じて調整）。
(出所) OECD Social and Welfare Statistics より作成。

図14-2　所得格差（ジニ係数）の国際比較

なり，イギリスそしてアメリカに至ると，もっとも経済格差が大きいことがみてとれる。

　そして日本についてみれば，図に示されるように，現在では先進諸国のなかで格差の大きいグループに入っている。これは特に近年顕著になってきた現象であり，日本は1980年代頃までは大陸ヨーロッパと同程度に平等だったが，その後徐々に経済格差が拡大し，現在のような状態に至っている。先ほど述べた，高度成長期を中心に存在していた"みえな

い社会保障"が失われてきたことがこうした状況の背景にあると考えられる。

　関連して，たとえば失業率は2008年のリーマン・ショック後に急激に上昇して以降，近年では多少改善されてきているが，若い世代の失業率は，高齢者世代に比べてなお高いものになっている（2014年において，55～64歳の失業率3.2％に対し15～24歳の失業率は6.3％，25～34歳のそれは4.6％。労働力調査）。

　しかも以上はあくまで「失業」率に関するものであり，仕事には就いているがきわめて低賃金である者，非正規雇用の者（ひいてはいわゆる"ブラック企業"での労働を余儀なくされている者）等は含まれていない。非正規労働者の数は近年増え続けており，2003年に全労働者の30.4％だった割合が，2013年には36.7％にまで上昇している（労働力調査）。

　失業ないし雇用の不安定はおのずと貧困につながり，たとえば日本の場合，生活保護の受給世帯はその要因にそくして「高齢者世帯」「母子世帯」「傷病・障害者世帯」「その他世帯」に分類されるが，図14－3に示されるように全体として生活保護受給者が近年増加しているなかで，若者などを多く含む「その他の世帯」の割合が顕著に増加している（「その他の世帯」が生活保護全体に占める割合は，1997年の6.7％から2012年には18.4％に増加）。

　こうした若者の失業率の高さは，日本に限った現象ではなく，先進諸国にある程度共通する事態であり，近年のヨーロッパやアメリカでの様々なデモや抗議行動等は，他でもなくこうした状況に連動した動きだった。

　では，なぜそもそもこうした状況が生まれるのか？　そうした根本原因に関する議論が十分なされていないが，もっとも根底にあるのは，現在の先進諸国ないし資本主義社会においては，モノがあふれ人々の物質

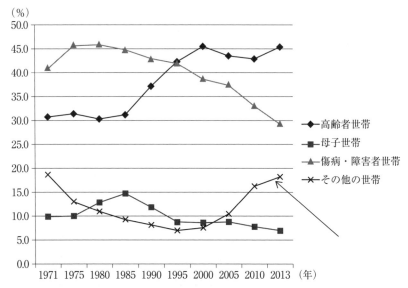

若者を多く含む「その他の世帯」が特に増加。
(出所) 厚生労働省社会・援護局「被保護者調査」
図14-3　生活保護：世帯類型割合の推移

的な需要が飽和する中で，構造的な「生産過剰」という状況が生じている点と考えられる。こうした状況においては，かつてのように"雇用の総量が拡大を続ける"という前提が成り立たないため，雇用は「いす取りゲーム」のような事態となり，結果として，雇用市場の入り口に立っている若者に大きなしわ寄せが生じることになる。

(2) 社会的セーフティ・ネットの進化——事後から事前へ

以上のような現状認識を踏まえたうえで，これからの社会保障の方向性を，「社会的セーフティ・ネットの進化」という観点から考えてみよう。

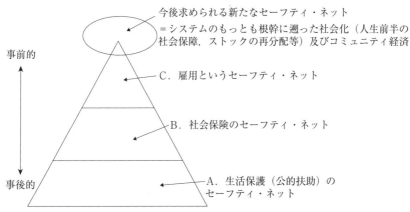

(注) 歴史的には，これらのセーフティ・ネットはA→B→Cという流れで（＝事後的なものから事前的なものへという形で）形成されてきた（Cについては，ケインズ政策という雇用そのものの創出政策）。しかし現代社会においては市場経済そのものが成熟・飽和しつつある中で，市場経済を超えた領域（コミュニティ）を含むセーフティ・ネットが求められている。

図14-4　社会的セーフティ・ネットの構造と進化

まず，現代社会におけるそうした社会的セーフティ・ネットは図14-4のようなものとなっている。

すなわち第1に，まず「雇用」というセーフティ・ネットがあり（図のC），これは資本主義社会においては，雇用あるいは仕事について一定の貨幣収入を得ていることが，生活を維持していく上でのもっとも基本的なセーフティ・ネットとなるという意味である。

ところが人は病気になったり，失業したり，高齢のため退職して雇用から離れたりする。そうした場合に備えて存在するのが「社会保険」のセーフティ・ネット（健康保険，失業保険，年金保険等）であるが（図のB），ここで注意する必要があるのは，この社会保険という仕組みは，一定期間以上仕事に就いて社会保険料を支払っていることを前提として

いること，つまり実は図のBはCの「雇用」とセットになっているという点だ。

そして，長期の病気や失業その他の理由でそうした社会保険料の支払いすらできなかった場合に登場するのが，（税によって賄われる）公的扶助ないし生活保護のセーフティ・ネット（図のA）である。

以上は社会的セーフティ・ネットの構造についての確認だが，ここで重要なのは次の点である。それは，歴史的にはこれらのセーフティ・ネットは今述べたのとは逆の順，つまりA→B→Cという流れで形成されてきたという点だ。

すなわち，近代以降における社会的セーフティ・ネットは，17世紀前後から市場経済が大きく拡大していくなかで，

①まず第1ステップとして，当初それは市場経済から落伍した者への公的扶助ないし生活保護という"事後的救済策"から始まった（1601年のエリザベス救貧法など）。

②続いて第2ステップとして，産業化・工業化が本格化した19世紀後半には，大量の都市労働者の発生を前にして，（前記のような事後的な救済策では到底間に合わなくなり）雇用労働者が事前に保険料を払って病気や老後等に備える仕組みとしての「社会保険」という，より事前的ないし予防的なシステムが導入された（1880年代のドイツ以降）。

③しかし20世紀に入って世界恐慌に直面し，社会保険の前提をなす「雇用」そのものが確保できないという事態に至ると，ケインズ政策という，市場経済への直接的な介入——需要喚起による経済成長を通じた，政府による雇用そのものの創出政策——が開始された。これは，市場そのものに政府が介入し，その成長・拡大を管理するという意味で，資本主義のより"中枢"に向けた修正が行われたことになる。

そして，そのように「成長・拡大」を続けてきたのが20世紀後半の

資本主義の歴史だったわけだが、冒頭にふれた近年の状況や、2008年のリーマンショックそして金融危機に示されるように、そうした不断の経済成長あるいは資源消費の拡大という方向自体が、根本的な臨界点に達しようとしているのが現在の状況である。

いずれにしても、以上のような歴史的展開を振り返ると、社会保障あるいは社会的セーフティ・ネットというものは、いわば「事後的・救済的」なものから「事前的・予防的」なものへと、あるいは資本主義システムの末端部分からシステムの"上流"あるいは根幹に遡った対応へと進化してきたという、大きな流れをみてとることができるだろう。

(3)「予防的な社会保障」の意味

では以上のような流れを踏まえると、これからの社会保障の方向としてどのような姿が浮かび上がってくるのだろうか。

大きくいえばそれは2つの方向であり、第1は、いわば資本主義システムのもっとも根幹ないし"上流"にさかのぼった「社会化」であり、具体的には子どもや若者等に関する「人生前半の保障」や「ストックに関する社会保障（住宅や土地所有、相続などに関する社会化）」がこれにあたる。

第2は、いわば「コミュニティというセーフティ・ネット」への注目である。これまでの社会保障ないし社会的セーフティ・ネットは、"市場経済を前提としたうえでの事後的な施策（主に現金給付を中心とする再分配）"が中心だったが、そうした対応のみならず、個人をいわば"最初からコミュニティそのものにつないでいく"ような対応が本質的な重要性を持つようになる。

なぜならここまでみてきたように、経済が成熟する時代あるいは人口減少時代においては、「市場経済の限りない拡大・成長」という前提自

体がかつてのように存在せず，したがって「市場と政府（あるいは私と公）」という"二元論"を超えた，「共」の領域を積極的に評価するような対応が求められているからである。

たとえば，高齢者が様々な形で地域コミュニティでの人とのつながりを持てることで，孤独やひきこもり的な状況に陥らずにすみ，また心身の状態を良好に保つことができるといった例もこれにあたる。

以上の2つの方向（①資本主義システムのもっとも根幹ないし"上流"にさかのぼった「社会化」及び ②「コミュニティというセーフティ・ネット」への注目）の両者を併せて，**「予防的な社会保障」**と呼ぶこともできるだろう。

2. 世代間配分をめぐる課題

(1)「人生前半の社会保障」の重要性

まず「人生前半の社会保障」についてだが，それが重要になっている背景としては，主に次の2点が挙げられる。

第1に，市場経済の成長の時代においては，生活上のリスクはほとんど退職して以降の時期（＝高齢期）に集中していたが，現在のような経済の成熟期あるいは人口減少期においては，先ほど失業率に関する状況をみたように，生活リスクが広く「人生の前半」に及ぶようになっているという点である。第2に，所得や資産の格差は親から子へとバトンタッチされていくため，それは累積していき，現在の日本においては，人生の初めにおいて個人が"共通のスタートライン"に立てるという前提が大きく崩れつつあるという点である。

なお，若い世代の生活保障や所得水準は，結婚ひいては出生率にも大きな影響をもち（たとえば20代〜30代の男性の年収が300万円より上か下かで結婚率に大きな相違があること等が明らかになっている），した

がって出生率の改善あるいは人口減少問題への対応という点からも「人生前半の社会保障」の充実は重要な意味をもっている。

図14-5はそうした「人生前半の社会保障」を国際比較したものだが，日本の低さが目立っている。今回の初めでもふれたように，日本の社会保障給付費（対ＧＤＰ比）はもともと先進主要国の中でアメリカと並んでもっとも低いが，高齢者関係の比重が大きいこともあり，高齢者以外の社会保障でみると一層その「低さ」が顕著になっている。

また「教育」は人生前半の社会保障としてきわめて重要な役割を担っているが，ＧＤＰに占める公的教育支出の割合を国際比較すると，1位のデンマーク（7.5％）のほかノルウェー，アイスランド等北欧諸国が

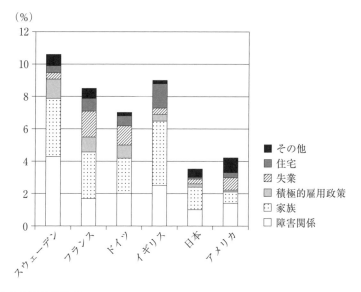

―日本の低さが目立つ
（出所）OECD, Social Expenditure Database より作成。
図14-5 「人生前半の社会保障」の国際比較（対ＧＤＰ比％，2011年）

上位を占める一方，日本のそれは3.6％で，先進国（OECD加盟国）中で最下位という状況が5年連続で続いている（OECD加盟国平均は5.3％）。

特に日本の場合，小学校入学前の就学前教育と，大学など高等教育における私費負担の割合が高いことが特徴的で，これは「機会の平等」を大きく損なう要因になっているだろう（就学前教育における私費負担割合は55％（OECD加盟国は19％），高等教育における私費負担割合は66％（OECD平均は31％）。以上2011年のデータ。OECD, *Education at a Glance 2014*より）。

このうち高等教育に関し，たとえばフィンランドでは「すべての市民に対する社会保障，無料の学校教育等によってもたらされる市民のしあわせと社会の安定は"特許のないイノベーション"」という理念のもとで，大学の学費が無料であることに加え，大学生に対して月額最大811ユーロの「勉学手当」を支給している（最高55か月。GDPの約2％に相当）。日本的な発想では"若者を甘やかしている"とも批判されそうな政策だが，こうした政策が失業率を下げまた機会の平等に寄与すると同時に，長い目でみて，むしろ創造性や経済の活性化という観点からもプラスの意義をもつのではないだろうか。

（2）世代間配分をめぐる課題と年金制度

こうした「人生前半の社会保障」というテーマを考えていくと，同時に社会保障における「世代間の配分」という，困難な課題も直視していく必要が生じる。

これについて表14-1をみてみよう。これは社会保障支出の全体の規模と，そのうち高齢者関係の支出（ここでは年金）の規模とをそれぞれ国際比較したものだが，いくつかの特徴的な点が浮かび上がる。

表14-1 社会保障支出の国際比較（対ＧＤＰ比％，2011年）
―日本や南欧は年金の比重が大きい―

	高齢者関係（年金）	社会保障全体	
スウェーデン	9.4	27.2	北　欧
デンマーク	8.4	30.1	
フランス	12.5	31.4	大陸ヨーロッパ
ドイツ	8.6	25.5	
オランダ	6.2	23.5	
イギリス	6.1	22.7	アングロサクソン
アメリカ	6.0	19.0	
イタリア	13.4	27.5	南　欧
ギリシャ	12.3	25.7	
スペイン	8.9	26.8	
日本	10.4	23.1	

（出所）OECD, Social Expenditure Database より作成。

　注目すべきは，日本は社会保障全体の規模はこれらの国々の中でもっとも「小さい」部類に入るのに対し，高齢者関係支出（年金）の規模は「大きい」部類に入るという点である。

　この点は，たとえば日本とデンマークを比べると顕著であり，社会保障全体の規模はデンマークが日本の1.5倍近くあるのに対し，高齢者関係支出（年金）は日本のほうがデンマークよりも大きくなっている。またデンマークに限らず，スウェーデンなどの北欧諸国は，社会保障全体の規模は日本よりずっと大きいが，意外にも年金の規模については日本よりも小さいことが示されている。逆にいえば，これらの国々では，高

齢者関係以外の社会保障（子ども関係，若者支援，雇用，住宅など）がきわめて手厚くなっているのである。

　皮肉なことに，表に示されるように，日本と似た構造にあるのはギリシャやイタリアなどの南欧諸国であり，これらの国々は社会保障全体の規模は相対的に低いが，年金の規模は大きいという特徴がある。そしてギリシャの経済危機（2010年〜）の主要な背景の1つが年金問題にあったことは記憶に新しい。

　以上を踏まえ，大きくは社会保障における「人生前半の社会保障」への配分のシフトを行う必要がある。ただし，ここには次のようなもう少し複雑な要素が含まれている。それは，年金あるいは高齢者と一口にいっても，高齢者の間で相当な違いがあるという点である。

　具体的には，現在の日本の年金制度では，高齢者への給付において"「過剰」と「過少」の共存"という状況が生まれている。

　つまり一方では，高齢者のうち比較的高所得者層が（高所得者であるがゆえにそれに応じて）相当な額の年金を受給しているかと思うと，他方では，国民年金ないし基礎年金は満額（40年加入）で約6万6千円だが，現実にはたとえば女性の平均受給額は4万円代で，それより低い層も多く存在し，実際65歳以上の女性の「（相対的）貧困率」が約2割で，単身者では52％に上るという事実がある（2009年の内閣府集計）。

　このように，一方で「過剰」というべき年金給付があり，他方で"本当に必要な層"に十分な年金給付がなされていないというのが日本の現状である（ちなみに日本の社会保障給付は2013年度で110.7兆円だが，うち年金給付は全体の約半分（49.3％）を占め54.6兆円にのぼる）。

　ではなぜこのような事態が生じるかというと，それは現在の日本の年金制度が，「報酬比例」と呼ばれる部分を多くもち（厚生年金の"2階"と呼ばれる部分），この部分は制度の性格それ自体が「高い所得の者ほ

ど高い年金をもらえる」という仕組みになっているからである。しかも日本の年金制度は実質的に賦課方式（高齢者への年金給付を現役世代の拠出する保険料で賄う）なので，その負担を現役世代に求める形になる。

逆に，基礎年金は（基礎的な生活を保障するという）性格からすると本来は税によって賄うべきだが，それが実現しておらず（半分が保険料），上記のように低所得層ほど十分な年金が支給されないという状況が生じることになる。

全体として，日本の年金は「世代内」および「世代間」の双方において，ある意味で"逆進的"な要素を含むような制度になっている。

この点に関し，先ほど日本とデンマークの対比を行ったが，デンマークの場合，日本とは逆に年金制度はむしろ「基礎年金」が中心で（財源はすべて税），その部分は比較的手厚くかつ平等であり，逆に報酬比例部分はきわめて限定的である。そのため低所得者への保障はしっかりなされる一方，年金全体の給付規模は日本よりも小さいという，正反対の状況が生まれる。

そもそも公的年金の基本的な役割は，高齢者に一定以上の生活を平等に保障するという点にあるべきと筆者は考える。だとすれば大きな方向性として，（デンマークがそうであるように）基礎年金を税によって手厚くし，逆に報酬比例部分はスリム化していくという改革を行っていくべきではないか。このことが，高齢者の間での「世代内公平」とともに，若い世代ないし現役世代との関係における「世代間公平」にも資すると考えられるのである。

(3)「ストックに関する社会保障」あるいは資産の再分配

さて，「予防的な社会保障」という方向を述べた際に「人生前半の社会保障」と並んで指摘した「ストックに関する社会保障」という新たな

課題についてはどうか。

　様々な「格差」をめぐる問題が活発に議論されているが，概して議論の中心になっているのは所得，つまり「フロー」面での格差問題である。しかしながら，そうした格差がより大きいのは資産あるいは「ストック」面での格差であり，実際，格差の度合いを示すいわゆるジニ係数をみると，年間収入（2人以上の一般世帯）のジニ係数が0.311であるのに対し，貯蓄におけるそれは0.571，住宅・宅地資産額におけるそれは0.579となっており（全国消費実態調査 2009年），所得よりむしろ金融資産や土地等の格差のほうがずっと大きいのである。

　社会保障については，これまでほぼもっぱら現金給付（年金など）やサービスなどの「フロー」について考えられてきたが，人口減少が本格化する今後の時代においては，住宅，土地，資産など「ストックに関する社会保障」が重要になる。というのも，経済の成熟期ないし人口減少の時代においては，フローの増加はきわめて小さくなるため，ストックのもつ意味が相対的に大きくなり，特にその「格差」や「分配」のあり方が社会あるいは人々にとっての大きな課題となるからである。

　実はこのテーマは，2014年に翻訳が出て話題となったフランスの経済学者トマ・ピケティの著書『21世紀の資本』における議論と関連してくる。ピケティは著書の中で，「資本主義の中心的な矛盾」として，「r＞g」という事実，つまり「r（土地や金融資産等の資産から得られる平均的なリターン）」のほうが「g（経済の成長率または所得の増加率）」よりも大きいという点を実証分析を踏まえて指摘した。要するに，労働によって得られる賃金よりも，所有する資産を運用して得られる（"不労"の）収益のほうが大きいということである。

　同時にピケティは，「経済成長の速度が弱まる時代においては，おのずと過去の資産が不均等に大きな重要性をもつに至る」と述べ，こうし

た状況では，「起業家は金利生活者（rentier）に転身するのが不可避となる」と彼は論じる（注：rentier はもとフランス語で「不労所得生活者」という意味でもある）。これは人口減少時代の課題ともいうことができ，こうしたストックないし資産の分配，あるいは再分配が大きなテーマとなる。

　具体的には，日本において手薄な公的住宅など住宅保障の強化や，土地所有のあり方（「公有地」ないしコモンズの強化や公有地の積極的活用），土地課税のあり方（土地課税の強化とそれによるストックの再分配や社会保障への充当）等が新たな課題になるだろう。

3．社会保障の財源とコミュニティ

（1）社会保障の財源

　以上のような社会保障を賄うための財源としては，筆者はこれからの時代において，消費税，相続税，環境税（ないし土地課税）が重要と考えている。

　消費税については，次のような視点がポイントになると思われる。すなわち，「福祉国家」といわれる北欧や他のヨーロッパ諸国は，いずれも高い消費税率となっている（スウェーデンやデンマークは25％で，イギリス20％，フランス19.6％，ドイツ19％など）が，それはなぜかという点だ。消費税がもし不平等を促進するのだったら，「福祉国家ほど概して消費税が高い」という事実は本来ないはずである。

　これには次のような背景があると考えられる。1960年代頃までは，各国ともに政府の支出に占める社会保障の比重は小さかったため，富の再分配は税，特に税率の累進性による部分が大きかった。しかし70年代頃以降，先進諸国の政府予算の最大項目は社会保障となり，社会保障は中所得以下の人に相対的に大きな給付がなされるので，その結果，税を

「集める」段階よりも「使う」段階で強い再分配機能が働く。こうした点から，特にヨーロッパ諸国は消費税の比重を高めつつ社会保障の給付を充実させていったのである。

　相続税は，先ほど述べた「ストック（資産）の再分配」と関わり，また，経済格差が親から子へとバトンタッチされていくのを緩和する機能をもつ。特にその税収を先ほど述べた「人生前半の社会保障」に活用すれば，個人が人生の初めにおいて"共通のスタートライン"に立てることを保障するという点で重要である。

　環境税と社会保障との関連については，残念ながら日本ではほとんど議論が行われていないが，実は環境税を導入しているヨーロッパの国々の多くは，意外にも環境税の税収の相当部分を社会保障に使っている。たとえばドイツは1999年に「エコロジー税制改革」という政策を行い，環境税を導入するとともに，その税収を年金にあて，そのぶん社会保険料を引き下げるという大胆な改革を行った。環境負荷を抑えつつ，社会保障の水準を維持し，かつ社会保険料を下げることで（企業にとっての雇用に伴う負担を抑えて）失業率を低下させ，かつ国際競争力を維持するという，複合的な効果をにらんだ分野横断的政策である。

　その根底にある思想は次のような興味深いものである。かつては"人手が足りず，自然資源が十分ある"という時代だったので「労働生産性」（少ない人手で多くの生産を上げる）が重要だった。しかし今は全く逆に，今回の前半でみたように，"人手が余り（＝慢性的な失業），自然資源が足りない"という逆の状況になっている。そこでは「環境効率性」，つまり人はむしろ積極的に使い，逆に自然資源の消費や環境負荷を抑えるという方向が重要で，こうした「労働生産性から環境効率性へ」という大きな方向を進めていくために，「労働への課税から資源消費・環境負荷への課税へ」という改革がなされたのである（広井 2001）。

そこで展望されているのは，いわば「エコロジー志向の福祉国家」あるいは"緑の福祉国家"とも呼ぶべきビジョンないし社会構想である。ドイツは脱原発にも大きく舵を切ったが，社会保障と環境の問題は一体的に考える必要がある。

（2）コミュニティというセーフティ・ネットと「コミュニティ経済」

　以上は「予防的な社会保障」のうち，「資本主義システムの根幹にさかのぼった社会化」に関するものだが，最後に，今後の対応のもう1つの柱として挙げた「コミュニティというセーフティ・ネット」への注目についてはどうか。

　「コミュニティというセーフティ・ネット」というコンセプトの意味をあらためて確認すると，これまでの社会保障は，市場経済の領域が拡大・成長していくことを前提に，そうした市場経済から落伍した人を（主に金銭の給付により）事後的に救済するという性格のものだったが，市場経済の拡大・成長が従来のようにはみられなくなる人口減少時代においては，むしろ「はじめからコミュニティそのものにつないでいく」ような対応が重要になるという趣旨である。こうした点において，コミュニティの再構築が社会保障との関連でも本質的な意味を持つことになるが，いい換えればそれは，地域などでのコミュニティあるいは相互扶助自体が，一次的なセーフティ・ネットとして重要ということである。

　コミュニティが「予防的な社会保障」としても重要ということの一例としては，医療や健康の領域に関する長野県の例が挙げられる。長野県は2010年の国勢調査で男女ともに平均寿命全国1位だったが（男性は5回連続，女性は初の1位（以前は沖縄県））, 一方で県民1人当たりの後期高齢者医療費は低いほうから4番目である。こうしたことの背景として挙げられているのは（長野県による分析），①高齢者の就業率が高く

(全国1位),生きがいをもって生活しやすい,②野菜摂取量が多い(全国1位),③健康ボランティアによる健康づくりの取り組みや,専門職による保健予防活動といった点であり,これらはコミュニティという点と関連しているといえるだろう。

　また,筆者はこうした点に関し,「コミュニティ経済」,つまりコミュニティと経済が融合したような地域の姿が重要と考えている。たとえば商店街という空間は,買い物をする場所であり,またそこで店を営む人にとっては仕事の場であるという「経済」的な側面をもつと同時に,そこで様々な会話や交流が自然になされる「コミュニティ」としての機能ももっている。こうした例にみられるように,本来「経済」と「コミュニティ」は結びついていたのであり,これからの人口減少時代は市場経済をもう一度いわばコミュニティに着陸させ,地域の中でヒト・モノ・カネが循環するような経済のありようを再構築していくことが求められている。それが実際にはここで述べている「コミュニティというセーフティ・ネット」あるいは「予防的な社会保障」として機能するのである。

　人口減少社会の社会保障について様々な話題を考えてきたが,全体として,以上から浮かび上がってくるのは,「持続可能な福祉社会(緑の福祉国家)」とも呼びうる社会像であり,それは「ローカル・レベルの地域内経済循環(＝コミュニティ経済)から出発し,ナショナル,グローバルへと再分配の仕組み(＝その中心が社会保障)を積み上げていくようなシステム」である。こうしたテーマに関する議論と構想を進めていくことが,人口減少社会のフロントランナーたる日本にとっての中心的な課題ではないだろうか。

1．日本の社会保障の改善案について，自分独自の提案を考えてみよう。
2．公的な社会保障とコミュニティの役割分担はどうあるべきか，具体例にそくして考えてみよう。
3．社会保障の維持や充実には財源が必要だが，日本においては増税への反対が強いのはなぜか。その背景について考えてみよう。

参考文献

テツオ・ナジタ『相互扶助の経済』みすず書房，2015年
広井良典『定常型社会　新しい「豊かさ」の構想』岩波新書，2001年

15 ｜人口減少社会の構想

広井良典

《目標＆ポイント》 そもそも人口減少社会というものを私たちはどうとらえればよいのかといった点を含め，人口減少社会のあり方を大きな視野のなかで考える。経済成長と豊かさや幸福の意味，定常経済論ないし脱成長論との関連等を含め幅広く吟味する。
《キーワード》 幸福の経済学，定常経済論，脱成長，持続可能な福祉社会，福祉と環境の総合化

1．人口減少社会と「幸福」

（1）そもそも人口減少社会をどうとらえるか

　一般的に，人口減少という現象は概してマイナスのものとして議論されることが多い。"人口が減少すると国としての活力や国力が低下してしまう" "人口減少は労働力の減少を意味するから経済にとってマイナスである" 等々といった論である。

　しかし一方，たとえば自然資源あるいは地球環境の「有限性」ということを考えると，人口が増え続けるのが常に望ましいことかというと，一概にそうとはいえない面があることは確かであるし，あるいは東京などでの朝のラッシュアワーなどをみると，少なくとも日本の首都圏での人口は "過密" ととらえるのが自然ともいえるだろう。

　また，次のような見方もありうる。江戸時代後半の日本の人口は約3000万人だったが，"黒船ショック" を通じて欧米諸国の軍事力や，そ

の背後にある科学技術力に衝撃を受け，これではいけないということでそれ以降は"富国強兵"，第二次大戦後は"経済成長"ということを国を挙げての目標に掲げ，国力の増強に努めるとともにひたすら「拡大・成長」という坂道を上ってきた。

そうした社会のあり方が，ほとんど"直立"するかのような人口の急激な増加カーブとなって示されているわけであり，その間に物質的な豊かさなど多くのプラスを得てきたことは確かであるが，しかし同時に，いまだに"過労死"といったことが存在するように，その間日本人は相当に無理を重ねてきた面があったといえるし，またそうした急激な拡大・成長の時代において"失ってきたもの"も様々にあるのではないだろうか（コミュニティ的なつながり，伝統的な基盤等々）。

この点は，このあとすぐに取り上げる「幸福」という，近年新たな形で活発に議論されるようになっているテーマともつながり，すなわち世界の様々な幸福度指標ないしそのランキングにおいて，現在の日本が経済的豊かさのわりにずいぶん低い位置にある——たとえばミシガン大学の世界価値観調査では43位，イギリスのレスター大学の「世界幸福地図（World Map of Happiness）」では90位——という点とも関連してくる。

さらに，都道府県の中で出生率がもっとも「低い」のが，経済活力という点では日本の中心あるいはトップである東京都であり，逆に出生率がもっとも「高い」のが，1人当たり県民所得がもっとも低い部類に属する沖縄県であるという事実を私たちはどう評価するべきだろうか。こうした事実を踏まえると，"24時間戦えますか"というような，ひたすら経済や人口の拡大・成長を追求するような社会の方向では，皮肉にもかえって出生率の低下や，さらなる人口減少を招いてしまうことになる。

あるいはまた，限りない拡大・成長をめざすという方向や発想こそが，

人口の東京一極集中ないし大都市集中を招いているのではないか。

このように考えると、逆説的にも、人口増加や経済成長といった目標を絶対視せず、一定以上のゆとりある生活や社会を実現していくことが、結果的に出生率の改善や人口の分散を実現していくという、新たな展望が開けるのである。

(2)「幸福（または幸福度指標）」をめぐる議論の活発化

以上のように、人口減少社会というものをそもそもどうとらえるかという話題を考えていくと、先ほども少し言及したように、近年議論が活発になっている「幸福」をめぐるテーマとつながってくる。

たとえば、GNP（国民総生産）ではその国や社会の本当の豊かさは測れないという問題意識から、アジアの小国ブータンが「GNH（グロス・ナショナル・ハピネス、国民総幸福量）」というコンセプト及びその測定のための具体的な指標を提唱してきたことは近年ではよく知られるようになり、国連などでも取り上げられるに至っている。

また、「GAH」という言葉を聞いたことがあるだろうか。これは東京都の荒川区が2005年から提唱しているもので、「グロス・アラカワ・ハピネス」つまり「荒川区民の"幸福"の総量」という意味であり、これを改善させることを区政の目標にしようというものである。筆者自身も多少の関わりがあるが、同区では荒川区自治総合研究所という組織を設立し、子どもの貧困など具体的な課題にそくしながら「GAH」の研究や政策展開を進めている。加えて、荒川区の呼びかけのもと、何らかの形で幸福度指標の考え方を取り入れた政策展開を図ろうとする市町村あるいは基礎自治体のネットワークとして、「幸せリーグ」という連携の試みも進んでいる（日本の自治体における幸福度指標策定の現状について枝廣・新津 2014）。

さらに，フランスのサルコジ大統領（当時）の委託を受けて，ノーベル経済学賞を受賞したスティグリッツやセンといった著名な経済学者が，2010年に「ＧＤＰに代わる指標」に関する報告書を刊行しているが（Stiglitz 他 2010），これは2008年のリーマン・ショックや最近の各国での経済不安などを受けて，現在の経済社会システムのあり方をどこかで根本的に考え直していかなければならないという認識が，人々の間で共有されつつあることの反映ともいえるだろう。
　こうした動きと関わるものとして，経済学や政治学，心理学等の関連諸分野において次のような「幸福の経済学」と呼ばれる研究が近年活発になっている。
　そもそも「経済成長」ということと，人々の「幸福」との間にはどのような関係があるのだろうか。これはある意味で誰もが素朴に発する問いともいえるが，比較的最近まで，こうしたテーマが正面から論じられ，あるいは研究の対象となることは少なかった。しかし近年に至って，人々の主観的あるいは内面的な「幸福」と「経済」との関係を研究の対象にする試みが活性化しつつある。
　たとえば図15-1は，世界の国々における１人あたり所得と生活満足度の相関をみたものだが，次のような興味深い傾向がみて取れる。すなわち，年間平均所得１万ドルあたりまでは経済成長に伴う所得増加と生活満足度の上昇との間にかなり明瞭な相関がみられるが，それを越えたレベル以降は徐々にそうした相関関係が薄くなり，たとえば所得１万5000ドル以上の国々でみると両者の関係はきわめてランダムなものになっているという点である（フライ他 2005）。
　こうした研究は，上記のように近年活発になっているものでなお探求の初期段階にあるというべきであるし，そもそも「幸福」という，きわめて主観的でかつ量的測定や比較の困難な事象についての調査は，デー

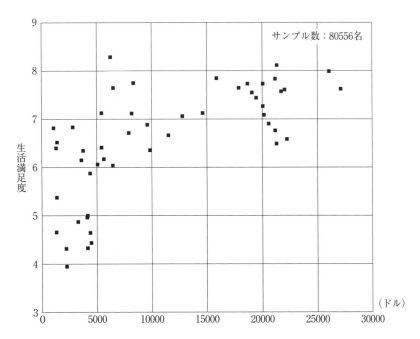

購買力平価（1995年の米ドル基準）でみた国民1人当たり実質平均所得
(注) 生活満足度は生活への満足度を10段階評価で回答したもの。
出典：World Values Survey 1990-1993/1995-1997（ICPSR 2790）および，World Development Report 1997.
(出所) フライ（2005）

図15-1　世界における生活満足度と所得の関係

タの確かさや解釈の仕方等について慎重である必要がある。しかしながら，経済成長と人々の主観的幸福との関係についてごく仮説的な理解の枠組みを考えるとすれば，図15-2のようなパターンを想定することはあながち不合理ではないだろう。

　図15-2で示しているのは，経済成長あるいは1人当たり所得の水準

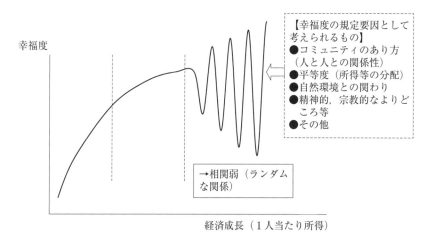

図15-2　経済成長と「Well-being（幸福，福祉）」（仮説的なパターン）

が一定レベルを超えると，幸福度との相関関係が弱いものになっていくという点を踏まえつつ，ではそうした段階以降において「幸福」（この場合はある国や地域における人々の平均的な幸福度）を左右する要因は何かという点について，

①コミュニティのあり方（人と人との関係性）
②平等度（所得等の分配）
③自然環境との関わり
④精神的，宗教的なよりどころ等

を例示しているものである。

2. 定常経済論の系譜と展望

(1) 定常経済あるいは脱成長をめぐる議論の系譜

　以上のような，幸福（ないし幸福度指標）及びそれと経済成長との関わりをめぐる議論や政策展開は，人口減少に関するテーマとも深く関わ

り，多くの示唆を与えてくれると考えられる。

　この場合，特に中心的な論点となるのが，"経済や人口の限りない「拡大・成長」を追求するのではなく，むしろその「定常」（場合によっては縮小）を実現していくことが，人々の幸福や真の「豊かさ」につながる"という考え方であり，これは「定常経済（ないし定常型社会）」論，あるいは近年「脱成長」論と呼ばれているものである。

　人口減少社会というものをどうとらえていくかについての基本的な視点を得るためにも，ここでそうした「定常経済」論の議論のこれまでの系譜を簡潔にレビューしてみよう。

　まず議論の出発点として，16世紀前後から近代資本主義が勃興し，人口も急増していく時代を迎えるとともに，さらに工業化ないし産業化の駆動力が加速化しつつあった19世紀の半ばに，定常経済論の源流ともいえるジョン・ステュワート・ミルの「定常状態」論が出されていたことは注目に値する。

　すなわち，ミルは著書『経済学原理』（1848年）の中で——この著作はアダム・スミス以来の古典派経済学を集大成した書物とされている——，人間の経済はやがて成長を終え定常状態（stationary state）に達すると論じた。ここで現代の私たちにとって興味深いのは，人々はむしろそこ（定常状態に達した社会）において，真の豊かさや幸福を得るというポジティブなイメージをミルが提起していた点である。ちなみに興味深いことに，ドイツの生物学者ヘッケルが「エコロジー」という言葉を作ったのも近い時代（1866年）である。

　それでは，現代にも通じるようなこうした論が，なぜこの時代に現われたのだろうか。基本的な背景として，産業化ないし工業化が本格的に始動していたとはいえ，当時はなお経済全体に占める農業の比重が大きく，ミルの議論も（1国内の）「土地の有限性」を意識したものだった。

つまり経済は成長しても，やがて土地――「自然」ともいい換えられる――の有限性にぶつかり，定常化に至るという発想ないし論理である。

しかし現実には，やがて工業化がさらに加速して農業から工業へと経済構造がシフトすることに加え，植民地の支配・拡大を通じた自然資源の収奪が本格化するなかで，ミルの定常状態論は経済学の主流から忘れられていくことになった。経済あるいは資本主義が「土地」の制約から"離陸"していったともいえ，並行して，人間の経済は（あたかも無限の空間の中で）需要と供給の関係を通じて均衡するという新古典派経済学が台頭し（1870年代），その意味でもミルの議論は古典派の遺物となった。

思えば，それから100年以上をへて，ミルの定常状態論の問題設定に人類が（1国レベルではなく）地球レベルで直面していることを指摘したのがローマ・クラブの『成長の限界（Limits to Growth）』（1972年）だったといえるだろう（メドウズ他 1972）。

（2）定常経済論の3つのステップ

『成長の限界』は，翌年（1973年）に起こった第1次オイルショックをある意味で予言するとともに，地球資源の「有限性」ということを初めて正面から提起し，「世界モデル」と呼ばれる精緻なコンピューター・シミュレーションとともに多方面に大きな影響を与えた。

同書はその後2度にわたって実質的なアップデイト版が出ているが，同書の主要な著者の1人であったドネラ・H・メドウズらがまとめた最近のバージョン（メドウズ他 2005）によれば，人間が現在と同じような経済活動を続けた場合，主に再生不能な資源のコストの急騰から2030年頃にある種の破局が訪れる。それを回避するために，（a）技術（汚染除去・土地収穫率・土地浸食軽減及び資源利用に関する技術進歩），

（b）人口（人口増加の抑制〔＝2002年からすべての夫婦の子どもの数を2人以内に制限すると仮定〕），（c）消費（1人当たりの工業生産を2000年の世界平均より約10パーセント高めに設定〔＝発展途上国にとっては相当な改善，先進諸国にとっては消費パターンの大きな変化〕）という3つの面での対応を行った場合，はじめて地球は21世紀後半にある種の均衡状態に達し，世界人口は80億人弱で安定し，以降1人当たりの資源消費や生活の豊かさも安定するという内容となっている。

　このようなシミュレーションや議論の枠組み設定は，著者ら自身も強調しているように多くの単純化や条件設定に基づくものであり，様々な留保をもって受け止められるべきものだが，人口や資源・環境をめぐる世界や地球の現状と将来について，私たちが大きな素描を得るにあたっての貴重な試みであることはいうまでもない。

　『成長の限界』が出された1970年代という時代は，先述のオイルショックを含め，先進諸国の工業化がある種の飽和や資源的制約に直面していた時期であり，並行して「GDPに代わる指標」に関する議論も生起するなど，近年の脱成長論等と一部類似した動きが浮上した時代でもあった。

　その後，1980年代以降には金融の自由化や経済の情報化・グローバル化が進むとともに，中国などをはじめとして新興国の工業化や経済発展が展開していった。しかし2008年にはリーマン・ショックないし世界金融危機が起こり，その後一定の回復がみられる半面，人々の間で様々な不安が広がり，それが先述の様々な新たな動き（ブータンのGNHや，スティグリッツらによるGDPに代わる指標の提起，幸福の経済学など）に関わってくると同時に，経済や人口の定常化ひいてはむしろその「縮小」こそが望ましいとする「脱成長」論ともつながるのである（「脱成長」論については，フランスの思想家セルジュ・ラトゥーシュのものが代表

的である（ラトゥーシュ 2010）。

　以上，1840年代に出されたミルの「定常状態」論，1970年代の「成長の限界」論，近年のＧＤＰに代わる指標や「幸福」，脱成長をめぐる議論という，大きくは３つの時期ないしステップに及ぶ議論の流れをみた。

　これらの全体を俯瞰的な視点でとらえると，資本主義の進化の歴史的局面に応じるなかで，その段階ごとに異なる形の「定常経済（定常型社会）論」が生成してきたととらえることが可能と思われる（そしてこれらは，次節の後半で述べる人類史における"第３の拡大・成長"期としての資本主義という大きな局面のなかでの，一段下位のレベルでの拡大・成長と成熟のサイクルとして把握できる）。つまり，ごく大づかみな把握となるが，

① 「市場化」局面の成熟化〜「工業化」の本格化への移行期　→ミルの「定常状態」論（1857年）
② 「工業化」局面の成熟化〜「情報化・金融化」の本格化への移行期　→ローマ・クラブの『成長の限界』（1972年）論（及び1970年代の関連の議論）
③ 「情報化・金融化」局面の成熟化　→近年（2000年代）の「脱成長」論

という理解が成り立ち，これはいわば"「定常経済論」の歴史的諸段階"と呼ぶことができるだろう。

3.「定常型社会＝持続可能な福祉社会」の可能性

（1） どのような社会をめざすのか——福祉と環境の総合化

　以上，経済や人口の「定常」化が望ましいとする定常経済論のこれまでの流れを，その背景となった経済社会の変化とともに概観したが，このような把握を踏まえた上で，人口減少というテーマとの関わりを含め，私たちはどのような社会を実現していくのが望ましいといえるだろうか。

　1つの考え方として，以上の定常経済論の系譜ともつながるが，「定常型社会」または「持続可能な福祉社会」という社会像について考えてみたい。

　「定常型社会」とは「経済成長ということを絶対的な目標としなくとも十分な豊かさが実現されていく社会」を指しており，それはより実質的には「持続可能な福祉社会」と呼びうる社会モデルと実質的に重なっている（広井 2001，同 2006）。ここで「持続可能な福祉社会」とは，「個人の生活保障や分配の公正が実現されつつ，それが資源・環境制約とも両立しながら長期にわたって存続できるような社会」という趣旨であり，この性格づけにも示されるように，

●富の「分配」の問題・・・その平等ないし公正　・・・福祉
●富の「総量」の問題・・・その持続可能性　　　・・・環境

という，概して別個に論じられがちな「福祉」と「環境」の問題をトータルに考えていこうという関心がベースにある。

　では現実の社会において，この両者はどのように関係しているのだろうか。

　それを国際比較にそくして示したのが図15-3である。これは「持続可能な福祉社会」指標（または「緑の福祉国家」指標）と呼べるような

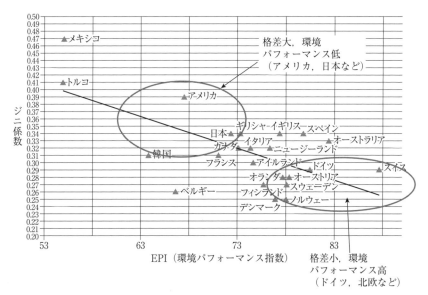

(注)ジニ係数は主に2011年(OECDデータ)。EPIはイェール大学環境法・政策センター策定の環境総合指数。

図15-3 「持続可能な福祉社会(緑の福祉国家)」指標

試みで、図の縦軸はいわゆるジニ係数で経済格差の度合いを示している(上ほど数値が大きく格差大)。他方、図の横軸は環境のパフォーマンスに関する指標で、ここでは「環境パフォーマンス指数(EPI: Environmental Performance Index)というイェール大学で開発された総合指数を使っている(環境汚染、二酸化炭素排出、生態系保全等に関する指標を総合化したもの)。そして軸の右のほうが環境パフォーマンスが高いことを示している。

このように、通常は一緒に論じられることの少ない「福祉」と「環境」を総合的にとらえる時、興味深いことに、両者の間には一定の相関があることが図からみて取れる。

つまり図の左上には，アメリカ，韓国，日本といった国々が存在し，これらは概して格差が大きく，また環境面でのパフォーマンスが良好でない国ということになる。

他方，右下のほうのグループは，格差が相対的に小さく，また環境のパフォーマンスが良好な国であり，スイスやドイツ，北欧などの国々が該当する。まさにここで論じている「持続可能な福祉社会」ひいては「定常型社会」の像に近い国々といえる。

それではなぜ，このように「福祉」（ここでは格差の度合い）と「環境」のありようは一定程度相関するのだろうか。

これは従来あまり論じられていない，それ自体興味深いテーマだが，おそらく次のようなメカニズムが働いているのではないか。

すなわち，格差が相対的に大きい国ないし社会においては，その度合いが大きいほど，①（俗にいう"負け組"になった場合の困窮の度合いが大きいため）おのずと「競争（ないし上昇）圧力」が高まり，②しかも格差が大きいということは「再分配」（による平等化）への社会的合意が低いことを意味するから，これら①②の結果，ひたすら「パイの拡大＝経済成長による解決」という志向がおのずと強くなり，環境への配慮や持続可能性といった政策課題の優先度は相対的に下がるということである。

逆に一定以上の平等が実現されている社会においては，競争（上昇）圧力は相対的に弱く，また再分配への社会的合意も一定程度存在するため，「経済成長」つまりパイ全体を拡大しなければ豊かになれないという発想ないし"圧力"は相対的に弱くなるだろう。

それはいい換えれば，家族や集団を超えた「分かち合い」への合意が浸透しているということでもあり，つまりこれら「福祉／環境」関連指標や社会像の背景には，そうした人と人との関係性（ひいては人と自然

の関係性)のありようが働いている。

　いずれにしても，ここで論じている「定常型社会＝持続可能な福祉社会」は，単に抽象的な理念にとどまらず，こうしたデータ群によっても表現しうる具体的な社会の姿や政策と深く関わるものである。しかもそれは量的ないしマクロ的な次元にとどまらず，たとえば，図15－3に示される各国の布置関係は，筆者自身がそれらの国々に滞在した実感的な印象や，人々の表情あるいは"街の雰囲気"ともかなりの程度合致している。

　加えて，右下のグループの国々の多くは，ドイツやデンマークなどに典型的にみられるように，いずれも「ローカル」なレベルでのヒト・モノ・カネの経済循環が活発な国々といえる。つまりローカルな経済循環から出発しつつ，ナショナルそしてグローバル・レベルの再分配や様々な規制を織り込み，ローカルからグローバルへと積み上げていくような経済社会の実現が課題となる。

　第11章で述べた「人口減少社会における地域コミュニティ」のテーマや，第14章で言及した「コミュニティ経済」ともつながるが，そうしたローカルなコミュニティを重視し，そこから出発していく社会がここでの「定常型社会＝持続可能な福祉社会」の社会像と呼応することになる（広井　2015）。

　いま日本に求められているのは，こうした「定常型社会＝持続可能な福祉社会（緑の分権的福祉国家）」の構想ではないか。それは人口や経済の限りない「拡大・成長」を追求するような社会のあり方とは異なるものであるが，そうしたモデルが，以上でみてきたように「福祉」と「環境」の両者においてプラスの意味をもち，ゆとりある生活や地域コミュニティの姿を実現していくと同時に，本章の初めで「東京と沖縄」の出生率の対比について述べたように，結果として出生率の改善ひいては人

口の「定常化」にもつながると考えられるのである。

（2）人類史における拡大・成長と定常化

「定常型社会＝持続可能な福祉社会」というビジョンについて述べたが，この点や，前節で概観した「定常経済」論とも関わるものとして，最後にさらにひと回り"壮大な"話をすることをお許しいただきたい。それは人類の歴史全体における，人口や経済の「拡大・成長と定常化」に関するものである。

人類学や考古学の分野で，「心のビッグバン」あるいは「文化のビッグバン」などと呼ばれている興味深い現象がある。これは，たとえば加工された装飾品，絵画や彫刻などの芸術作品のようなものが今から約5万年前の時期に一気に現れることを指したものだ。現生人類ないしホモ・サピエンスが登場したのはおよそ20万年前とされているので，なぜそうした「時間差」が存在するのか，どのような背景でそうした変化が生じたのかといった話題が「心のビッグバン」をめぐる議論の中心テーマとなる（内田 2007，海部 2005，クライン他 2004）。

ところで人間の歴史を大きく俯瞰した時，もう1つ浮かび上がる精神的・文化的な面での大きな変化の時期がある。それはヤスパースが「枢軸時代」，科学史家の伊東俊太郎が「精神革命」と呼んだ，紀元前5世紀前後の時代であり，この時期ある意味で奇妙なことに，「普遍的な原理」を志向する思想が地球上の各地で"同時多発的"に生成した。インドでの仏教，ギリシャ哲学，中国での儒教や老荘思想，中東での旧約思想であり，それらは共通して，特定のコミュニティを超えた「人間」という観念を初めてもつと同時に，何らかの意味で（物質的な価値を超えた）"内的・精神的な価値"を説いた点に特徴がある（ヤスパース 1964，伊東 1985）。

「心のビッグバン」と「枢軸時代／精神革命」を一緒に論じるという無謀なことをあえて行ったのは，次のような意味で，それが実はここで述べている「定常型社会」のテーマと関わり，現在に連なる重要な示唆をもっていると考えられるからである。

すなわち，人間の歴史を「拡大・成長」と「定常化」という視点でながめ返すと，そこに3つの大きなサイクルを見出すことができる。①人類誕生から狩猟・採集時代，②約1万年前の農耕の成立以降，③約200年前以降の産業化（工業化）時代の3つで，これは人口の増加・定常化のサイクルとも重なる（世界人口の長期推移について先駆的な研究を行ったアメリカの生態学者ディーヴェイの仮説的な図式である図15-4を参照）。

そして議論を急げば，いま述べている「心のビッグバン」や「枢軸時代／精神革命」は，それぞれ狩猟・採集社会と農耕社会が，いずれも当初の拡大・成長の時代をへて，（環境・資源制約等に直面するなかで）何らかの意味での成熟・定常期に移行する際に生じたのではないか，と

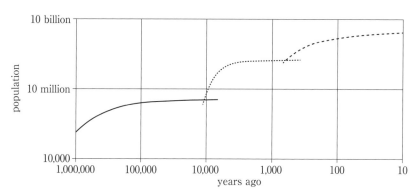

図15-4　世界人口の超長期推移　（ディーヴェイの仮説的図式）

いうのがここでの筆者の仮説である。実際，興味深いことに，最近の環境史などの研究から，紀元前5世紀前後のギリシャや中国などにおいて森林破壊や土壌の浸食などの問題が深刻化していたことが明らかになってきている（石他 2001等）。「心のビッグバン」期も含めて，そこで起こったのはいわば"物質的生産の量的拡大から文化的発展へ"という転換だったと考えられるのではないだろうか。

以上から示唆されるように，現在の私たちが直面しているのは，人類史の中での"第3の定常期"への移行という大きな構造変化である（図15-5）。

この場合，「定常」という表現を使うと，"変化の止まった退屈で窮屈な社会"というイメージをもつかもしれないが，それは正しくない。ここでみた人間の歴史が示しているように，定常期とは実は豊かな文化的創造の時代なのである。

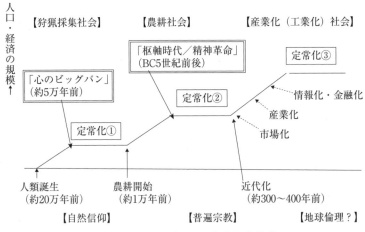

図15-5　人類史における拡大・成長と定常化のサイクル

そして私たちが迎えつつある定常化の時代は，成長期にあった「市場化・産業化（工業化）・金融化」といった"１つの大きなベクトル"や"１本道の社会"から人びとが解放され，あるいは「義務としての経済成長」から自由になり，１人ひとりが真の創造性を実現していく時代に他ならないのではないか。加えて，先ほどローカルな経済循環から出発すると述べた点と呼応するが，成長・拡大の時代には世界が１つの方向に向かうなかで「時間軸」が優位となるのに対し，定常期においては各地域の風土的・文化的多様性や固有の価値が再発見されていくだろう。

人口減少時代が本格化しつつある今こそ，私たちは理念と政策にわたる「定常型社会＝持続可能な福祉社会」のビジョンを構想し実現していく時期に来ているのではないだろうか。

1. そもそも人口減少社会をどうとらえるか，そのメリットとデメリットを含めて考えてみよう。
2. 経済成長と「幸福」の関係について，様々な角度から考えてみよう。
3. 「定常型社会」という考え方の是非について，日本社会や人類史などの文脈にそくして考えてみよう。

参考文献

石弘之・安田喜憲・湯浅赳男『環境と文明の世界史』洋泉社，2001年
伊東俊太郎『比較文明』東京大学出版会，1985年
内田亮子『人類はどのように進化したか』けい草書房，2007年
枝廣淳子・新津尚子「自治体の「幸せ指標」の現状と今後への期待」『地域開発』2014年8月号，2014年
海部陽介『人類がたどってきた道——"文化の多様性"の起源を探る』日本放送出版協会，2005年

リチャード・G・クライン&ブレイク・エドガー（鈴木訳）『5万年前に人類に何が起きたか?』新書館，2004年
広井良典『定常型社会　新しい「豊かさ」の構想』岩波新書，2001年
広井良典『持続可能な福祉社会』ちくま新書，2006年
広井良典『ポスト資本主義　科学・人間・社会の未来』岩波新書，2015年
ブルーノ・S・フライ他『幸福の政治経済学』ダイヤモンド社，2005年
D．H．メドウズ他（大来佐武郎監訳）『成長の限界』ダイヤモンド社，1972年
D．H．メドウズ他（枝廣淳子訳）『成長の限界　人類の選択』ダイヤモンド社，2005年
カール・ヤスパース（重田訳）『歴史の起源と目標』理想社，1964年
セルジュ・ラトゥーシュ（中野訳）『経済成長なき社会発展は可能か?』作品社，2010年
Stiglitz, Joseph E., Sen, Amartya and Fitoussi, Jean-Paul,『*Mismeasuring Our Lives: Why GDP doesn't Add Up?*』The New Press, 2010

索引

●配列は五十音順，fは次のページ，ffは以下数ページを示す．＊は人名を示す．

●あ　行

空き地　228ff, 242ff
空き家　226ff, 242ff
空き家バンク　246f
一極集中　211
居場所　216f
移民　110, 230ff
入会権　252ff
入会地　248ff
インフォーマル　182, 251ff
エコロジー　288
M字型カーブ　134
エリック・エリクソン＊　130
オールタナティブな住まい　194f
オールドカマー　106

●か　行

外国人研修制度　111
外国人労働者　105ff
介護保険制度　154
介護離職者　136, 190
皆婚社会　146ff
核家族化　79, 143ff
核家族世帯　143f
過少利用問題　248ff
過剰利用問題　248ff
家族機能の市場化　191
家族支援政策　192
家族周期　128
家族政策　177f
家族内相互扶助　83
家族の脱制度化　156f
家族のライフスタイル化　156
家族福祉　197

家族類型別世帯　51ff
環境税　277f
緩和と適応　225f
企業福祉　197
基準推計　16ff, 36ff
既成市街地　239f
教育歴　95
共同居住　196
虚弱高齢者（フレイルティ）　153f
居住誘導区域　227ff
近代家族　148ff, 150〜152, 158ff
近代家族型　157
グループホーム　198
グループリビング　195ff
ケア　189ff
ケアサービス　189ff
ケアラー　189ff
結婚適齢期　126, 149ff
後期高齢者　38f, 279
公共交通　227f
合計特殊出生率（TFR）　13ff, 35, 74, 224
幸福度指標　283ff
コーホート　26ff, 52ff, 70ff, 92ff, 133ff, 163
コーホート・シェア　70ff
コーホート完結出生率（CCF）　26ff
心のビッグバン　296ff
コミュニティ感覚　211ff
コミュニティ経済　279f
コミュニティ事業体　84f
古民家　246ff
コモンズ　247ff
コモンズの悲劇　248ff
孤立死　170, 183
コレクティブ・ハウス　198

婚姻率　126, 146ff
コンパクト化　226ff

●さ　行
在留資格　106ff
CSA（Community Supported Agriculture）　233
ジークムント・バウマン＊　129, 161
シェア　70ff, 193, 246ff
シェアオフィス　246ff
シェアハウス　198, 244ff
市街化区域　239f
市街化調整区域　239
資産の再分配　275
持続可能な福祉社会　280, 292ff
失業率　126, 197, 233, 265ff
シティズンシップ　131
ジニ係数　263ff, 293
市民的相互圏　83ff
社会的孤立　155, 167ff, 190, 202ff
社会的セーフティ・ネット　266ff
社会の液状化　161
社会保険　267ff
じゃぱゆきさん　109
就業機会分布　87ff
終身雇用制　126ff, 156
生涯学習社会　133
生涯無子割合　122
生涯未婚率　28f, 60, 124, 151f
少産少死　14, 92, 105
少子化　19ff, 34ff, 52ff, 100, 143, 177, 200ff
消費税　277f
人口移動　22f, 66ff, 87ff, 114ff, 218
人口置換水準　13ff, 35ff, 224
人口学的方程式　32
人口集中　67ff, 85

人口静態　31f
人口増加　9ff, 31, 88, 118, 204ff, 223ff, 251ff, 284ff
人口転換　14ff, 32ff, 76f, 92ff, 107
人口動態　14f, 32ff, 220ff
人口ピラミッド　32ff, 51, 81, 115
人口分布　74, 88ff
人口モメンタム　23
人生前半の社会保障　270ff
親族世帯　143f
枢軸時代　296
ステファニー・クーンツ＊　176, 187
ストックに関する社会保障　269ff
生活保護　265ff
静止人口　13ff
生殖家族　29, 51ff
精神革命　296f
成長の限界（Limits to Growth）　289ff
生命表　42ff
セーフティ・ネット　162ff, 181ff, 267ff
世帯　50ff, 79ff, 142ff, 160ff, 181ff, 202ff, 258ff, 265ff
世帯主率　60
前期高齢者　38f
専業主婦　134f, 150
潜在的他出者　76ff, 92ff
選択的単身化　183
相続税　277f
総有　251ff

●た　行
待機児童　101f
第二の人口転換　23f
多極集中　211
多産少死　14ff, 46, 76, 92ff
多産多死　14, 46, 92, 105

多死社会　46f
脱家族化　156, 174
脱商品化　174
ダニエル・レヴィンソン*　120ff
団塊ジュニア　12
団塊の世代　10f, 154
男女雇用機会均等法　99, 171ff
「男性稼ぎ主」モデル　174
単独世帯　50ff, 79ff, 137, 143ff, 162ff
地域密着人口　200ff
地方創生　100
中心市街地　244
超高齢社会　39ff
長寿化　38ff, 124ff, 153
鎮守の森　217f
定位家族　29, 51ff
定住構想　67
定住者　109ff
定常型社会　288ff
定常経済論　287ff
デトロイト　231ff
伝統的家族　182ff
東京一極集中　67ff, 100, 284
東京圏　67ff, 95ff
同棲　151
特別永住者　106ff
都市機能誘導区域　227ff
都市コモンズ　249ff
都市政策と福祉政策の統合　211f
都市農業　233
富山市　226ff

●な　行
日系人　109f
日本型福祉社会　173
日本的家族主義　156

ニューカマー　106f
入管法（出入国管理及び難民認定法）
　109ff
年金　42, 126ff, 167ff, 262ff
年功序列型賃金体系　127

●は　行
ハーディン*　248
パートタイマー　173
晩婚化　23ff, 34, 52ff, 125ff, 146ff
晩産化　23, 149
樋口恵子*　191
非婚化　28f, 34, 57, 125, 146ff, 161ff
非正規雇用　177ff
非正規雇用者　161ff
ひとり親　145, 163ff, 187f
ひとり親世帯　143ff, 160ff, 182ff
標準的ライフコース・パターン　127
貧困の世代間連鎖　177, 181
フォーディズム型ライフコース　126
フレイルティ　153f
平均寿命　19, 42ff, 122ff, 279
平均余命　44ff, 82
ベビーブーム　12, 98
母子世帯　157, 170ff, 188, 265

●ま　行
まちづくり会社　251
無子率　28ff
無子割合　122, 163
無償労働　82, 196
無報酬労働　181, 196
持ち家政策　198

●や　行
有償労働　196

優生保護法　15
予防的な社会保障　269ff

● ら　行
ライフコース　51, 120ff
ライフコース・スケジューリング　128ff
ライフコース・パースペクティブ　128
ライフコース・パターン　125ff
ライフステージ　53, 128
ライプツィヒ　233ff
ライフデザイン　138
リスクの階層化　181

リスクの多様化　181
リスクの普遍化　181
立地適正化計画　227ff
留学生　115ff, 256
緑地　232ff
レスター・サロー＊　175
老々介護　155
ローカル志向　205ff

● わ　行
ワーキング・プア　162
ワーク・ライフ・バランス　177

分担執筆者紹介

(執筆の章順)

中川　聡史（なかがわ・さとし）
・執筆章→5・6

1963年	兵庫県に生まれる
1992年	東京大学理学系大学院博士課程中途退学
	国立社会保障・人口問題研究所，神戸大学経済学研究科を経て2015年より埼玉大学人文社会科学研究科教授
2019年	逝去
専攻	人口地理学
主な著書	『ドイツ再統一とトルコ人移民労働者』（共著　明石書店）
	『東欧革命後の中央ヨーロッパ』（共編著　二宮書店）
	『21世紀の地域問題』（共著　二宮書店）
	『アジア太平洋地域の人口移動』（共著　明石書店）
	『アジアの経済発展と環境問題』（共著　明石書店）
	『地域と人口からみる日本の姿』（共著　古今書院）
	『地域人口からみた日本の人口転換』（共編　古今書院）

岡部　明子（おかべ・あきこ）・執筆章→12・13

1985年　東京大学工学部建築学科卒業
　　　　（株）磯崎新アトリエ（バルセロナ）勤務
1989年　堀正人と建築設計事務所主宰
2004年　千葉大学を経て2015年より現職
現在　　東京大学教授・博士（環境学）
主な著書　『バルセロナ』（中公新書）
　　　　『サステイナブルシティ』（学芸出版社）
　　　　『ユーロアーキテクツ』（学芸出版社）
　　　　『持続可能な都市』（共著　岩波書店）
　　　　『都市の再生を考える１―都市とは何か』（分担執筆　岩波書店）
　　　　『都市のルネッサンスを求めて，社会的共通資本としての都市１』（分担執筆　東京大学出版会）

広井　良典（ひろい・よしのり）　・執筆章→11・14・15

1961年　岡山県に生まれる。
1986年　東京大学大学院総合文化研究科修士課程修了。
　　　　厚生省，千葉大学法経学部助教授，同教授などを経て2016年より現職。
現在　　京都大学こころの未来研究センター教授
専攻　　公共政策，科学哲学
主な著書　『ケアを問いなおす』（筑摩書房）
　　　　　『日本の社会保障』（岩波書店）
　　　　　『生命の政治学』（岩波書店）
　　　　　『コミュニティを問いなおす』（筑摩書房）
　　　　　『創造的福祉社会』（筑摩書房）
　　　　　『人口減少社会という希望』（朝日新聞出版）
　　　　　『ポスト資本主義』（岩波書店）
　　　　　『人口減少社会のデザイン』（東洋経済新報社）

編著者紹介

宮本　みち子（みやもと・みちこ）　・執筆章→7・8・9・10

1947年	長野県に生まれる
1975年	お茶の水女子大学大学院家政学研究科修士課程修了
	千葉大学教授を経て2005年より放送大学教授・社会学博士、
	2014年より放送大学副学長
現在	放送大学名誉教授・千葉大学名誉教授
専攻	家族社会学・若者の社会学・生活保障論
主な著書	『下層化する女性たち―労働と家庭からの排除と貧困―』
	（共著　勁草書房）
	『若者が無縁化する』（筑摩書房）
	『若者が《社会的弱者》に転落する』（洋泉社）
	『ポスト青年期と親子戦略―大人になる意味と形の形容』
	（勁草書房）
	『生活保障の戦略』（分担執筆　岩波書店）
	『家族生活研究』（共編　放送大学教育振興会）
	『生活ガバナンス研究』（共編　放送大学教育振興会）
	『すべての若者が生きられる未来を』（編著　岩波書店）

大江　守之 (おおえ・もりゆき) ・執筆章→1・2・3・4

1951年	東京都に生まれる
1975年	東京大学理学部卒業（地理学専攻）
1977年	同工学部卒業（都市工学専攻）
	国立社会保障・人口問題研究所人口構造研究部長を経て1997年より慶應義塾大学総合政策学部教授．博士（工学）
現在	慶應義塾大学名誉教授
専攻	人口・家族変動論，都市・住宅政策論
主な著書	『大都市郊外の変容と「協働」─〈弱い専門システム〉の構築に向けて』（共編著　慶應義塾大学出版会）
	『総合政策学の最先端Ⅰ』（分担執筆　慶應義塾大学出版会）
	『既成市街地の再構築と都市計画』（分担執筆　ぎょうせい）
	『世界の人口問題』（分担執筆　大明堂）
	『暮らし・住まい：家族のライフサイクルと住まい』（編著　日本統計協会）

放送大学教材　1519069-1-1711（テレビ）

人口減少社会の構想

発　行	2017年3月20日　第1刷
	2021年1月20日　第3刷
編著者	宮本みち子・大江守之
発行所	一般財団法人　放送大学教育振興会
	〒105-0001　東京都港区虎ノ門1-14-1　郵政福祉琴平ビル
	電話　03（3502）2750

市販用は放送大学教材と同じ内容です。定価はカバーに表示してあります。
落丁本・乱丁本はお取り替えいたします。

Printed in Japan　ISBN978-4-595-31717-0　C1336